貧困の戦後史

貧困の「かたち」はどう変わったのか

岩田正美
Iwata Masami

筑摩選書

貧困の戦後史　目次

はじめに　011

第一章　敗戦と貧困　015

1　**総飢餓？――生活物資の絶対的不足とインフレ**　016
「食べるものすらない」／「ヤミ市」という名の裏市場／インフレと統制経済／生活困窮者への支援策／新たな貧困救済のスタート／「引き下げられたレベル」での平等

2　**壕舎生活者と引揚者の苦難**　032
焼け跡の標準住宅／窮乏する壕舎生活者／引揚者への援護／引揚者定着寮／引揚者と緊急開拓事業

3　**「浮浪児」「浮浪者」とその「かりこみ」**　043
餓死すれすれの人びと／「かりこみ」という一斉強制収容／「浮浪児」と「戦争孤児」／「浮浪者・児」問題の特別視／蝟集と犯罪性への恐怖／「闇の女」の由来／餓死と隣り合わせの極貧／「かりこみ」の様子／「浮浪者・児」の収容先／「島流し」先としての「浮浪児」収容施設

第二章　復興と貧困　067

1　ニコヨン――デフレ不況と貧困の「かたち」　070
緊急失業対策法／「仕事出し」としての扶助／「適格者」選別／「ニコヨン」と呼ばれた失対日雇／職安とニコヨン／ニコヨン世帯と家計／二つの公的扶助／被保護日雇世帯

2　「仮小屋」集落の形成とその撤去　093
「浮浪者」から「仮小屋」生活者へ／東京の「仮小屋」集落／「蟻の街」の理想と現実／葵部落の出現／葵部落の解体過程

3　被爆都市と「仮小屋」集落　115
広島基町住宅と「土手」／「土手」へやって来た人びと／原爆スラム調査／相生通りの「仮小屋」撤去とその後

第三章　経済成長と貧困　129

1　二重構造とボーダーライン層問題　132
「もはや「戦後」ではない」／「近代」と「前近代」の二重構造／「低消費水準世帯」の推計結果／「社会階層」論による「貧困」把握／貧困プール論

2　負の移動と中継地――旧産炭地域と「寄せ場」地区　142
経済成長と失業多発地帯／石炭鉱業の危機と大量解雇者／炭鉱離職者の移動／生活保護・売血・不就学／「寄せ場」地区／三大「寄せ場」／「寄せ場」の労働と生活／月単位で見た山谷労働者の生活／「寄せ場」の暴動

3　スラム総点検と生活保護の集中地区　172
スラム問題と住宅地区改良法／スラムの分類／本木「バタヤ部落」／「スラム改良」事業／そして何が残ったか――生活保護からみた「問題地区」

第四章　「一億総中流社会」と貧困　187

1　大衆消費社会と多重債務者　191
七〇年代と「一億総中流化」／「豊かさ」の追求と家族の縮小／「一億総クレジット社会」の出現／「サラ金・クレジット問題」の顕在化／多重債務が作り出す貧困の「かたち」／多重債務者の特徴／多重債務世帯の生活レベル／多重債務と生活保護

2　「島の貧困」の諸相　214
山谷「正月騒動」／越年対策という「法外援護」／「寄せ場」総合対策の矛盾／開拓農家の窮状と開拓行政／開拓事業が作り出した貧困の「かたち」／北上山地と新全総／改良住宅地区の再「スラム」化／再「スラム」化と再生計画／生活と住まい方の混乱／

自律性の喪失と、制度への依存

第五章　「失われた二〇年」と貧困　239

1　格差社会と貧困　243
路上の人びとの急増／ホームレスという貧困／収入ゼロのホームレス生活／路上生活者と仕事／誰がなぜホームレスになったのか／どこから路上へやって来たのか？／フリーター・ニートから派遣労働者問題へ／ネットカフェ難民──隠れたホームレス／「ネットカフェ難民」調査／なぜ住居を失ったのか／年越し派遣村

2　保護率の上昇と相対所得貧困率　279
保護率の上昇／生活保護利用者の特徴／被保護者の単身化・高齢化／ＯＥＣＤの相対所得貧困率／相対所得貧困率と子どもの貧困

3　「かたち」にならない貧困　296
〇歳〇日虐待死と貧困／こうのとりのゆりかご／「未受診や飛び込みによる出産」から見た貧困

おわりに──戦後日本の貧困を考える　311

1　貧困の継続・「かたち」の交錯　312

2　ポーガムの貧困論と戦後日本の貧困の「かたち」　314
3　貧困の「かたち」に影響を与えた諸要因　319
4　貧困者はもう十分「自立的」であり、それが問題なのだ　322

あとがき　329
文献一覧　335

貧困の戦後史

貧困の「かたち」はどう変わったのか

はじめに

　誰にもそんな経験があるのではないだろうか。かつてあった場所で、今はない光景を見てしまうという経験。場所の記憶。私の場合は、新宿駅の周辺を歩いていると、ホームレスの人びとがかつて作り上げた「ダンボール村」の光景が必ず蘇る。とりわけ、西口地下広場を都庁の方向へいく途上にある動く歩道や、イベント会場となっている一角を通り過ぎる時、美しくなった風景の向こう側に、さまざまなダンボールハウスや、一九九八年に火災が起きた時の混乱状態が透けて見えてしまう。あれは一体、何だったのだろうか。

　一九七〇年代半ば頃の話だが、私より一つ歳上の友人は、アルバイト先に近かった銀座三原橋《みはらばし》の地下道が嫌いで、どうしてもそこを通ろうとしなかった。天井が低く、水漏れもあるじめじめした暗い空間ではあったが、店舗や映画館もあって、他の地下道に比べれば、マシな部類である。とはいえ、できれば私も地下道は遠慮したかった。遠回りになるが、明るい地上の歩道を横断したものである。おそらく、友人や私たちの世代は、地下道がもっと暗くて汚い時代をかすかに覚えていて、たとえば大人から、あそこは「浮浪者」がいるから行ってはいけない、と言い聞かされていたのかもしれない。地下道嫌いは、無意識の中であれ、場所の記憶となって、いつまでも私たちを支配していたのであろう。

戦後日本の貧困は、「復興」と成長の中で「減少」し、他方でバブル崩壊後の一九九〇年代半ば以降「増加」したという、「増減」として語られるのが普通である。だが本書は、あえてそうした観点からではなく、貧困の「かたち」の変遷に注目したい。貧困の増減ではなく、その「かたち」をその「ありか」とともに確かめることによって、戦後日本の「復興と成長」それ自体を、また九〇年代以降の「格差と貧困の再燃」のもつ意味を、再考したいと思う。その原点は、地下道がもっと暗くて、汚く、多くの人びとが「飢え」と闘っていた敗戦直後の三年間にある。

この三年間は、連合国が想定したより早く実現した日本の降伏以降、アメリカ合衆国政府極東委員会、連合国対日理事会、連合国総司令部（GHQ）と、それらの指令を日本の法令や行政機構の中で実現していく日本政府という、複雑な「間接統治」[1]がスタートしたばかりの時期である（竹前 2002：49–52）。非軍事化と民主化という二つの基本方針をのぞけば、この「間接統治」のプレイヤーたちの間には対立や混乱があり、とりわけ人びとの生活再建の方策についての明確な展望があったようにはみえない。GHQは、軍隊と軍需産業がもっていた資源を使っての「自力」更生を日本政府に期待し、日本政府もこの時期の配給物資の遅配やハイパー・インフレに対して、経済統制の強化で対応できると考えていた。それが明確に転換するのは、経済安定九原則とドッチ・ライン以降である。この転換については第二章で詳述するが、まずこの最初の三年間の貧困の「かたち」から確かめてみたい。なお、本書では、今日では差別用語とみなされる言葉も用いるが、それらは、戦後日本社会が、貧困の「かたち」に与えた言葉であるため、そうした社会のまなざしを批判的に明らかにするためにも、そのまま用いることをあらかじめお断りする。また、引用文の旧仮名遣いを新仮名にするなど、適宜表記の仕方を変えてある。

1――むろん、この時点で沖縄、樺太・千島列島などはここから除かれている（竹前）。この「間接統治」方式もはじめから意図されていたのではない。直接軍政の可能性もあったが、予想よりやや早く日本がポツダム宣言を受諾してしまったので、そうなったと言われている（竹前 2002：22−27）。

第一章

敗戦と貧困

1　総飢餓？——生活物資の絶対的不足とインフレ

「食べるものすらない」

もはやお忘れであろう。或《ある》いは、ごくありきたりの常識としてしかご存知ない方も多かろう。が、試みに東京の舗装道路を、どことといわず掘ってみれば、確実に、ドス黒い焼土がすぐさま現われてくる筈《はず》である。／つい二十年あまり前、東京が見渡す限りの焼野原と化したことがあった。当時、上野《うえの》の山に立って東を見ると、国際劇場がありありと見えたし、南を見れば都心のビル街の外殻が手にとるように望めた。つまり、その間にほとんど建物がなかったのだ。／人々は、地面と同じように丸裸だった。食う物も着る物も、住む所もない。にもかかわらず、ぎらぎらと照りつける太陽の下を、誰彼なしに実によく出歩いた。／盛り場の道はどこも混雑していた。ただ歩くだけなのだ。闇市《やみいち》もまだなかった。映画館も大部分は焼失していた。けれども人々は、命をとりとめて大道を闊歩《かっぽ》できることにただ満足しているようであった。

（阿佐田哲也『麻雀放浪記㈠』五頁）

この阿佐田哲也の文章からは、焼土と化した敗戦後の東京の「丸裸」の状況と、それにもかかわらず、なにかしら弾んだ様子で歩き回っている人びとの、奇妙なコントラストが浮かび上がってくる。この「丸裸」状態と「闊歩」は、敗戦によって人びとの生活に生じた二つの変化を鮮やかに示している。むろん、それらは、地域によっても、年齢や階層によっても、あるいは戦争によって奪われたものの大きさによっても、相当異なっていたに違いない。たとえば、阿佐田の歩き回った東京の建物焼失率は五六%といわれているが、広島市では被爆直前に市内に存在していた建物の約九二%が倒壊・消失したという（広島市 2015：7）。広島や長崎でも、人びとは放射能の危険も知らず闊歩しただろうか。それとも家族や知人を捜して走り回っていただろうか。阿佐田よりずっと年下で親を失った孤児たちはどうだっただろうか。

他方で、戦時中に疎開していた都市の人びとや、引揚者や復員兵を受け入れ、供出米を強要されていた農村部の敗戦直後はどうだったのか。連合国のジャーナリストとして日本の状況を見に来日したマーク・ゲインは、一九四五年一二月五日に厚木基地から東京へ向かう途中の農村部の様子と、同じ年の一二月二七日の山形県酒田市の様子を以下のように記している（前半が一二月五日の記述）。

田舎は結構豊かそうだった。――男は畑で働き、子供は遊びたわむれていた。大根は陽に干され、中年の男がしわだらけのお婆さんを荷車にのせて押して行く。家は古ぼけ障子や唐紙は破れてこそいたが、それでも家は家だし、その中には生命と暖かさがあった。（マーク・ゲイン『ニッポン日記』井本威夫訳、三頁）

クリスマスのお伽話の中からそのまま出て来たような素晴しい天気だった。太陽は輝き大気は爽快で、白雪は眼に痛い。絵本の中の家のようにきゃしゃな家々の彎曲《わんきょく》した軒先からは、つららがポトポト涙をこぼしていた。子供たちは雪合戦をしたり、キャアキャア歓声をあげる幼い子供をのせた橇を引っ張って遊んでいた。平和は地上にみなぎりわれわれのジープや機関銃やマックハーディの胸に吊された拳銃は、いかにもみだりがましくそぐわなかった。（同：66－67）

一二月五日付の描写は、偶然眼にしたものだが、二七日付の酒田での日記は、日本で有数の稲作地帯であり、日本最大の地主といわれた本間家の所在地であった酒田を視察した際のものである。もちろん、ここから、被災都市に比べて農村部は「豊か」だったという結論にすぐに結びつけるわけにはいかない。だがこれらの地域と被災都市の戦後が異なっていたことは確かであろう。むろん、農村部といっても地域による違いが大きく、後で述べるように、引揚者が入植した開拓地域などの状況は、被災都市同様か、それ以下であったかもしれない。農村部にしても、所得からみれば、けっして豊かとはいえなかった。だが、食糧それ自体が「ある・ない」という絶対的不足としてみれば、農村部の多くは、被災都市よりも「まし」であった。つまり、敗戦直後の貧困は、おもに被災都市において、所得の多寡ではなく、「食べるものすらない」という、きわめて原初的な「かたち」で出現していた。

生活必需品の不足は戦時中から続いていた。一九三七年の物資動員計画、同年末の国家総動員法によって経済統制が強化され、四〇年には米を政府が買い上げて配給する食糧管理制度が始まった。

一九四二年には繊維製品にも切符制が導入された。中村隆英によれば、三四年から三五年までの平均を一〇〇とすると、食料品供給量は四〇年から四五年にかけて、九五から六〇にまで低下している（中村 1993：357）。衣料は四〇年の八六から四五年には四にまで落ち込み、衣料切符[1]があっても物資がない状態であったという（同：344-345, 357）。終戦間近の七月には家庭主食配給量の一割減（二合一勺《しゃく》＝二九七グラム）が決定され、敗戦後の秋になっても元通りにならなかったばかりか、遅配が続いた（都政十年史 1954：150-151）。こうした戦時中の不足は、「社会問題」としての貧困にはなりえず、戦争が終わるまでの「がまん」の対象であったにちがいない。

戦時中のそうした「がまん」は、戦後になって、飢餓の不安とないまぜになって、爆発した。

1――配給制度の下で、衣料品購入の際に必要とされた切符。必要点数が定められていた。

生活物資の不足が敗戦後も続いたのは、旧植民地からの物資の流入が途絶えたことに加えて、天候不順や台風などの天災による生産量の減少によるという説明もある。だが、空腹を抱えた人びとの怒りは、インフレの下で資材を隠して生産をサボタージュする資本家へ、そして何よりも政府の無策ぶりに向けられた。一九四六年二月になって「食糧緊急臨時措置令」が出されたが、これは農家に対し、強権的に米を供出させるものであった。それに対して農民の側から、自主供出で対抗しようとした供米反対農民運動もあったという（東京都 1954：152　永江 2011：67）。

各地に「米よこせ運動」が勃発し、ついに一九四六年五月一九日に「飯米獲得人民大会」（いわゆる「食糧メーデー」）が開催された。この大会では食料自主管理の上奏文を発表している。いわく、「私達勤労人民の大部分は、今日では三度の飯を満足に食べてはおりません。空腹のため仕事を休む勤労者の数は日毎に増加し、いまや日本の全ての生産は破滅の危機に瀕しております。（中略）日本の人民は食糧を私達自身の手で管理し、日本を再建するためにも私達人民の手で日本の政治を行おうと決心しております」（日本労働年鑑第22集）。

「ヤミ市」という名の裏市場

こうした運動のかたわらでは、いわゆる「ヤミ市」やヤミの買い出し、物々交換が隆盛をきわめた。本章冒頭に引用した阿佐田の文章には、「闇市もまだなかった」とあるが、別の稿で彼は「ただ道路があるだけで瓦礫の山だったその道ばたに、一カ月もしないうちに、主に徴用工くずれの連中がずらり並んで露店を張りだした。売り物は、軍需工場から平和産業に切りかえた製品、鍋や釜が主だったと記憶する。／闇市という形になったのは、それからまた一、二カ月ほどしてからであろう」（阿佐田 1999：205−206）と続けている。

中村隆英も同様に、「軍需工場の残りの材料で、鍋、釜をはじめ、電熱器だの灰皿だの、不足の日用品がつくられて街角で売られるようになる。政府の統制力が薄くなったことを反映するかのように、農村や漁村から都会に物資を運ぶヤミ屋がまず出現した。復員したけれども職のない青年たちにとって、食いつなぎのためにもっとも手っとりばやい職業だったのである」（中村 1993：382）と記している。驚くべきことに、広島市でもヤミ市は原爆投下後の八月下旬には広島駅前に自然発生的に現れていたという（李・石丸 2008：1396）。

この「ヤミ」という言葉は、統制経済に対する裏市場（自由市場）を意味している。配給の乏しさ、遅配に対する現実的な対抗手段である。ヤミ市への参入者は拡大し、徴用工だけでなく、復員兵を含んだ引揚者たちも集団で露天商を営んでいた。すぐ後でも引用する『引揚者の戦後』（島村編 2013：12−30）では、上野の「下谷《したや》引揚者更生会」（のちのアメヤ横丁）、横浜桜木町の「協進百貨店」、北海道帯広市の「満蒙第一相互館」など、多くの「引揚者マーケット」が紹介されている。

もともと露天商は、親分・子分関係を軸にした伝統的な「組」組織の統制のもとに、警察の許可を得て営業を行っていた。『都政十年史』には、露天商は一九三〇年の失業対策の一つだったという記述もある（東京都 1954：510）。「下谷引揚者更生会」をはじめ引揚者の相互扶助を目的として組織化された露天商集団を別とすれば、「素人露天商」も、次第にこのプロのテキ屋組織によって統制されるようになっていく。つまり、敗戦直後のヤミ市は、「本来的な露天商の的屋《テキヤ》機構に大量の素人露天商が結びつけられて成立したもの」（大塚他 1950：217）といってよい。大量の復員兵や失業者が参入した素人露天商とテキ屋組織の混成部隊が、物資の流通に便利な駅周辺の建物強制疎開地[2]や焼け跡などを不法占拠して、またたくまに巨大な青空マーケットを誕生させた。旧植民地の人びとの参入による対立・抗争等もあったせいか（松平 1995：33–34）、ヤミ市は次第に社会問題化していくが、当初は警察も黙認していた。

　こうして、被災都市における人びとの生活は、配給に加えて、このヤミ市場で物資を入手することによって成立するようになる。農村部でも、先に述べた低価格での供米への不満は、ヤミ市場での販売という「消極的な」反抗へと姿を変えていった（永江 2011：85）。だから、食糧や日用品の遅配が消費者をヤミ市へと走らせ、生産者にとってヤミ市の隆盛は、ヤミ市に生産物を流すメリットを生むので遅配が続く、といういたちごっこが拡大していったのである。

　ところで、このヤミ市場での生活物資の確保は、むろんカネを媒介としたが、なけなしの着物などとの交換で食糧を手に入れることも少なくなく、これを「たけのこ生活」と称した。とはいえ、身をはがせるのはまだ余裕のある層だったかもしれないし、それにも限度があった。ヤミ市場で物資を手に入れ、配給での不足分を補って暮らしていくには、やはりそれなりのカネが必要であった。実際、ヤミであれば何でも手に入るようになると、カネをもっている人びとのところにだけ、それらのヤミ物資が流れ込んでいくことになる。

インフレと統制経済

ところが、このカネ＝貨幣の価値は、ひどいインフレーションによって絶えず下がっていった。一般に戦争は、膨大な戦費を調達しなくてはならないため、インフレーションの原因となるといわれている。では戦争が終われば、インフレーションは収束するのかというと、戦後日本はそうはならなかった。退役軍人への退職金支払いや、軍需契約の補償費などが膨らむ一方で、生産の復興は遅れた。一九四五年七月を一〇〇とした卸売物価はこの年の一二月に一八七・一であったのが、翌四六年一月には二二五・一に上昇、小売り物価も、同じく四五年七月を一〇〇とすると、同年一二月は二二二・三であったのが、翌四六年三月には二三七・三まで上昇している。こうした中で、銀行経営の先行きに不安を覚えた預金者たちが預金引き出しに走り、銀行を支えるために日銀券の発行額は増加の一途をたどった（加藤 1974：6）。

そこで政府は、いったんはゆるめつつあった経済統制を強化する方向へ向かい、ＧＨＱも統制を堅持するよう指令した。一九四六年三月に、まず緊急金融措置として、新円への通貨切り替え

2――空襲による延焼防止と避難場所確保のために強制的に建物を撤去した後の空地。

が行われ、同時に預金封鎖を行った。預金の引き出しは、生活費として一人一〇〇円（標準五人世帯で五〇〇円）以内に制限された。この引き出し制限は、いわゆる三・三物価体系[3]に基づいている。

この一連の措置は、金融恐慌を阻止したとはいえ、国民にはきわめて不評であった。後年、これを振り返った大蔵省財政史室でさえ、この物価体系で想定された一カ月の「標準生活費は闇価格を含んだ現実の生活費の推計の七〇％程度であり、とくに飲食費は現実の四四％となっている」（大蔵省財政史室 1980：263）と、三・三物価体系が現実離れしていたことを指摘している。実際、『都政十年史』は、この物価体系以降どのような生計調査でも、飲食物費の生活費に占める割合は七〇％前後を占めており、この数字は、大正から昭和のはじめに実施された東京市社会局の細民調査（下層民の調査）においてさえ見当たらない、とまで酷評した（東京都 1954：172）。一般に飲食物費の生活費に占める割合＝エンゲル係数は、収入が低くなると高くなるが、七〇％は異常な数字である。

その後、一九四七年七月の新物価体系[4]、四八年の「補正体系」と続き、また「公定価格」の遵守のため、ヤミ撲滅運動が進んだ（東京都 1954：170–171）。四七年から開始された傾斜生産方式など、生産復興へのてこ入れもあって、ようやくインフレーションは沈静化し始め、四九年の経済九原則の導入によって今度は一気にデフレーションが導かれることになる。この点は次章で述べよう。

図 1-1　都市家計調査全都市平均エンゲル係数の推移

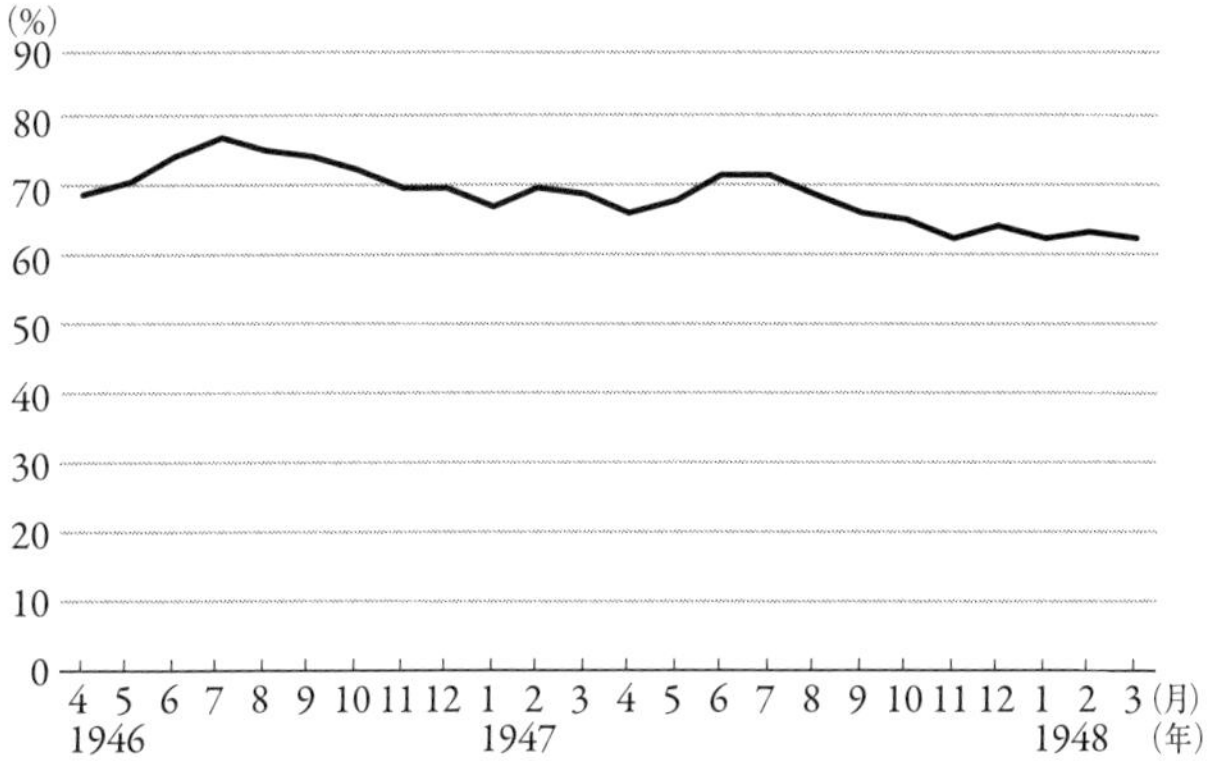

出所：野村俊夫（1949）『生計費の研究』p.229 より筆者加工.

インフレーションの克服は、まさに荒っぽい統制経済によるものであり、標準家庭の赤字生活を伴うものであった。先に述べた生活物資の絶対的不足に加えて、高いエンゲル係数のもとでの「標準生活」が強要されたという意味でも、敗戦直後の貧困は特異なものであったといえる。図1－1でみるように、物価庁（その後、経済安定本部）が実施した都市家計調査で、三・三物価体系以降の月別エンゲル係数の推移を見ると、

3――三・三物価体系は、米、石炭、賃金を基準として新たに物価体系を組もうとするもので、①米価を決める、②米価から食糧費を導く、③食糧費からエンゲル係数を使って生活費を求め、そこから賃金→石炭価格を決めた。この生活費は、大都市労働者の標準世帯（三〇代夫婦と子ども三人）を想定した場合、一カ月の標準額五二六円二銭と見積もられた。この生活費から直接税などの負担を考慮すると、賃金は家族手当込みで月額五〇〇円となる。

4――この新物価体系は、基礎物資の安定価格を基準年次の約六五倍とし、賃金は工業総平均を一八〇〇円としたものであった。賃金が三〇倍足らずにしかならなかったことに批判が集中したという。

一九四八年に入ってようやく六二％まで低下するが、それ以前は七〇％前後で推移している。なお、この都市家計調査は支出階級別、給与所得者・労務者別の調査結果も示している。エンゲル係数が落ち着いた四八年三月の結果を見ると、給与生活者、労務者世帯を問わず、少なくとも月収一万円未満の勤労層では、収入規模にかかわらず、エンゲル係数は六〇％台であまり変わりがない。どの階層も「食べること」で精一杯であったことが窺える。

そこで今度は「みんな」ではなく、国家が「公認した貧困」、つまり公的な救済対象者という側面から、この時期の貧困を見てみたい。

生活困窮者への支援策

戦後の公的扶助（国による貧困救済）は当初、戦前からの救護法、母子保護法、軍事扶助法、医療保護法の各法によってバラバラな対応がなされていた。一九四五年一二月になって、ようやく生活困窮者緊急生活援護要綱が閣議決定された。この生活困窮者とは、①一般国内困窮者、②失業者、③戦災者、④海外引揚者、⑤在外者留守家族、⑥傷痍《しょうい》軍人およびその家族または遺族――を指す。日本政府は、④や⑥に該当する貧困者への援護を手厚くしたかったのであろうが、軍人等を特別扱いすることは、GHQから厳しく禁止されていた。

東京市政調査会の資料には、一九四五年一二月三一日時点の東京の援護実績が載っている[5]（東京市政調査会 1946）。それによると、保護の必要な世帯数は四万八七四六世帯、総世帯数の五・

九％となっている。これは現在の世帯保護率（生活保護を利用している世帯数を総世帯数で割ったもの）三％強よりやや大きいが、敗戦直後の貧困の蔓延から見て、かなり少ない印象である。なお、生活困窮者の種別によって世帯保護率はかなり違っており、最も高いのが④の引揚者で二四・四％、次いで①の一般生活困窮者で二二・三％、⑥の軍人遺族は一一・七％、②の離職者（失業者）は五・八％となっている。すぐ後で述べる壕舎《ごうしゃ》生活者は二・五％で、バラック住まいは八・七％である。

緊急生活援護要綱に基づく援護の内容は、軍用物資の民生転換による宿泊、給食、救療《きゅうりょう》（貧困者の病傷を治療すること）、衣類寝具など生活必需品の供与、食料品の補給、生業（生活を立てるための仕事）の斡旋等であり、生活物資の絶対的不足へ直接対応するものだったが、後で貨幣給付も加えられた。その限度標準額は、当時の各扶助のうち一番水準の高い軍事扶助法の基準に揃えたという。東京都における一九四六年四月一日の扶助基準は五人世帯で一カ月二五二円であった。

5——援護要綱実施についてはよく分かっていないことが多い（百瀬 2006）。実施時期も、すぐ実施と、翌年四月から実施などの説がある。この事業実績も、都が実施していた応急保護事業、戦前期から引き継がれた各扶助などを合わせたものなのか、要綱だけによるものかも分からない。なおこの東京市政調査会資料はガリ版刷りのもので、世帯保護率などの計算は間違いもあり、計算し直してある。小山進次郎は、四月実施援護人員を一二六万七五三人で、「国内総人口の一・七％」（小山 1975：13）と記している。この根拠となった資料は明らかではなく、一・七％を信じていいのかどうか分からないが、本書執筆時の保護率とほぼ同じであり、これまで述べてきた「総飢餓状態」への対応としては、まことにささやかという他はない。

先に見たように、同年三月の三・三物価体系（五人世帯で五〇〇円）と比較すると、四月一日の扶助基準でその半分、東京都の標準世帯の平均支出八四四円八〇銭と比べれば、約三割にすぎない。

新たな貧困救済のスタート

一九四六年九月に生活保護法（旧）が制定され、翌一〇月から、ようやく法律による新たな貧困救済がスタートした。

しかし、インフレ下においても、その基準額は大幅に伸びたわけではない。一九四七年七月の第五次改定の九一二円は、同年七月に改定された新価格体系における賃金一八〇〇円の半分である。こうしたこともあって、四八年八月の第八次改定では、栄養学を参照して、必要生活物資を積み上げるマーケット・バスケット方式[6]を採用し、四一〇〇円とした。だがこれも、栄養を満たす水準を切っていたという（岩永 2011：61）。さらに第八次改定には「奇妙な制限が設けられていた」と篭山《かごやま》京《たかし》は指摘している（篭山・江口・田中 1968：128）。マーケット・バスケットで基準を決めたのに、「市町村長限りで支給し得る額に制限をおいた。それは基準の六三・五％である（東京都区部の五人世帯二六〇〇円）。つぎに、都道府県知事の認可で支給し得る制限があって、それが八〇％までである（東京都区部五人世帯三二五〇円）。それ以上は厚生大臣の承認が必要とされた」（同）。これらは財政上の理由であり、財政当局に譲歩することによって第八次改定が成立したのだという。[7]

ところで、厚生省では一九四七年一二月から翌四八年二月にかけて、第一回被保護者生活状況調査[8]を実施している。この調査の対象となった被保護世帯（生活保護を利用している世帯）の数は五七万四六一〇世帯で、うち三三・二％は男世帯主世帯、六六・八％は女世帯主世帯である。女世帯主世帯の多さは戦争の影響であろう。またこの調査では、総人口に対する保護人員の比率（保護率）が都道府県ごとに示されているが、これを見ると一四の府県（都道府県）が二・一〜二・五％の保護率となっており、次いで一三の府県が二・六〜三％の保護率、一〇の府県が一・六〜二％の保護率、一〇の府県が一・六〜二％の保護率となっている。二・一％以上が三七府県にのぼるが、いぜん生活保護制度の対応は限定されている。厚生省のこの調査には、東京都民生局が調べた被保護世帯家計（六人）と標準勤労者家計との比較が掲載されているので、それを確認しておこう（表1－1）。標準勤労世帯の定義は示されていないが、夫婦と子ども三人の五人世帯と見られる。表1－1で、被保護世帯の総収入は標準勤労世帯の半分弱、消費支出は約五九％

6――栄養学を根拠に食糧費を理論的に確定し、そこに他の生活必要財を一つ一つ積み上げていく方法。
7――当時保護課において策定にたずさわった石田忠は、「それで死ぬことはないじゃないかというふうな議論が、大まじめでされていた」、「あとの人にはどういう批判を受けるか、考えても、なんか寒けがするときがあるんです」（厚生省社会局保護課 1981：144）と回顧している。
8――この調査は、実は濫給整理つまり、基準以上の被保護世帯を発見し、それを整理する目的で行われた。この調査で約八〇万人が整理（廃止）されたという（小山 1975:33）。

表 1-1　標準勤労者世帯と被保護世帯の家計比較（東京都）

	標準勤労者	保護世帯（6 人）
総収入（円）	9030 円 37 銭	4297 円 29 銭
収入内訳（%）	100.0	100.0
勤労	48.9	23.9
勤労外	11.8	17.6
副業		1.5
保護費		26.5
実収入外	7.7	6.4
繰り越し	31.6	24.1
消費支出（円）	5662 円 12 銭	3328 円 42 銭
消費支出内訳（%）	100.0	100.0
飲食費	60.1	65.1
その他消費支出	39.9	34.9
総支出	9630 円 37 銭	4341 円 43 銭
総収入－総支出	600 円	△ 44 円 14 銭

資料：標準勤労者＝内閣府統計局調べ．保護世帯（6 人）＝東京都被保護世帯生活実態調査．厚生省「第 1 回被保護者生活状況調査集計表」1948 年 1 月調査より作成．

である。ところが、この消費支出に占める飲食費の割合＝エンゲル係数は、標準勤労世帯で六〇・一％、被保護世帯で六五・一％と、あまり変わりがない。被保護世帯といえども、食費以外の支出をこれ以上減らせない状態が見て取れる。なお被保護世帯の総収入に占める生活保護費の割合は平均二六・五％にすぎない点にも注意したい。就労、副業その他によって補っているが、それでもなお赤字である。

「引き下げられたレベル」での平等

ところで橋本健二は、その著『「格差」の戦後史』の中で、敗戦後の五年は、あらゆる経済格差が縮小した時代であったことを、数字を挙げて示している（橋本 2009：67−92）。谷《や》沢《ざわ》弘毅《ひろたけ》も課税所得のデータから、不平等度を測るジニ係数（0から1までの値をとり、不平等であれば1に近づく）を計算すると、一九三五年が〇・一五五に対して四八年は〇・〇四二となり、「終戦後わずか三年にしてすでに急速な平等化が達成されていた」と述べている（谷沢 2004：560）。

両者とも、戦後の一連の改革の成果を指摘し、また谷沢はインフレの影響を指摘している。ヤミ業者の所得が国民所得に占める割合は、一九四七年で三九・八％、四八年で二三・三％と大きかったにもかかわらず、ヤミ業者の多くは、もともと農業あるいは商業に従事していた人で、高額所得者が少なかったこの二つの業種での所得の拡大は、むしろ所得の平等化に寄与したと、谷沢は述べている（谷沢 2004：561）。

確かに、そうかもしれない。それにもかかわらず、多くの勤労世帯のエンゲル係数は高い状態が続き、「食べること」のみに追われていた。その意味では、「引き下げられたレベル」での平等がこの時期出現したともいえる。しかし、エンゲル係数はほぼ同じでも、平均勤労世帯の半分の所得で生きねばならない被保護世帯が存在していた。さらに、その捕捉率の小ささを勘案すれば、被保護世帯と同様か、さらに低い水準で生きていた人びとも多数存在したに違いない。その差を大きいというか、わずかというかは難しいところであるが、飢餓の不安と、餓死するおそれは、やはり同じであったとはいえまい。

『都政十年史』には、四谷のある小学校の調査として、「三食とも米飯を食べているもの」が一・八％、「二食」が一二・八％、「一食」が四二・五％、「なし」が四二・九％という結果が紹介されている（東京都 1954：153）。「なし」と「一食」を合わせると八五％程度の都民が食の苦労をしていたことが分かるが、この「なし」と「一食」の差は実感としてかなり大きかったに違いない。他方で「三食」と「二食」を合わせた一五％弱の子どもたちの家族は、それなりの豊かさの中にあったと推定できる。政治も経済も混沌とした時代に、半分の人びとは白米を食べることもできず、そのほとんどが救済の対象にならなかった。他方で「ヤミ」や「隠匿」などの言葉で示唆される、この時代特有の「勝者」（戦前の高所得層ではないにしても）の食卓には、ないはずの白米が毎食登場していた。

2　壕舎生活者と引揚者の苦難

焼け跡の標準住宅

「みんなが貧しかった」時代に、その「みんな」の最底辺にあったのは、壕舎《ごうしゃ》に暮らす人びとといってよかろう。食糧の絶対的欠乏に加えて、住宅の確保すらおぼつかなかった人びとである。

先にも述べたように、都市部の建物強制疎開地の確保や空襲によって、特に都市部の建物の喪失は著しかったといわれているが、空襲による損失の詳細は不明である。住宅金融公庫の資料の推計では、二六五万戸（空襲二一〇万戸、強制疎開五五万戸）とあり、ここに外地引き揚げ者の需要を加え、戦災死者による需要減を差し引くと、全国四二〇戸が政府発表の不足数であった（小野 2010：85）。特に被災都市の損失は大きく、たとえば広島市では被爆直前に市内に存在していた建物の約九二％が倒壊・消失した（国際平和拠点ひろしま構想推進連携事業実行委員会 2015：7）。東京では約七六万八〇〇〇戸、五六％の減少となったという（東京都 1954：174）。

むろん住宅の喪失も、食糧同様、戦争中から進行していた。人びとは、焼失を免れた知人宅や縁故を頼って郊外へ避難するが、空襲が激しくなると、そうしたことも不可能になっていく。こうした中で、たとえば東京では一九四五年三月の大空襲のあと、集団疎開を進める対策を採っている。東京都警視庁は「罹災者各位に告ぐ！　縁故者（落ちつき先）の無い方には要残留者（東京に大切なる職場を持っている人）をのぞき都で集団疎開をお世話いたします」と公示している（東京都 1954：137）。『都政十年史』には、この集団疎開で五〇三九人を東北各県に送ったとあるが、これらの人びとは終戦後、しばらく疎開先で様子を見ていた縁故疎開の人びとに比べて、より早く帰京した（同）。むろん「東京に大切なる職場を持っている人」でなくとも、焼け残った跡地に、焼け残りの木材やトタンで小屋を作って踏みとどまっている人も少なくなかった。「すでにこの状態を予想した都防衛局では防空生活に適合した住宅の決定版として、資材労力を極度に節約した耐火耐爆の地下または半地下式住宅を試作していたが、これを「東京都壕舎」と名づけ」（東京都 1954：134）、各町内に見本を設置し、希望者には古材を斡旋して大量に作らせたという。それらは壕舎とはいえ、耐火耐爆などというような安全なものは望むべくもなかった

（同）。この壕舎は、東京だけでなく、都市部の焼け跡で暮らす人びとの敗戦直後の「標準型住宅」となった。大阪では一九四五年一〇月五日時点で、七八二七世帯が壕舎生活者であり、当時の市在住戦災者の七・五％であったという（大阪・焼跡闇市を記録する会 1975：4）。

窮乏する壕舎生活者

一九四五年一一月に、東京大学社会科学研究会の学生たちが、都内の四九〇戸の壕舎を訪ねて調査した報告に「東京都に於ける壕舎生活者」（薄 1952）がある。[9]

この報告によれば、壕舎は平均五・八坪、最高一五坪から最低一坪までと多様であるが、ほとんど全部が焼跡の赤錆《さ》びたトタン板を継ぎあわせたものであった。戦時中は地下壕であったが、それは少なくなり、土蔵や納骨堂、土砂置き場に住んでいるものもあった（同：178－179）。八割は畳や筵《むしろ》を敷いているが、平均世帯人員四・三人で割ると、畳・筵は一・一枚、寝具は軍用毛布を二戸で半分にしたものを含めて一人につき一・五枚程度である。電灯は一つあるのが約七割、便所もだいたい各戸にあるが、共同の場合もあった。

これらの人びとは荷物を疎開させておらず、大部分を焼失しているので「たけのこ生活」はできない。それでも鍋釜、茶碗など、多少なりとも日用品を持っていたことが、壕舎生活を可能にしていた。また、家庭菜園を作っている者は七七％に及び、この家庭菜園と配給があることが、「みんなが貧しい」時代の「みんな」の一部であったことの証左であり、後で述べる「浮浪者」

とは一線を画すことになる。また半数近くは、隣組その他との相互扶助、付き合いがあるとしているが、親類などからの援助は一〇％程度で、多くは期待していない。

興味深いのは、「何が一番困るか」という質問への答えとして最も多かったのが食糧で、住居ではないということである。先の勤労者家計における食費と住宅費比率の違いが、ここにも現れているといってよい。まさに住の問題があるにもかかわらず、「今日、食べること」に困っているのであった。なぜ壕舎生活をしているかという質問へは、職業の関係等の理由もあるが、多くは「行くところがない」「住宅がない」「疎開先でうまく行かず」「田舎なし」「縁故遠し」「資材難」「資金難」等を挙げている（同：181）。

このように生活物資の絶対的不足だけでなく、壕舎生活者は所得の少なさでも際立っていた。三分の一が「失業者ないし無収入」で、平均すれば収入は一日二一二円三〇銭、支出は五一七円四六銭で三〇五円の赤字。支出の六五％は「買い出し」（ヤミ）である。家庭菜園を作ってもなお、サツマイモなどの買い出しのためのお金が不可欠なのであった。ただし先にも述べたように、公的扶助を受けている者は多くない。

9――ここで引用したのは大河内一男編『戦後社會の實態分析』（日本評論社）に収録の薄信一の執筆分であるが、薄によれば、同書に収録されている論考「浮浪者」と同様、はじめは一九四六年一月の大學新聞に、次いで同年一一月の『起ちあがる人々』（學生書房）に収録された。「壕舎生活者」の元の原稿は台湾へ戻った邱炳南の執筆によるとのあとがきがある。

なお、住宅難に対して政府は、一九四五年九月に越冬用簡易住宅三〇万戸計画を閣議決定している。「壕舎生活者」調査に、この「応急・簡易住宅」へ申し込んだかどうかの質問がある。六三・七％が「申込まず」であり、「申込んだ」は一四・五％にすぎない。申し込まなかった理由として、「高すぎる」「金がないから」「信用出来ぬ」などがある。申し込んだが「その後消息なし」「駄目だった」などもある（同：188）。

この「応急・簡易住宅」は、戦後初めて供給された公共住宅と位置づけられることもあるが、それは正確ではないと小野浩は指摘している。これは、あくまで罹災者本人の自助努力＝自力での建設へ対して資材を援助するにすぎず、三〇万戸という数字も裏付けがあったわけではないという（小野 2010：88-89）。罹災者以外に、公共団体、住宅営団、貸家組合も建設主体とされていたが、主眼は罹災者本人の努力を支援することにあった。このため、大蔵省からの融資も、「相当の自己資金が存在することを貸付の前提」にしていた（同：92）。これが、先の調査で「申込まなかった」人の多さの理由であろう。そのような自己資金はなかったのである。しかも、自己資金をつぎ込んで完成した応急・簡易住宅は瓦《かわら》もガラスも使用しないバラックでしかなかった。『都政十年史』は、突風に吹かれた簡易住宅が逆さになって転がった写真を掲載してその粗悪さを皮肉った朝日新聞の記事「ころりとカンイ住宅」（一九四七年四月三日付）を収録している（都制十年史：178）。

「応急・簡易住宅」とは別に一九四五年一一月に「住宅緊急措置令」が発せられた。こちらは、引揚者を含む「戦災者等」に対する応急的な住宅の供給を図ろうとしたものであるが、その手段は旧軍用建物の払い下げ、焼け残った有休ビルの補修、学校や工員寄宿舎の住宅転用と余裕大邸宅の開放など、つまりは「既存建物の住宅化」（小野：93）であって、新たな建設ではなかった。バスや汽車など車両の住宅への転用も行われた。大阪市では「便所、炊事場、洗濯場などの共同施設を囲んで円形に古いバスを並べ、内部は四つのガラス窓を残して、あとはベニヤ板を張り、前、後方にそれぞれ三段の棚をしつらえ、四畳半の部屋をもつバス住宅」を窮余の策として考案したという（大阪・焼跡闇市を記録する会 1975：11）。

次に戦後の貧困のやや特殊な「かたち」として、引揚寮または引揚者住宅で暮らした人びとを取り上げてみたい。

引揚者への援護

今次戦争の終結に伴い、本邦に引揚げることを余儀なくされた海外同胞は、明治以来約八十年、父祖代々営々として海外に築きあげた財産を放棄し、生活の本拠を失い、わずかな持金と、数少ない身の廻り品だけを全財産として、全く文字どおり「はだか一貫」で引揚げざるを得なかった。その大部分の人々は上陸後、帰郷地に落ち着いたとしても、経済的に無に等しい状態の中から定着地での生活の再建をはかることは並大抵のことではなく、加えて、引揚者を受入れた内地も終戦後の混乱と物資の欠乏、インフレの昂進、住居の不足等の状態にあった。（厚生省援護局『引揚げと援護三十年のあゆみ』一三五頁）

復員兵も含めて引揚者の援護は通常、①上陸地における援護（検疫、医療、応急援護、宿泊所など）および帰郷地への移送と、②定着後の援護の二つに分かれる。

引揚港から上陸した引揚者の中には、生まれ故郷へと向かった者もあったが、その全てが故郷へ戻れたわけではなかった。彼らが向かったのは「引揚上陸地、引揚上陸地に近接する都市、あるいは故郷に近接する都市、あるいは東京・大阪等の大都市、さらには各地の戦後入植地などであり、それぞれの地において、多くは経済的貧困のなか、さまざまな生活を展開しながら、戦後社会を生き抜いてきたのである」（島村編 2013：11－12）。

特に「無縁故者」とよばれる人びとや、引揚げ途中で孤児となった子どもたちにとって、日本での生活の基盤となる場所がないのであるから、それを確保することがまず大きな問題であった。また、沖縄や奄美出身者にとって、「内地」へ引き揚げることと、沖縄や奄美へ引き揚げることは意味の違うことであったし、日露戦争後、長年その地で生活してきた樺太等からの引揚者の多くは「無縁故」になった。

一九四七年四月末時点で引揚者数は五三七万人で、その一割が傷病（マラリヤ、結核、栄養失調、脚気等）を抱えていたという（厚生省援護局 1978：542－543）。引揚者の暮らしの場を確保するために、生活困窮者緊急生活援護要綱および旧生活保護法が適用され、軍用施設（兵舎その他）の転用による集団収容施設（定着療、引揚者住宅）が、都道府県・市町村、住宅営団などによって急遽《きゅうきょ》作られていった。

上陸地の一時収容所であっても、その収容が長引いた例もある。一九四五年一二月に一〇日間、医学生として浦賀港の鴨居引揚者収容所でアルバイトをした山本俊一によれば、原則として三泊四日の一時宿泊所であったが、「もう二カ月以上もここに滞在している人もおり、しかもその人たちは、今後の落ち着き先の目あてもない状況」であって、収容人数は増加するばかりであったという（山本 1982：11－12）。重病人が続出し、最も多い時には一日二〇人が死亡、燃料不足で遺体の焼却もできず、遺骨の引き取り手もないので、その数は二〇〇以上になったという。他方で収容所に来てから孤児となった子どもも既に一九人いたそうである。こうした収容者の増加に対して配給物資は滞りがちで、「ここでは老若男女を問わず、一人に衣料として、海軍兵用夏服一着しか配給することができない」と記している（同）。

引揚者のための集団収容施設（引揚者定着寮）の建設は、一九四六年度で二五五四施設（推定戸数四二〇二五戸）、四七年度は二二七施設（六一〇〇戸）、四八年度は九施設（四六七戸）と報告されている。個別住宅としては、樺太からの引揚者に「樺太引揚者無縁故住宅」が北海道、東北六県に建設された（厚生省援護局 1978：136－137）。

引揚者定着寮

軍の施設を転用した引揚者定着寮としては、陸軍の火薬庫を転用した東京「赤羽《あかばね》郷」、陸軍野砲兵第一連隊兵舎を転用した東京「世田谷郷」などがあった。郷というのは、いくつかの住宅群を指して使った用語のようである。その他、海軍工廠《こうしょう》工員養成所宿舎を転用した横須賀市の衣《きぬ》笠《がさ》寮などが、『引揚者の戦後』（島村編 2013：32－36）に紹介されている。いずれも、すぐに老朽化するような応急住宅群であり、実際、第三章で述べるスラム地区の一典型となっていく。

これらとは別に引揚者や戦災者の援護を行っていた同胞援護会が、軍の用地に建設した住宅もあった。その例として、先の「樺太引揚者無縁故住宅」のほか、仙台の追廻《おいまわし》住宅、福岡市の城内《じょうない》町住宅などがある（同：37－39）。住宅といっても、「土台はなく、柱の根を焼いて打ち込んだ掘立て小屋」（同：39）、あるいは「地面を三センチも掘れば水が湧き出てくるような」（同：40）湿地に、一戸あたり六畳二間、四戸で一棟の木造長屋といった応急的なものにすぎなかった。

引揚者寮や引揚者住宅での生活は多様である。先に述べた引揚者マーケットなどを積極的に展開した人びともいれば、海外でのキャリアを活かしてなんらかの職を得た人もいただろうし、日雇や公的扶助によってなんとか生きていた人びともいたに違いない。引揚者世帯では要保護世帯率が四分の一に達していたことは既に指摘したとおりである（東京市政調査会 1946）。

その多様な生活については必ずしも明らかではないが、引揚者住宅地区が、周囲から「差別」

の目で見られていたという記録はある。「いまは、そんなことはまったくないが、軍用施設を改造した引揚者寮に住んでいた頃は、「四丁目の人間」（数字は仮名）という言い方がよくされていた。（略）学校で何かなくなると、「四丁目の子どもがやった」という見方をされたり、あるいはこのあたりで泥棒が入ると、「四丁目の人間がやったのではないか」と疑いの目で見られた。「四丁目の人間は危険だ」と言われたり、また「泥棒部落」という言い方がされたりしたこともある」（島村編 2013：48）。

引揚者と緊急開拓事業

この中で、最も生活が苦しかったのは、おそらく「緊急開拓事業」によって未墾地へ「入植」した引揚者たちであろう。

この事業は、引揚者や増加する失業者、食糧難などの問題を、開墾・干拓・土地改良事業によって「新村建設」によって解決しようとするものであった。食糧難の時代にタイムリーに見えるかもしれないが、開拓事業は伝統的な救貧手段であり、しかも入植者の自力に頼る傾向が強い。また、軍用飛行場や国有林などの未墾地や、そこにあった建物の転用はあっても、十分な生産・生活の資材が提供されたわけではなかった。農地改革が進められていた当時、「自作農創設特別措置法の第三十条において、未墾地の強制買収規定が盛りこまれ、開発の用に供され得ると認定された未墾地を政府により強制買収することが可能となった」（永江 2012：95）わけだが、開拓のための用地は、水や地質の問題から農業には適さないところが大半だった。だが、戦前に開拓民として満州に渡った人びとや、一九三〇年代までに農業移民として移住していたパラオなどからの引揚者が、この事業によって入植して集落を作ったという（島村編 2013：50−54）。

兵庫県草加野《そうかの》開拓地に関する永江雅和の事例研究には、一九四六年一〇月に満州からの引き揚げ後、しばらく神戸で働いてからこの地へ入植した人の話として、「日本で食えなくて満州に行ったのに、日本国内に入植する場所があるなんて（略）なんかの冗談だと思った」という言葉が紹介されている（永江 2012：93）。さらに永江は、引揚者などの入植は、その条件の悪さから短期間で離農する者も少なくなかったこと、また受け入れ自治体や未墾地を強制買収される土地所有者の反発が強く、むしろ地元農家の増反《ぞうたん》（農地の面積を増やすこと）を望む声が大きかったことを指摘している（同：96）。先の「差別」はこのような地元の感情とも結びついていたかもしれない。

『引揚者の戦後』では、秋田県能代《のしろ》市郊外の「東京都」と称される集落が紹介されている。これは東京都の斡旋で満州へ渡った人びとが集団で引き揚げ後、旧陸軍飛行場跡地に入植したものである。「当初は旧軍の兵舎と弾薬庫に寝泊りしながら開墾を始めた」がなかなか成果は出ず、自殺者まで出たという（同：50−52）。宮城県刈田《かった》郡蔵王町の北原尾《きたはらお》集落は、パラオからの引揚者が開拓したところで、北原尾とは「北のパラオ」という意味だ（同：53）。入植当時は三二戸で、現在は酪農集落として知られるようになったところだが、『引揚者の戦後』には、入植時の苦労を記した、次の産経新聞の記事（二〇〇八年一月二七日）が引用されている。「入植者は一様に貧しく、ササで屋根を覆った粗末な小屋で暮らしながら雑木を燃やして作った炭を売り、糊口をしのいだ。子供たちは冬でも赤く霜焼けた足にげたを履き、地元住民から「こじき集落」と陰口をたたかれ、悔し涙をながしたこともあった」（同：53–54）。

3　「浮浪児」「浮浪者」とその「かりこみ」

餓死すれすれの人びと

壕舎生活者や被保護者が、「みんなが貧しい」時代の「みんな」の底辺に位置づけられるとすれば、先に述べた引揚寮や開拓事業入植者の困苦は、その「みんな」からは外れた周縁にあるものとして、少なくとも当初は「特殊」なものとみなされがちであった。しかし、さらに「特殊」なものとして把握されたのは、この混沌の時代の被災都市の駅や地下道などに集まった「浮浪者」や「浮浪児」たちの貧困である。『浮浪児１９４５‐戦争が生んだ子供たち』を著した石井光太は、二〇一二年春に元「浮浪児」であった老人と一緒に上野の地下道を歩いていた。七四歳の老人が上野の地下道に寝泊まりしていたのは七歳の頃であったという。一九四五年頃ということになる。老人は次のように述べている。

この通路は、戦後の頃のままだ。あの時は壁の色が灰色でくすんでいて、もっと暗かっただけ。ほら、柱の下にホームレスが寝ているだろ。六十数年前、数えきれないぐらいの浮浪者があんな風に横たわっていたんだ。あれが何百人もいるって考えたら、どれだけ息苦しく臭い場所だったかわかるだろ。（石井光太『浮浪児１９４５‐戦争が生んだ子供たち』一三二頁）。

生活困窮者緊急生活援護要綱が定められたのは一九四五年一二月だが、それ以前から地下道の「浮浪者」「浮浪児」の存在は大きな社会問題になっていた。もちろん地下道の「浮浪者」も「浮浪児」も、この時代の貧困と無関係でなく、壕舎生活者や引揚者のような、粗末な住居さえ持たない人びとであった。その意味で、かれらもまた戦後貧困の一つの「かたち」であった。壕舎生活者や引揚者寮の人びととの違いは、住所がないので配給を受けられないこと、菜園などの食糧自給ができないことである。つまり、国からの支給は、いくら遅配続きであろうとこの時期の生命線であったのに、その対象にすらならなかったという意味で、もっとも餓死の危険にさらされていた。

阿佐田哲也は、先の文章の後で次のように述べている。「浮浪者というのは、その頃、職と住所を失った人の名称であり、それはすこしも珍しい身の上ではなかった。どれほどの数が居たかは知らないが、彼等は上野駅の地下道を占領し、山の上の公園内にも、不忍池《しのばずのいけ》のほとりにも瘡蓋《かさぶた》のように拡がっていた。毎日、どこかの路上には行き倒れが転《ころ》がっていた」（阿佐田 1979：6）

少しも珍しい存在ではなかったのに、「浮浪者」「浮浪児」は、この時代の「みんなの貧困」と一続きに捉えられるのではなく、むしろそれとは区別された特殊な問題として位置づけられ、一九四五年の秋口からは「かりこみ」と称する一斉強制収容の対象となった。その理由を考える前に、まずは「浮浪者」「浮浪児」と称された人びとの数や特徴について、いくつかの資料から確認しておこう。

当時、どれくらいの「浮浪者」や「浮浪児」がいたのか、正確な数字は分かっていない。敗戦前から東京では、空襲の激化に伴って、上野駅などに人びとが集まり始めており、一九四五年七月上旬には、「上野駅約二〇〇名、浅草公園約三〇名、新橋、神田方面約五〇名」ほど集まっていた。（東京市政調査会 1946：93）。終戦後は増加の一途をたどり、四五年末には常時五、六〇〇名程度が、上野駅（約八割）に集中していたという。この東京市政調査会資料では、上野駅「浮浪者」の浮浪の原因として、戦災によるものが七七・四％、次いで離職が七・〇％、徴用解除が二・八％、復員が二・六％、「先天的浮浪性癖」が六・五％、疾病その他が三・八％としている。離職、徴用解除、復員を戦争によるものと考えれば、約九割が戦争に起因していることになる。この資料では幼少年者は常時一〇〇名を数えるが、「純真なる戦災浮浪児」は少なく「概ね不良性を有し」、教護院に入院するような子どもたちだ（同：94‒95）と断じてもいる。

「かりこみ」という一斉強制収容

これらの「浮浪者」「浮浪児」の蝟集《いしゅう》する東京上野地下道一帯では、一九四五年一〇月と一二月に大規模な「浮浪者一斉調査」が行われた。[10] これは、「かりこみ」とか「浮浪者狩り」「浮浪児狩り」などといわれた一斉強制収容に他ならない。一〇月は二五日に五、六〇〇人程度を収容、三日後の二八日には「正業」を持ちながら家のない人びとを「準浮浪者」、それ以外を「浮浪者」とし、前者は約一〇〇人、後者は一五一人で、分離収容したという（山本 1982：125）。一二月にも二日間にわたって「一斉調査」が行われ、約二五〇〇名を収容した（東京都 1954：225）。四五年一〇月から翌四六年四月二〇日までに収容所に送られたのは延べ五六二〇名。四六年四月二〇日時点における収容者二一四二名の内訳を見ると、男性が七九％と多く、一七歳以下の幼少年は二六％で、やはり男子が中心であった（東京市政調査会 1946：95）。

「かりこみ」収容者が、当時の「浮浪者」「浮浪児」の全体像を示しているかどうかは分からない。そもそも居場所が定かでなく、住居を完全に失った人びとの全体像は、後の「ホームレス調査」も含めて、正確に把握することはできない。しかし、この一二月の「かりこみ」直前に東大社会科学研究会の学生たちによって行われた「浮浪者調査」がある。上野駅周辺三七名、東本願寺更生会（後述）収容者三一名、櫻ヶ岡國民学校収容者（準浮浪者）四九名、計一一七名がその対象となった。図1－2は、この結果の一部であるが、男女別ではやはり男性が多く、年齢別では一〇代～三〇代で六割強となっているように、子どもも含めて若年層が多い。浮浪の原因は、戦災が六五%以上にのぼり、徴用解除を含めると、八割以上が戦争による浮浪であった。職業について見ると、櫻ヶ丘国民学校収容者では六五%が「正業」を持っており、全体でも四八・七%が「有り」としているが、報告書によれば、日傭人夫（進駐軍関係が多い）が最も上位で、次いで闇屋、手伝いとなり、下の方には「常習的犯罪者」がいるとされている（薄 1952b：204）。

「浮浪児」と「戦争孤児」

「浮浪児」についてのより詳しい調査として、大阪市社会局の一九四六年「浮浪児調査報告」がある。浮浪児が特定の場所に群がる現象（蝟集《いしゅう》）が大阪で注目されるようになったのは、一九四五年九月半ばからであった。大阪駅と天王寺駅前の復員軍人休憩所がまず

図1-2　浮浪者調査（上野その他）1945年12月8、11日

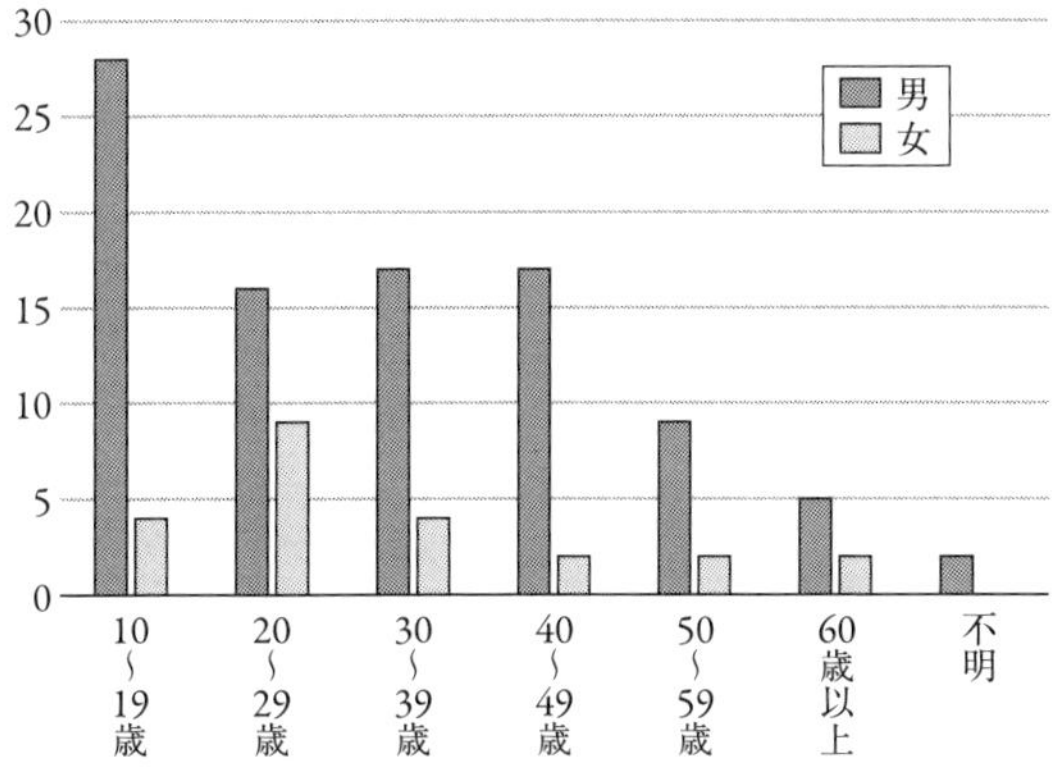

資料：薄信一（1950）「浮浪者調査」.

10――東京都の公式文書では、一二月を第一回大規模かりこみとしているが、実際は一〇月のほうが規模は大きく、また九月頃から小規模なかりこみが行われていたとの記述が『都政十年史』：（二二四－二二六頁）にはある。

図1-3　大阪市浮浪児調査（1946年5月）

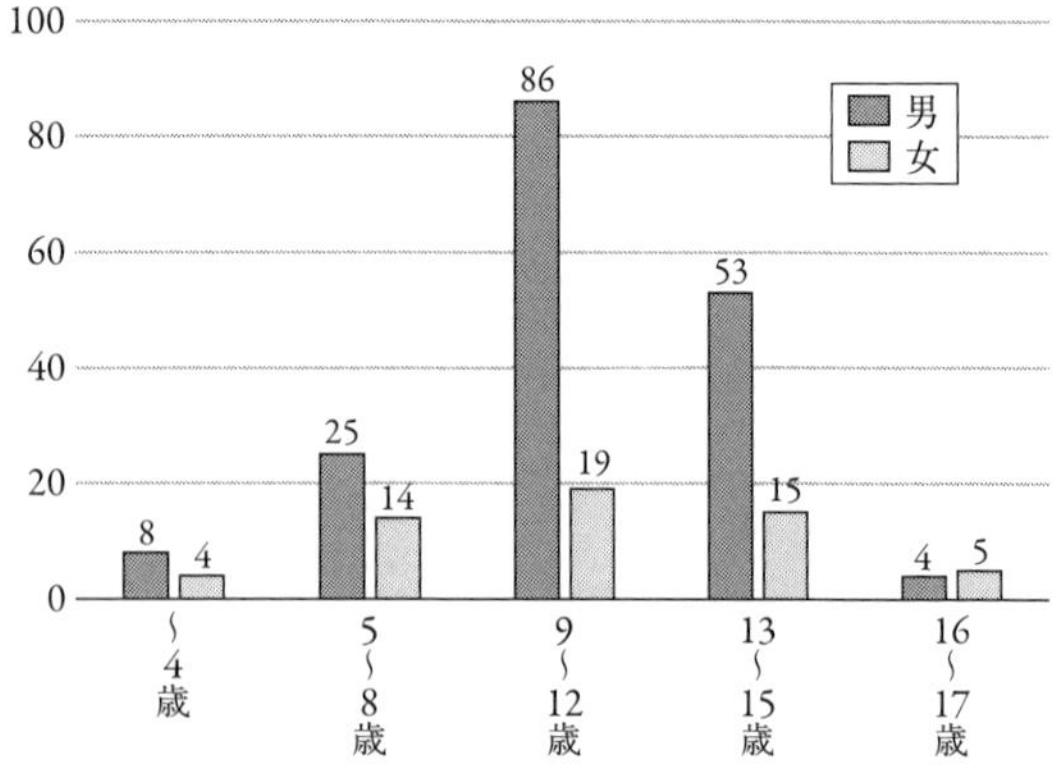

資料：大阪市社会部（1946. 9）「浮浪児調査報告」.

「戦災孤児蝟集の中心」となり、「たちまちにして浮浪児育成の温床」となった（大阪市1946：1）という。さらに終戦とともに駅付近に現れたヤミ市の繁栄が「浮浪児育成の第二の温床ともなって」、対策が急がれたという（同）。図1-3は、この時期の大阪市で「浮浪児」施設に収容された二三三名の調査結果である。「浮浪児」の総数は、収容所からの脱走、保護者による引き取り、新規収容者の増加などのため確定できないが、一九四六年五月末時点の推定数で約四〇〇〇人、うち施設収容中は三〇〇人としている（同：2）。図1-3を見ると、男子が多く、年齢は九~一二歳あたりに集中し、四歳以下は、親に連れられて浮浪している子どもたちだと説明されている。

「浮浪児」と戦争との関係を見ると、関係なしは三割弱であった。関係ありとされた七割強について、どのような内訳であったのかを示したのが図1-4である。最も多いのが戦災被害者で、次いで戦災死者遺族、未復員者家族となる。この回答は重複なので、実際は「戦災者」であると同時に「未復員者家族」とか、「戦災死者遺族」であると同時に「未復員者家族」といった事情で「浮浪児」になったとの説明がある（同：18）。また、浮浪期間は六カ月以上が最も多くて二六・一%、次いで四カ月から六カ月が一八・八%となっている。浮浪の原因は、保護者の死亡・行方不明が四七・二%で、ほとんどが戦死、戦災死傷者など戦争と関連しており、次いで保護者または寄寓先の冷遇（虐待を含む）、保護者とともに浮浪が、それぞれ一九%である（同：26–28）。

以上のように、当時の「浮浪」の原因は、大人も子どもも、戦争と深く関わっていたが、「浮浪児」は「戦災孤児」と同じではなく、大阪市調査が言うように、「戦災孤児蝟集」の場が「浮浪児」を作り上げたと捉えられている。では、戦災孤児はどれくらい存在したのか。

図 1-4　大阪市浮浪児と戦争との関係

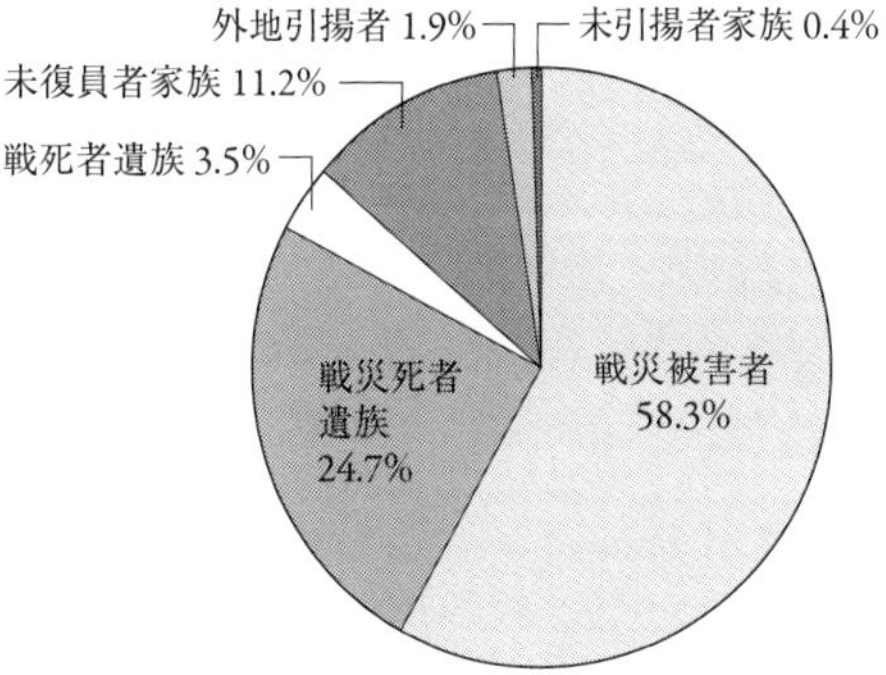

資料：図 1−3 に同じ.

厚生省は一九四八年二月になって、ようやく「戦災孤児およびこれと同様の状態にある者」の全国一斉調査にのりだし、戦災孤児二万八二四八人、引揚孤児一万一三五一人、一般孤児八万一二六六人、棄迷児二六四七人、計一二万三五一一人という数字を公表している。戦災「孤児およびこれと同様の状態にある者」は全国各地に散らばっていたが、広島県の五九七五名を筆頭に、兵庫県、東京都、京都府、愛知県、大阪府などが多いとされている。[11]

この厚生省調査に関わって、戦災による孤児は戦時中から現れており、空襲が激化した一九四四年には「学童疎開促進要綱」が決定され、四五年四月には全国一七都市の約四五万人の学童が集団疎開している点を日本戦災遺族会は指摘し、「こうした学童たちの中からも両親や身寄りをなくした者が多数あらわれた。しかし、その数は定かではない」とコメントしている（日本戦災遺族会 1983：11）。四五年三月一〇日の東京大空襲で孤児となった金田茉莉は、この調査では養子縁組した孤児が除かれ、収容保護されなかった「浮浪児」も調査されていない（むろん沖縄は除かれている）点を批判している（金田 2002：170）。さらにこの調査が、疎開児童を十分視野に入れていないのは大きな問題だとし、一般孤児とされる者の中に、集団疎開だけでなく、縁故疎開を含む子どもたちが元の居住地域の空襲で親を失ったケースも多く含まれているはずで、小学生の孤児が多い理由は、学童疎開と無縁ではないと述べている（同：171）。

金田は全国疎開児童連絡協議会調査部の山内幸夫らと、都道府県別に種類別孤児数を、空襲死者数とともに一覧表にしている（戦争孤児の会〔金田茉莉〕ホームページ http://www16.plala.or.jp/senso-koji/syuruiitiran.html）。この表では、たとえば東京では空襲死者が一一万五一〇一人にのぼるのに、戦災孤児が二〇一〇人、一般孤児が三二七九人とともに少ないこと、逆に埼玉では空襲死者が四一三人しかいないのに、戦災孤児が九〇八人、一般孤児が二九五〇人となっているという矛盾を指摘している。つまり、敗戦後の孤児についての調査資料が不正確で、戦災孤児、一般孤児とを分類すること自体が無意味だというのである。だから金田は、この時期の孤児は、「親の戦災、戦死、病死、引き揚げ、いずれも戦争犯罪による戦争孤児と位置づけ」るべきだと言っている（金田：171）。

金田たちが批判するように、「戦争孤児」の実態調査を政府は怠っていた。たとえ親の病死や寄寓先での虐待に耐えかねて家出したとしても、敗戦前後の耐乏生活を前提にすれば、これらを「一般」「家出」「求職」等に分類すること自体に無理があろう。この点は、先の大阪市調査が、「一般孤児」や「家出」という分類ではなく、保護者や寄寓先での冷遇などの項目で分析した結果のほうが現実を反映しているように思われる。戦争が、子どもたちから親の保護と住居を奪い、若い人びとの職業と希望を踏みにじって、その一部を「浮浪状態」に追い込んだのである。

「浮浪者・児」問題の特別視

「戦争孤児」の実態把握や公的扶助の法制化が遅れたのに対して、「浮浪児」や「浮浪者」の一斉収容は早くから進んだ。それはなぜなのか。GHQの指令があったことは確かである。とりわけ、首都東京における一斉収容の要請は強いものがあったであろう。だが「浮浪者」「浮浪児」を、この時期の「食べるものもない」一般の貧困とあえて区別し、特別視したことは、指令だけでは説明できない。一九四六年一二月二一日、第九一回帝国議会衆議院建議委員会では「上野駅

11――以上の数字は日本戦災遺族会の『全国戦災史実態調査報告書　昭和五七年度』に収録されている。

地下道その他における浮浪者の急速救済に関する建議案（和崎ハル君外十三名提出）（第二十二号）」が提出された。この会議録に、提出者の一人である和崎ハルの次の発言がある。やや長いが、「浮浪者」「浮浪児」問題を特別視した当時の状況がよく分かる発言なので、そのまま引用してみよう。

上野駅はわが国の玄関口ともいうべき重要な場所であることは、今さら申すまでもありませんが、敗戦後は浮浪人が急に増加し、夕方になりますと、地下道はこれらの人々のためにまるっきり占領された形で、足の踏み所もないありさまです。この寒さに筵や俵を寝具として、何一つ掛けるものもない人もあって、保健上まことに案ぜられます。ことに老人や子持ちの婦人を見るのに、どうしてこの冬を越すかと胸の塞がる思いです。少年のごときは悪の道に分け入って窃盗を働く者など、日々の新聞にこれらの記事の出ない日はないほどで、全く案ぜられます。このまま捨てておくと、まるで悪の温床のような状態で、これらはまだ若いために、保護のやり方によって必ず救済の途はあることと存じます。厚生省で発表されてあるごとく、児童保護局のごときは一刻も早く実現して、愛に飢えている子供らを温かく引受くべきだと存じます。浮浪人と申しましても、戦災で急に家を失った人で、割合良質の人は、一日も早く捨ててある工場などを利用して、住宅と職業を与えることによって、必ず救われると信じます。数多い中には、手におえない悪質の者が沢山あると思いますので、それらの人々を一纏めにして孤島、あるいは八丈島とかそういう所に移住させて、漁業、牧畜、農業をさせ、よき指導者をそれに当てますならば、必ず効果があると思いますが、どんなものでございましょうか。（第九一回帝国議会衆議院建議委員會議録　第四回　昭和二一年一二月二一日）

この和崎の発言には、「どうしてこの冬を越すかと胸の塞がる思い」とか「愛に飢えている子供らを温かく引受くべき」いう同情と、「悪の道」「悪の温床」への「嫌悪」や「恐怖」があり、これゆえ島流しのような、思い切った提案が示されていることに気がつかれよう。これに対して政府委員からは、収容保護をさらに徹底したいとの答弁があった。和崎は、そのような施設があるのになぜあんなに多くの「浮浪人」が地下道にいるのかと、なお反論している。

「たまたま通りますと、もう歩くことができません。なんにも着ないでごろごろと人と人とが重なっております。その浮浪人の中に、なおまた闇の女らしい女まで混じっておりまして、夜なんか、若い者と大騒ぎして、たいへん汚い姿をしたありさまなのに、顔に白粉だけは塗って、風紀上私は一大問題だろうと考えまして」（同上）と、「浮浪者」「浮浪児」だけでなく「闇の女」（売春婦）の存在にまで言及している。

蝟集と犯罪性への恐怖

こうした「同情」と「恐怖」を形作っているのは、不潔なものの蝟集、犯罪性、餓死の可能性の大きさの三点にあると思われる。

第一の蝟集という言葉は、大阪市調査にもあるように、「浮浪者・児」（後のホームレスも）を取り上げる場合、必ず使われる。それは、あちこちから、ある場所へ人びとが集まってくることを意味している。集まってくる場所は駅や公園などの公共施設が多い。地下道のように、外気からさえぎられ、同じ境遇の人びとと身体を温め合って眠ることができる場所に集まりやすいのは必然である。だが、この「不潔」なものの蝟集は、伝染病など衛生上の問題として、あるいは一般人の不快感や「恐怖」をもたらすという意味で、一般社会へ「害」を及ぼすものとして認識されやすい。

第二に、犯罪性である。「浮浪者」「浮浪児」という言い方には、しばしば「徘徊」「本来的」「不良化」などの形容詞がともなった。先の東京市政調査会の資料では「先天的浮浪性癖」という言葉も使われている。「徘徊」「先天的」「本来的」という言い方は、この時代に限らないが、「家を失っている」というよりは、「好きでうろうろしている」といったニュアンスがある。それは彼らの貧困を隠蔽し、逆に「異常」性を浮き上がらせ、犯罪との距離の近さを示唆する。実際、「浮浪状態」と精神疾患との関連は精神医学にとっても伝統的なテーマであり、戦前から各国で研究されてきたが、早くも一九四五年一一月には竹内一らの研究班が、東本願寺更生会に収容された人びとの精神医学的調査を行っていることには驚かされる。その結果を見ると、精神薄弱、[12]精神病質、精神病の順に多く、「正常者はほぼ半数」であったという（山本 1982：110－111）。東本願寺更生会収容所の医務室に当時勤務していた医学生山本俊一は、この結果について、精神障害が浮浪に結果するのではなく、「極限状態に追いつめられた生活」に起因すると指摘している。

不良化という言葉について言えば、これは蝟集場所やヤミ市が孤児たちを不良化させているという文脈で用いられていた。「浮浪児」はしばしば「不良児」と見なされた。「ヤミ市」と「浮浪児」との関係については、自身も孤児として地下道生活の経験を持つ西村滋の「戦争孤児――その思考」(1975)などに詳しいが、ヤミ市を仕切るテキ屋などの手伝いをしながら、そこで行われていた窃盗や恐喝などの使い走りをさせられ、早くからたばこを吸うなどの行為が「不良化」、「悪の道」と捉えられたわけである。

「不良化する浮浪児」の特性として、平均的知能の低さが指摘されることもあった。これは「浮浪者」と精神障害との関係と同様の反応である。土屋敦は、先の大阪市浮浪児調査と並行して「浮浪児の知能検査報告」がまとめられていたことに注目する(土屋 2014:83-86)。同様の検査は東京でも行われていた。これは、一九四六年四月に社会局長通知「浮浪児その他児童保護等の応急措置実施に関する件」が出され、児童福祉法に先んじて七大都府県に一時保護所一八カ所、児童鑑別所七カ所が設けられ、児童を、その資質で見分ける「鑑別」が始まっていたことと関連している(子どもの虹情報研修センター 2013:3)。

12――この時期、精神薄弱は精神障害の一部とされていた。

こうして「浮浪者」「浮浪児」の一斉収容の背景には、治安維持や犯罪防止の意図が強くあったことが推察される。駅や地下道などへの寝泊まりそれ自体も、公共用地の不法占拠である。もっとも、不法占拠をしていたのは彼らだけではなかった。戦後の被災都市の主要駅周辺の「ヤミ市」もヤミ商売であり、その場所も不法占拠であったことは、すでに述べた。一般の人びとも配給だけでは生きていけないから、「ヤミ」を利用する。農家も、米を供出するより高く売れるので、ヤミ米として売ろうとする。だから敗戦直後は、「一億総不法状態」の混沌の中にあったともいえる。配給を受けられない「浮浪者」や「浮浪児」が、この「ヤミ市」にしがみつき、犯罪すれすれの状況で生きていかざるを得なかったのは、必然ともいえよう。

「闇の女」の由来

なお和崎がいう「闇の女」であるが、よく知られているように、「進駐軍将兵のために」日本政府が開設した「特殊慰安施設」（RAA）が一九四六年一月に廃止されてから一気に増えたとの説がある（石井 2014：106–107）。RAAで働いていた女性たちが「自由市場」に移動し、その一部が街娼化したともいえる。むろん、浮浪している女性や少女がこの中にいた可能性は高い。茶園敏美は、神戸を事例に「闇の女」という言葉の由来を追いかけ、RAA廃止三日後に、「不法」に「占領軍将兵相手に「客」をとる」（茶園 2013：10）と推定された女性たちを一斉検挙し、性病の検診をしたことを、その二日後に報じた新聞記事で使われたのが最初だとしている。[13] それは「闇の女」と呼ばれるなんらかの実態があったというより、一斉検挙された女性たちをそう呼んだにすぎなかったと述べている（同：10）。

ともあれ、「浮浪者」や「浮浪児」の「蝟集」による不衛生や犯罪性への恐怖は、精神「異常」や「知能劣など」を含む「不良化」というレッテルが付け加えられることによって強まっていく。「闇の女」という言葉は、頽廃性や風紀問題としてこれを非難する方向を、さらに強化する。大河内一男は『戦後社会の実態分析』の序において、これらの敗戦直後の極貧を、「謂《い》わば敗戦後の「下層社会」の突端部であり、腫れ物の化膿した部分たるにすぎない[14]」（大河内 1950：序 10）と切り捨てている。それは、敗戦直後の「みんなの貧困」の一部ではなく、それとは異質な病変部であり、それゆえ「切除」しなければならないと考えたわけである。先の阿佐田の「瘡《かさ》蓋《ぶた》」であれば、剝がすとかえって悪くなる可能性もあるが、化膿部分であれば、切除しかないと

13——茶園は、東京で「闇の女」という言葉が使われたのは一九四六年七月以降だとしている。茶園によれば、当初は「夜の女」という表現だった。石井の著書では、「パンパン」のほうが多く使われているが、この言葉は四六年末以降に使われ出したという。行政用語としては、東京都は「特殊婦人」を使っていた。『都政十年史』には、「街の女」（パンパン・ガール）の表現もある。（『都政十年史』一九一頁）

14——大河内一男のこの表現は、マルクス資本論第二三章の相対的過剰人口の三つの種類の説明の後に加えられた「いちばん底の沈殿物」である受救貧民からも除外された「本来的ルンペンプロレタリアート」を念頭に置いて書かれている。大河内にとって敗戦直後の「下層社会」は、明治期のそれに比べて、賃金労働者へと「昇華分解」していくものをもたず、その発展性のなさだけが強調されるのである（大河内 1950：序 20）。

したのだろう。

餓死と隣り合わせの極貧

第三に、これらさまざまなレッテルによってかれらの極貧そのものは視界から遠ざけられたが、それは餓死と直結していた。先の山本によれば、一九四五年の秋から冬にかけて、被災都市の「浮浪者」や「浮浪児」の餓死の危険性が高まっており、このため「占領軍最高司令部は（略）いわゆる変死体に対して死体解剖を行ない、その死因を明らかにすべき」だと指令したという（山本 1982：142）。これは「行政解剖」と呼ばれ、東京から実施された（同：143）。

山本の著書には、一九四六年四月から一二月までに東大医学部で行われたこの行政解剖例と死因分布表が掲載されているが、総数四二二例のうち、餓死は九二で約二二％である。月によっては三割近くにのぼる場合もある。病死について言えば、肺結核による吐血、胃潰瘍による吐血や穿孔《せんこう》（穴があくこと）が多く、中毒死の大半はメチル酒の飲用に起因し、自殺は青酸カリを用いることが多かったなどの説明がある。「その他」では新生児の窒息死を挙げている。山本が勤務していた浮浪者収容所・東本願寺更生会では四六年四月から九月までに九体の解剖があったが、うち七例が餓死で、二例は肺結核となっている。この肺結核の二例も、高度の栄養失調であったという（同：146）。

このように「浮浪」生活は、飢餓の不安ではなく、まさに餓死と隣り合わせの極貧である点において、本来は最も重大な貧困問題であるべきであった。だがかれらの極貧は、大河内の言う戦後「下層社会」の「腫れ物の化膿した部分」として、特異な「かたち」を纏《まと》わされ、衛生や治安の観点からのみ問題にされていく。孤児は「戦争孤児」としてではなく「知能の低い不良な浮浪児」としてみなされ、家と職を失っただけの「浮浪者」は「本来的浮浪者」としてみなされるようになり、他方で「性病の危険」を持った「闇の女」という奇妙な言葉が一人歩きしていく。それゆえ、一般の貧困対策とは別に、かれらの収容＝排除が急がれたといえよう。

「かりこみ」の様子

では、その収容対策と収容所は、どのようなものであったのか。すでに示したように、「浮浪者」「浮浪児」対策は、その蝟集場所をねらって、施設に強制収容するというものであった。東京都では、これを「かりこみ」（狩り込み）と表現している。奇妙な名称だが、その手法が「率直に」示されているともいえる。[15] 大阪では「かりこみ」のほか、「浮浪者狩り」「浮浪児狩り」といった言葉も使われていたようである。

東本願寺更生会に勤務していた山本は、その間に経験した「かりこみ」の様子を次のように記している。

15——東京都は、一九六四年の東京オリンピック開催直前まで、「浮浪者対策」という用語を使用している。

午後十時を過ぎた頃に、下谷区役所の前に、上野警察署の警官、都民生局の係員、東本願寺更生会、養育院など受け入れ施設の職員など、各種雑多な「かりこみ」要員が、それぞれ大型ジープに便乗して集結し、そこで細目の打ち合わせを行ない、受け持ち部署と任務分担を決める。／午後十一時三十分の上野駅発最終列車が発車すると、直ちに上野駅地下道にある各所のシャッターをすべて下ろし、退路を遮断した後、まず警官隊が入って、通路いっぱいに横たわって寝ている浮浪者に対して、強制収容を執行する。（略）／ここまでの作業が警察の担当であるが、それから後の措置は都・区側の受け持ちである。その作業は分業になっていて、頭髪からズボンの中までＤＤＴ粉末を散布するもの、予防接種を行なうもの、浮浪者を各施設に割り当てるもの、護送用大型ジープまで誘導するものなどである。数百人の浮浪者全員の「かりこみ」が完了するまでには、二、三時間はすぐかかってしまう。／すべてが終わると、私たち施設側要員は、割り当てられた浮浪者を、それぞれの施設へ護送することになる。（山本俊一『浮浪者収容所記』一三六－一三八頁）。

このように強制収容は、まず警察の介入があり、その後行政当局によって、施設収容のための準備作業が行われ、待ち構えていた施設側の職員が、それぞれのジープに「浮浪者」や「浮浪児」を乗せて施設へ連れていくという手順になっていた。収容先は、病人、子ども、女性や家族などで振り分けられた時もあれば、ともかくジープへ乗せていったこともあったようである。さらに、警察や行政機関ではなく、各収容所や民間人が連れ帰ることもあった。当時の主要な収容先であった東京養育院[16]では「職員が独自に牛車で、行旅病人《こうりょ》を一日平均一二、三名運び込み」、「浮浪児の狩り込みは、月二、三回行われ、毎回その数は、四、五〇名を数えた」という（東京都1974：438）。

大阪でも、「かりこみ」の様子は似たようなものであったが、一つ異なっていたのは、「一九四六年一二月、大阪駅高架下に一時保護所（のちの梅田厚生館）が設置され」ていたことである（嵯峨1998：81）。この一時保護所によって、「かりこみ」された「浮浪者」「浮浪児」は、約一週間にわたって病気の有無や、働けるか否かなどが「鑑別」され、それに応じて病院、施設、簡易宿泊所などに送致された（同：82）。このような「鑑別」と「分類」システムは、一九五〇年代に入ってから、東京でも試みられることになる。

「浮浪者・児」の収容先

ところで、「かりこみ」収容先であるが、すでに引揚者寮や壕舎生活者のところで触れたよう

16――東京養育院は、一八七二年に創設された伝統ある社会事業施設。当時は東京都の直営だった。空襲で本院のほとんどを焼失していたが、東京の「浮浪者」「浮浪児」への対応の中心となった。

に、それ専用の施設を建てるということはなされなかった。焼け残った建物の一部を応急改造したのである。一九四五年末の東京での収容先としては、明治時代からの伝統を誇る東京養育院があったが、その建物も大半は焼失しており、その再建のために旧陸軍跡地の確保やGHQとの折衝に追われている。養育院入院者は四六年に「院史上最高」の一万一四四二名となり、出院者二六六三名、無断出院者六七〇一名、死亡者二〇七二名と、いずれも大幅に増えている（東京都 1974：435）。特に働くことが可能な青壮年の男性が増えたことに手を焼いて、四七年には都港湾局職員寮を転用した「浜川寮《はまかわ》」を作っている。

養育院のほか、山本の勤務した浅草東本願寺更生会が一九四五年一〇月に開所し、次いで戦災者救援会深川寮（国民学校転用）、忍岡厚生寮収容所（国民学校転用）と続き、翌年には愛隣会目黒更生寮が東部台一七部隊跡地に設置されている。大阪では「一九四六年から四七年にかけて設置された浮浪者収容施設および簡易宿泊所は、およそ次の四系列」があると嵯峨は述べている。すなわち、①健康な単身浮浪者の更生のための施設（無料）、②低家賃住宅としての家族厚生寮など、③健康な単身労務者を対象とする低額で簡易な宿泊所（一泊一〇～一五円）、④病気や老齢者の収容施設——である（嵯峨 1998：82–83）。働ける場合は、収容施設や簡易宿泊所ではなく、炭鉱などの職場へ送り込んでいた。北海道炭鉱には「一九四七年時点で一五〇〇名を超える人々が梅田厚生館から送致されている」と嵯峨は書き記している（同：82）。

なお、東京でも炭鉱への就職斡旋・紹介はあり、毎月数十名が就職したという（東京都社会福社会館 1965：21）。傾斜生産方式によって石炭の増産が目指されたが、働き手は不足していた。また東京都は、先の「準浮浪者」とされた人びとを、旧陸軍や占領軍のテントを利用したテント・ホテルや応急のバラック建てによる簡易宿泊所へ収容することを民間業者に委託している。一九四七年時点でテント・ホテルは三六棟で、延べ宿泊者一万六〇四〇人、簡易旅館は三四棟で、延べ宿泊者三万一〇九一人との記録がある（東京都：41−43）。また、戦前からの労働宿泊所の流れを汲む計五カ所の宿泊施設（厚生事業会）では、五五三名を収容している（同）。これらは、大阪の③と同様、日雇などの労働者用宿泊所であり、テント・ホテルは一律五円、簡易旅館は四〜一五円であった。都が委託したテント・ホテルや簡易宿泊所は、第三章で取り上げる山谷地域に多く、山谷ドヤ街の形成に行政が大きな役割を果たしたことを示している（東京都社会福祉会館 1965：22、岩田 1995：67−69）。

以上のように、「かりこみ」による収容先はさまざまであったが、地下道などに比べて収容所の生活が快適であったかどうかは疑わしい。「私の知る限りでは、東京の引揚者寮[17]はすべて畳敷きの日本式建築であって、長い抑留生活を送って帰ってきた引揚者からは、日本間で布団の中で一夜を過ごすことが久しぶりの経験であり、それがどのように感動的なことであるかということをよく聞かされたものであった」（山本 1982：63）が、浅草東本願寺更生会の「浮浪者収容所」は、

17——引揚者定着寮ではなく、一時収容所としての引揚者寮である。

寺院の地下室（元納骨堂および倉庫）を東本願寺が提供した施設で、独身男性用大部屋一（一〇〇人以上）、女性および家族用大部屋一、浮浪児用大部屋一の三室と事務室などからなる「土間の上の生活であり、寝室になる部屋だけが板の間になっているにすぎない。空気は湿潤で、天井の裸電球の光は薄暗く、また異様な臭気が室内に漂っていた」（同）と、山本は述べている。

東本願寺更生会の経営は東本願寺とは無関係で、民間の個人によって始められたが、山本が勤務していた当時は「新興暴力団」によって経営されていた（同：77）。「収容人員の水増しによる補助金の横領や、特別配給食糧の横流しは公然の秘密であったし、窃盗、強要、詐欺、恐喝などの犯罪は日常茶飯事であり、私の知っている限りでも傷害事件や婦女暴行事件が何回かあった」という（同：80）。給食は一日二回支給され、これは配給された食材だけで賄われた。収容者は日雇の仕事を求めて出かけるが、仕事にありつけなかった者も所内には残らず、「物乞いに出かけていく」（同：104）という日常であった。

「島流し」先としての「浮浪児」収容施設

「かりこみ収容」の収容先がこのような状況なので、「かりこみ」途中での脱走や施設からの脱走が問題になる。とりわけ、子どもたちの脱走に手を焼いた施設は少なくない。十分な食糧もなければむろん愛もないような施設であれば、駅や地下道のほうがマシだと考えても不思議はなかろう。中には、私財をなげうって、愛情で子どもをつなぎ止めた民間の施設の記録もあるが（石井2014：172–206、金田2002：286–295)、逆に和崎が提案したような「島流し」が本気で計画されたこともあった。『都政十年史』には、「一時は大島に隔離収容」する計画があり、実地視察もされたが、地元の反対に遭い、断念したとの記述がある(東京都1954：233)。この「隔離収容」に最も近かったのが、東京芝浦の台場に一九四六年九月に開設された「浮浪児」収容施設の東水園である。

この施設の歴史を追った逸見《へんみ》勝亮《まさあき》によれば、東水園は、占領軍が芝浦倉庫群を接収して設置した食料などを管理する東京補給本廠《ほんしょう》、芝区・東京水上警察署との協議で、第五台場水上警察署見張所・第一台場旧兵舎・第六台場公園課所有建物に設置したものである。施設管理は東京水上警察署が担当し、防犯課巡査が交代で管理・補導するという体制で、児童施設としてはもとより、社会福祉施設としても特異なものであった。その背景には「米軍東京補給本廠から貯蔵物資を盗み出す者のなかに浮浪児が多数存在したこと」(逸見2007：21)があり、水上署に留置中の一五名[18]を第一陣として、第五台場見張所に収容し、その後、施設整備をして五〇名程度を収容する計画となっていた。処遇内容は、「国民学校修了者は東京補給本廠の雑役に雇用し、未修了者は然《しか》るべき施設に入所させる」(同：20)とされていた。

18――金田の著書には、毎日新聞に掲載された、水上警察に留置中と見られる孤児たちの写真がある。逃亡を防ぐために素裸にされ、鉄格子にしがみついている。

先の金田茉莉は、東水園にいたことのある孤児二人へ聴き取りを行っている（金田 2002：290–291）が、当時六年生の子どもの場合は、教育は受けず、B29の残骸を海にもぐって引き揚げる仕事を東水園から紹介されたが、あまりに辛いので逃げ出し、また捕まったそうである。別の中学生の場合、「米の配給があったがお巡りはそれを横取りした」（同：291）し、殴る蹴るは日常茶飯事だったと述べている。

なお一九四七年一二月の児童福祉法の制定もあって、東水園は港区の管理に移り、運営は戦災救護会に委嘱して、第一台場へ移ったとされている。逸見は、「要するに第五台場への「島流し」の「予想外の効果」を認め、第一台場に「多数の孤児」を収容しようとしていたのである」（逸見 2007：23）と総括している。

第二章

復興と貧困

一九四九年、敗戦後の混沌たる状況は一気に収束に向かった。同年二月に来日したジョゼフ・ドッジが、四八年暮れにアメリカ政府から伝達された経済安定九原則を厳格に実施したからである。このドッジ・ラインと呼ばれたものは、まず総予算の均衡を図り、あらゆる補助金や復興金融金庫の新規貸し出しを停止し、一ドル＝三六〇円の固定為替レートの下で国際競争に耐えるだけの「経済自立化」、つまり自由経済への復帰を日本に求めるものであった（中村 1974：161−163）。この背景には、いわゆる冷戦構造の拡大の中での対日政策の根本的な転換があった。こうしてデフレ不況が始まり、企業の合理化が促されていく。

貧困にとっての問題は、このプロセスの中で、「明確な」失業者が増加の一途をたどっていったことである。労働省『失業対策年鑑』によれば、一九四九年に企業の合理化による人員整理をした事業所は九〇五九件、整理人員数は四四万四一三七名、五〇年にはそれぞれ六七二三件、二六万四九五九名に達している（労働省 1952：9−10）。合理化は小零細企業だけでなく、製造業、石炭、電気通信、セメント、運輸などの大手企業や、国鉄など公共団体、行政機構まで広範囲に及んだ。農業においても、農産物価格の低落、価格補助金の打ち切りによる農業資材価格の高騰、財政均衡のための税負担増大などの影響を受け、規模の大小を問わずその経営は苦しくなった。

こうして、「始めて失業問題が実際的に切実な問題として台頭した」と、当時の労働省失業対策課長・村上茂利は記している（村上 1955：92）。つまり、それまで失業は失業として現れず、「たけのこ生活」やヤミ経済、あるいは農村への依存によって隠蔽される傾向にあったのが、ここに来て「実際的に切実な問題」として、巨大な規模で出現したのであった。
この少し前から、ヤミ市の取り締まりも厳しくなっていた。政府は一九四九年八月にGHQの指示に基づく露天整理令を出し、道路使用許可の更新は行わないとした。東京では、五一年暮れまでかかって路上の店舗を一掃し、転業や屋根付きマーケットへの転換を促していくことになる。本書冒頭で述べた銀座三原橋の地下道は、この転換の過程で作られたとの記述がある（初田 2011：75）。なお『大阪・焼跡闇市』によれば、大阪ではすでに四六年八月一日に府下九二カ所のヤミ市において府知事名で閉鎖が断行されていた。[1]
失業問題が顕在化する中で、労働争議が先鋭化し、職業安定所（職安）前での失業者による「職よこせ」のデモが連日繰り広げられた。他方で、公職追放解除・レッドパージ[2]の開始、対日講和と日米安保体制、さらに安保条約改定まで、対日占領政策の転換をめぐる政治的緊張の時代が続く。他方で、デフレ不況に陥っていた景気は、一九五〇年六月に勃発した朝鮮戦争による特

1——同書は、この断行の主役はGHQではなく大阪府警察部であったことを示唆し、京都は大阪の様子を見ながら八月一〇日にやっと閉鎖に踏み切り、神戸は〝しらん顔〟して閉鎖をサボタージュしたと記している（大阪・焼跡闇市を記録する会 1975：57）。
2——一九四六年、GHQは戦争責任者、国家主義者などを公職から罷免・追放する指示を出していたが、四九年以降これらを解除した。この戦争責任者の公職追放解除が進められたのと同じ時期に、GHQは共産主義思想や運動に関連した者を公職や企業から追放（解雇）する指令を出した。レッドパージ、もしくは赤狩りといわれている。戦争責任者の公職追放解除とレッドパージは、朝鮮戦争前後のGHQの対日占領政策の転換を示すものとされている。

需景気で息を吹き返し、さらにはアメリカ軍の新特需によって生産復興に弾みがついた。冷戦の「雪解け」もあって、軍需ではなく民需用への技術革新が五〇年代後半の成長に結びつくことになる。

本章では、以上のような復興にむかう中で出現した貧困の「かたち」を明らかにする。

1　ニコヨン——デフレ不況と貧困の「かたち」

緊急失業対策法

まず一九四九年のデフレ不況による貧困の変化に注目してみたい。その一つは、深刻な失業問題の顕在化に対して四九年五月に公布・施行された「緊急失業対策法」によって、その「かたち」を与えられた貧困である。はじめに、神奈川県で失業対策事業（以下　失対）の対象となった登録日雇労働者・菅原絹枝の手記を見てみよう。

夫は終戦と共に失業と病気が一度に重なって、五人にふえた子に食べさせるために少々の貯えもたちまちなくなってしまいました。夫の失業保険が入るようになりましたが、家族中で造花の内職をしたのと合わせて約三千円、これが我が家の最高の収入でした。／二四年の暮れに、失業救済事業のあることを知らされて、行ってみる気持ちになるまでずいぶん考えました。外へ出て働いた事がないので、どんなものかと。でも内職をしているよりいい金になるよと言われて、やっと二五年二月職安に行き、調べられました。「おねがいします、働かせて下さい、どうぞよろしく」。これがその時の仕事につくために頼んだ言葉でした。（全日自労建設一般労働組合・早船ちよ編『じかたびの詩』二九頁）

菅原は、ドッジ・ラインによる企業の合理化で失業したわけではない。その少し前に、夫が職を失うとともに病気で働けなくなっていたのである。ドッジ・ラインの合理化によって失業問題が「実際的に切実な問題」になったとはいえ、実際に失業対策事業を始めてみると、この例のように、主婦たちも失業者として登録するケースが少なくなかった。つまり、企業の合理化だけでなく、家庭の中に潜在化していた貧困も、失対事業の登録日雇として「かたち」を与えられることになったのである。

手記には「終戦と共に」と書かれているが、失業保険法が公布されたのは一九四七年一二月であり、保険金給付は過去一年のうち半年以上の被保険者であることを要件としていたから、夫も四八年中に半年以上は働いた後で、失業・病気によって保険金からの給付を得ていたと思われる。これは回顧的な手記なので、混沌とした三年間が凝縮されて記憶されているのだろう。

当時、失業保険の給付期間は一八〇日と定められており、給付額は直近の就労時の賃金の六割である。このお金と内職で得た賃金を合わせても、五人の子どもの養育はままならないし、保険給付もそろそろ終了に近づいていたはずだ。このような時に、緊急失業対策法の制定で生まれた失業対策事業（失対）のことを聞き、しばらく考えてから職業安定所（職安・現在ハローワークの呼称）に出向く決心をしたわけである。

「仕事出し」としての扶助

この失対とは、民間企業への公的機関による就労斡旋ではなく、地方自治体が直接日雇の仕事を提供して、その働きに対して賃金を支払うことで、失業問題に対処しようとしたものである。要するに行政による「仕事出し」である。近年、大規模災害の被災地で、被災者を復旧・復興事業に雇用して賃金を支払い、その自立支援につなげる方法をキャッシュ・フォー・ワークと呼び注目されているが、同様の手法と考えてよい。類似の「仕事出し」は、それ以前にも公共事業の一環として実施されていた。だがこれらの公共事業は、「施行される事業の大半は農山村地域で行われたため都市地域に発生する失業者を充分に吸収することができなかった」（労働省職業安定局 1952：23）から、ドッジ・ラインによる大量の失業者への対応としてはまったく不十分であった。このため、新たな法律によって、失業多発地域で、なるべく多くの失業者を吸収しようと、街路や道路、排水路、河川、港湾、環境などの整備事業[3]が計画されることになったわけである。

とはいえ、総予算均衡の下で、潤沢な財政的裏付けがあったわけではない。当初、一日当たり一六万三〇〇〇人を対象に国庫補助金一一一億円で計画されたが、求職者は二〇万〜三〇万人のペースで増え続けた。失業対策課長の村上は「一兆円の緊縮財政の枠内での失業対策は極めて制約されたものであり受身であって、補正予算という形をとったのも、深刻な失業の様相に追随する一つの苦悩」と述べ、「かのニューディル政策[4]のとった大規模の雇用造成の公共事業と消費需要の喚起による産業回復」とは別物であったとその胸中を吐露している（村上 1950：157）。なお、職業安定所への登録日雇数は、経済成長に入ったといわれた一九五五年においても全国平均四四万人で、五六年には五〇万人まで増加しており、その秋からようやく四五万人台に落ち着いている。

「適格者」選別

各自治体は、それぞれ、自治体内の各部署でいくつかの失業対策事業を用意し、失業者は自ら

3――焼跡整理など戦争の後始末を目的とする事業も少なくなかったが、この中で東京都は公共空地事業として、戦災者死体改葬工事を行っている。これは大空襲による死者をとりあえず空地や公園に仮埋葬してあったのを掘り起こして改葬するもので、一九四八年から公共事業として行われ、失対事業に受け継がれたようである。

4――世界恐慌による不況・失業の蔓延に対して、一九三三年にアメリカ合衆国大統領に就任したルーズベルトが着手した新規まき直し政策。

が暮らす地域を管轄する職業安定所に登録し、仕事の紹介を受けることになっていた。むろん職安による紹介には、失対以外の公共事業や民間の仕事もあった。だが事業発足当時は、失対事業による仕事の割合が七〜六割と大きかった。そこで求職者は失対の事業を希望するが、各自治体は無尽蔵に仕事を用意できるわけではなかったから、失対で働くにふさわしい労働者を選別しようとした。すなわち、「適格者」か「不適格者」かの認定の導入である。先の女性が職安に行って、「いろいろ調べられて」と書いているのは、この「適格者」「不適格者」の認定であろう。

「適格者」の認定基準は、緊急失業対策法それ自体ではなく、労働省の通知による指示に基づくもので、後でも述べるようにその内容には変遷があったが、次の二つが基本的基準であった。すなわち第一に、働く意志と能力を持っており、失業していること、第二に家計の主な担い手であること——である。前者はまさに労働対策としての性格を表し、場合によっては体力検査なども行われた。後者は、世帯の貧困救済という性格がこの事業に強くあったことを示している。先の主婦は、病気の夫に代わって家計を支える者と認定されたことになる。

一九四九年に設置された失業対策審議会会長であった有沢広巳は、「一方ではなるべく合理的に失対事業はうまくやりたいということはあるけれども、一方、生活を考えると、補助、扶助をしなければいけないという考え方があった。初めの失対事業はまさにそうなので、仕事をやるというのは名義的で、それに対して賃金を払う。賃金を払う名義をつくるための仕事をやっているようなものだ」と、この時期の失対は貧困救済を重視していたと回顧している（有澤 1989：155）。

言い換えると、失業対策事業は、もう一つの公的扶助であり、したがってこの時期には、五〇年に改正された新生活保護法による扶助と、失対という「仕事出し」による失業扶助の二つが存在したと考えることができる。

この失業扶助としての失対には、さらに労働者の家族も含めた福利厚生（給食、託児、医療、宿泊、入浴、理髪など）の充実が必要だとの指摘が、組合からも失業対策審議会からも繰り返しなされ、自治体によってはは積極的にこれらを取り入れている。さらに失業対策審議会は、日雇労働者の失業保険の拡充だけでなく、健康保険制度の導入を促し、それらも実施された（失業対策審議会編 1955：347−363）。失対の日雇労働は、失業者への救済としての「仕事出し」であり、完全雇用を保障したわけではなかった。日雇労働だけでなく、完全失業よりはマシだと考えて就労する内職などの家内労働や臨時的な就労はこの時期の日本に広がっていたが、これらは「不完全就労」とか「半失業」と呼ばれた。完全失業者ではなかったが、完全就労者でもなかったから、「不完全」であり「半」なのである。だから、「半失業」としての日雇労働へ失業時のための失業保険を提案することは、実は矛盾したものであった。これらの背景には、多くの失業者や、働いたことのない主婦層までもが求職者として職安に押し掛け、「職よこせ」が大衆的な運動へと発展していたことがある。

他方で、失対は扶助の一つであったにせよ、それが「仕事出し」として行われる以上、労働規律や効率性も問題となった。たとえば河川整備工事であれば、失業者を雇い入れるだけでなく、仕事自体の効率的な遂行が求められるのは当然であった。

しかし、事業が発足した当初は、資材費や管理費などへの配慮がなく、職務規律や作業能率も考えずに、ただ多くの失業者を事業現場へと送り込んでいた。このため、「怠けている」という非難が住民から寄せられることも少なくなかった。今日しばしば話題となる生活保護とパチンコと同じく、住民に身近なところでの現場仕事ゆえ、労働者が道端で休んでいると、「税金の無駄遣い」という反応を呼び起こしやすかった。そこで、失対事業にも規律や管理が必要だと次第に意識されるようになり、仕事に応じた賃金の「格付け」が導入されていくことになる。これは貧困への一律扶助ではなく、労働の成果に応じた支払いという意味である。一部地域では補正予算を組んで、成果に重きを置いた特別失業対策事業を導入し、また東京都の臨時選出事業など自治体独自の事業も実施されることになるが、それらは「できる労働者」を対象に、仕事に応じた支払い（能力給）をしていく方向をさらに明確にしたものであった。

こうした、労働政策と扶助という二重の性格は、失対労働者の生活保護利用に関わっても大きな問題となっていくが、それを検討する前に、失対労働者とその生活の特徴について、当時の労働省調査や、失対労働者の手記などから詳しく見ておこう。

「ニコヨン」と呼ばれた失対日雇

失対の登録日雇はニコヨンとも呼ばれた。ニコヨンとは「二コ四〇パイ」の略語で、「二コ四」、発足当初の東京都の日雇日額、二四〇円を示す言葉である。東京・大森職安に登録していた池田七郎の手記によれば、一〇〇円を一コ、一〇円を一〇パイと呼ぶ仲間内の符丁があったという(「失業対策時報」第五巻五号 1955：36)。二四〇円という金額は、失対発足前の簡易公共事業で用いられた基準額で、それがそのまま失対に使われた。この時は一律二四〇円である。[5] その後改定され、東京では一九五一年から能力別の格付け(特、A、B、C、D)も導入されたが、それでも失対日雇は「ニコヨン」と呼ばれてきた。

東京・飯田橋職安から失対の仕事に出ていた須《す》田《だ》寅夫《とらお》は、その経験をもとに『ニコヨン物語』という本を書き、この本は同名の映画にもなっている(一九五六年、日活)。東京都労働局は、「失業対策時報」という所内報を一九五〇年から出していたが、そこでもこの呼称は盛んに使われ、都民に「親しまれるニコヨン」として、ラジオや新聞にも取り上げられた様子が紹介されている。先の池田の手記は、この労働局が主催した「働く者の生活作品展」で特賞をとり、「失業対策時報」に掲載された。「失業対策時報」は五二年に[6]特集号として「にこよん」という生活文学応募作品(生活記録や短歌・俳句・川柳など)を掲載した別冊を製作しているが、これは大きな反響を呼び、ニコヨンへの理解が深まったとされている。同様の試みが大分でもあったようで、失対労

5——須田は二四二円と書き、「失業対策時報」の賃金改定の記事には二四五円との記載もある。二円、五円の端数は社会保険料ではないかと思われる。

図 2-1　職安日雇労働求職者数

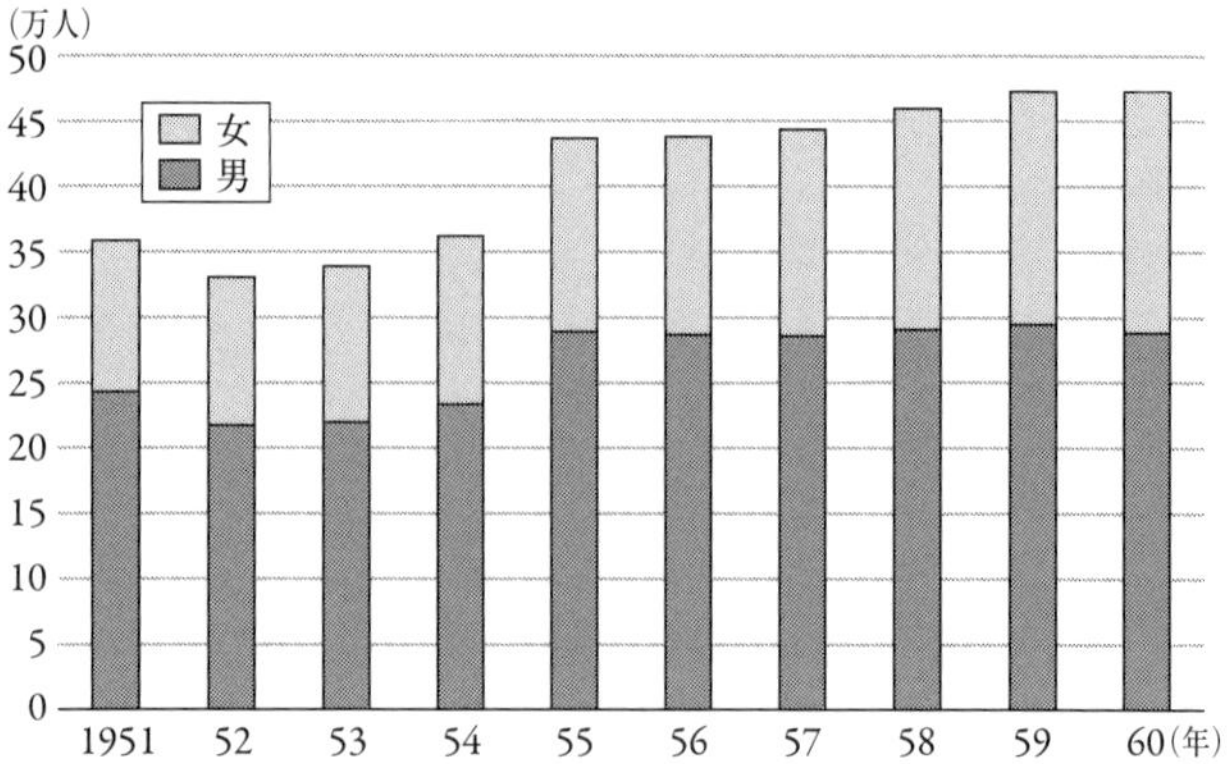

資料：労働省（1960）「日雇労働者生活実態調査結果報告書」.

働者の幅広い文化活動が当時存在していたことが窺える。

　このような文化活動は、先鋭的な組合運動に辟易していた行政の働きかけのほか、労働組合の活動の一環として、さらには労働者の自主的活動として行われるなど、多様な形をとっていた。行政の働きかけの結果であっても、これらは当時のニコヨン生活を生き生きと描写していたことは確かで、以下でも、労働省の調査結果だけでなく、彼ら自身が描いた生活をできるだけ紹介したいと思う。

　図2－1は、労働省調査（労働省職業安定局：1960）による一九五一年から六〇年までの職安求職日雇労働者数（一〇月末現在）である。五一年に三五万人であったのが、六〇年には四七万人まで増加している。男女比で言うと、五一年には、男性六五％、女性三五％程度であったのが次第に女性の比率が高まり、六〇年には女性は三九％となっている。六大都市に限定して

図 2-2　登録日雇労働者の年齢構成の推移（6 大都市）

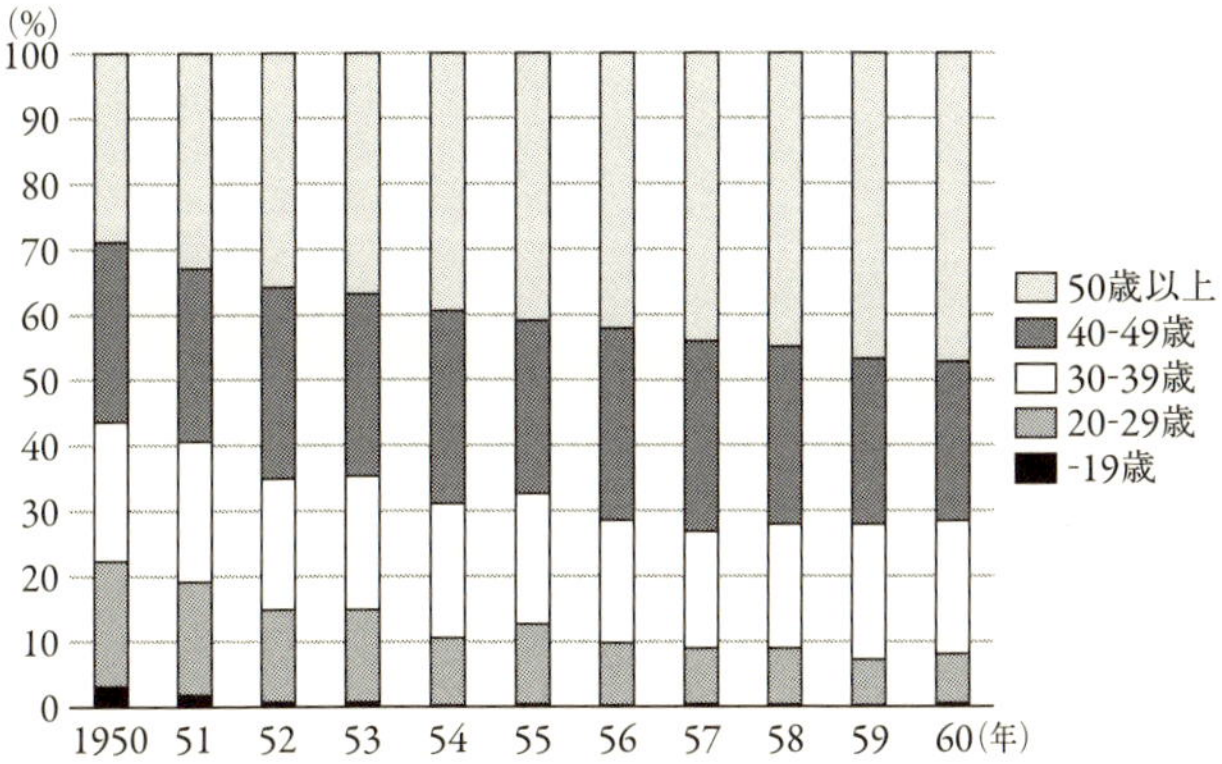

資料：図2−1に同じ.

年齢を見ると、図2－2に示されているように、四〇～五〇代以上が多く、特に六〇年では五〇代以上が四七・二%にも達している。六大都市以外の場合、四〇代の割合がやや高い。また「適格者」と「不適格者」を比べると、前者のほうが高齢者が多い。これは「適格者」か否かの選別が扶助的な性格をもっていたことを表していると言えよう。図には示していないが、教育程度は初等教育レベルがもっとも多いが、六大都市では新制高校以上の学歴者が一九五四年調査で一一・

6——職安求職者の「思想的に無色な」（失業対策年鑑）文化活動組織としては「おけら会」（おけらとは、一文無しでお手上げ状態の意）があり、労働省失業対策年鑑、東京都失業対策時報に紹介され、労働組合でないことがとりわけ強調されている。おけら会員の合作「生活の歌」は、東京都の労働者の作品展で金賞を獲得している。作詞は先の須田である。もっとも、こうした文化活動への行政の賞賛や「愛されるニコヨン」の売り込みに対して、戦時中の産業報国会文学にならないことを希望する、との作家・徳永直の批評も紹介されている（「失業対策時報」第三巻一号、一九五三年）

五%、六〇年調査で一六%を占めている。高学歴者の失業はレッドパージ等の影響も考えられる。

職安とニコヨン

この日雇求職者には、失対適格者だけでなく、「不適格者」や、民間での仕事を希望する人も含まれている。また、「適格者」であっても、失対の仕事にありつけない=アブレの日もある。平均就労日数は、一九六〇年平均で一カ月当たり二二日で、そのうち安定所経由が二〇日、そのうち一三日分が失対紹介による就労である。

「不適格者」の場合、公共事業や民間の日雇仕事を紹介されることが多いが、「適格者」でも民間の仕事を紹介されることがある。職安は、景気回復の過程で民間の仕事の開拓を進め、この民間求人の充足率の向上に努めていた。このため、失対登録者をまず民間で働かせるという手法をとることもあった。一九五九年の「失業対策時報」は「日雇労働者の声」という特集を組み、「アブレることを恐れて、健康上の無理をおかして、民間に就労している人も多いそうである。だから彼らは(職安を:引用者註)一名強制紹介所とも呼んでいる」(「失業対策時報」第九巻一号 1959:28)という記事を掲載している。民間は、賃金はよいが、長時間重労働なので、必ずしも歓迎されたわけではなかった。

先の池田七郎の手記「附　ニコヨンに関する一二章」の「一　ニコヨンの朝」には、失対労働者が職安で毎朝、どのように仕事の紹介を受けたかが記されている。一九五五年の東京でも、民間からの求人はまだ潤沢にあったわけではない。

毎朝ラヂオが六時の時報を告げる頃、安定所の周辺にはその日の仕事を求めて、私たちの仲間が集まり始めます。之《これ》は民間の工場其《そ》の他からの口雇人夫の求人に対する紹介が始まるからで、民間専門の登録者の全員と失対登録者の民間希望者が六時半から輪番で紹介を受けるのであります。昨今のようにデフレ景気の余波を受けて極度に民間求人も減少し、此処《ここ》で相当数のアブレが出ている現状であります。（略）民間求人紹介が終了すると、午前七時より引き続いて失対事業の紹介が始まります。失対事業現場は二十数ケ所あり、之が毎日のアブレにより、輪番制で紹介されております。そして三〇分程度を持って終了し、労務者はそれぞれの現場へ向かって行きます。勿論《もちろん》、現在約三〇〇名程度がアブレているのであります。

（「失業対策時報」第五巻五号 1955：42）

輪番制というのは、アブレが出る中で、公平に仕事を回すための方法である。これは扶助的な側面と言えるが、失対「適格者」でも、毎日仕事が割り振られるとは限らないことを示している。その日その日の日雇であるから、アブレれば、その日の賃金がないだけでなく、職安までの往復交通費がマイナスになる。このため、早朝の職安で仕事を確保できるかどうかが、ニコヨン生活の水準を大きく左右する。輪番制になる前は、早い者勝ちであったから、なるべく早く職安にたどり着くことが肝要であった。輪番制はそうした競争を不要にしたが、それでもなるべく早く職安に到着したいと思うのがニコヨンの心境であろう。

以下は先述の別冊特集号「にこよん」の川柳欄に掲載された二句である。いずれもお題は「朝」で、「昨夜寝る間も惜しんで、つい度を超した内職がたたって寝坊してしま位、危うく二六〇円の出面（賃金：引用者註）をふいにするところ（略）。子どもの世話もそこそこに家を飛び出し一目散に安定所に向かう」（「にこよん」1952：50）との前書きが付されている。

寝坊して安定所まで新記録（渋谷職安　野口まさ）
かけつけるなかに遅れたわれもあり（新宿職安　古橋徳子）

ニコヨン世帯と家計

先の労働省「日雇労働者生活実態調査」（一九六〇年）では、日雇求職者の世帯の特徴も示されている。六大都市で見ると、一人世帯が三割以上を占める。一九六〇年の国勢調査で一人世帯は、市部で五・五%、東京都区部だけみても九・三%を占めるにすぎないから、明らかに一人世帯の大きさが日雇求職者世帯を特徴づけていることが分かる。また、二人以上世帯の世帯人員平均は三・八七人で、国勢調査普通世帯の四・五二人と比較すると、やはり少ない。しかし日雇求職者

図 2-3　日雇求職世帯支出の比較（2 人以上世帯）

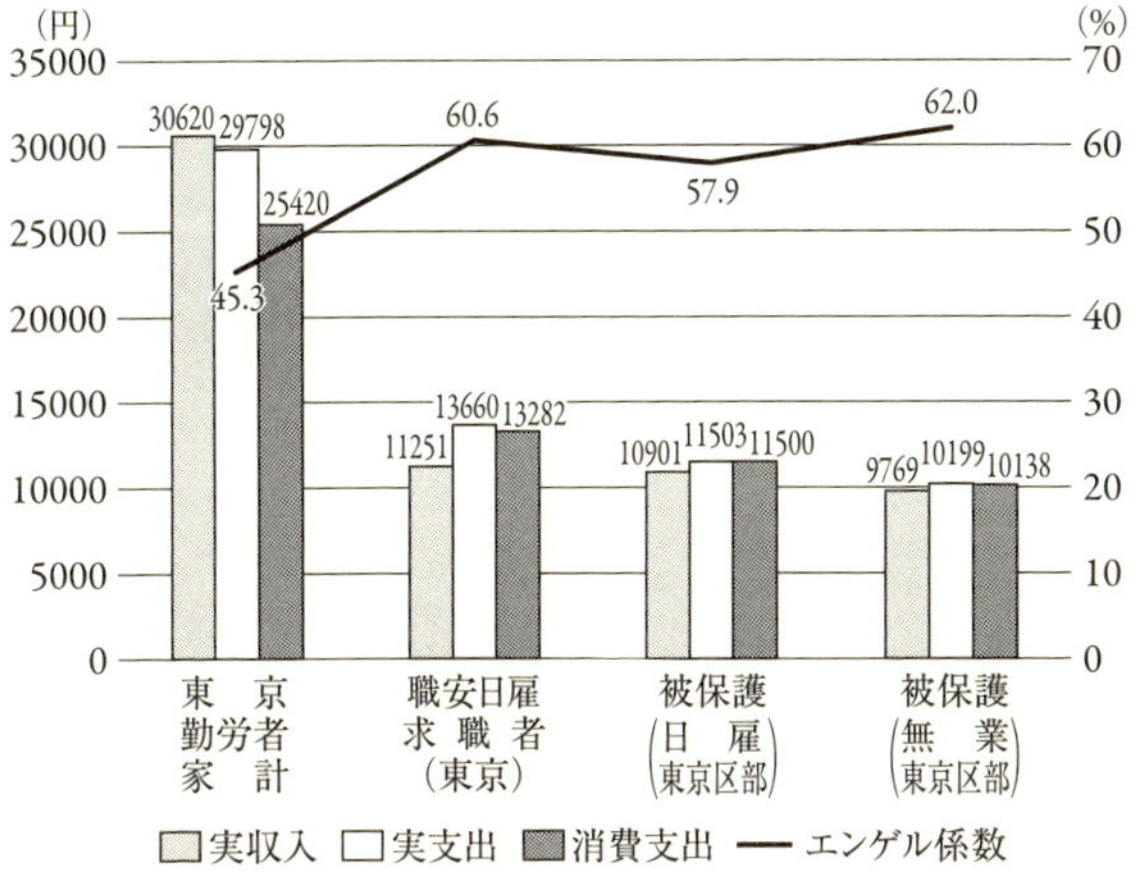

資料：労働省職業安定局（1954）「日雇労働者生活実態調査結果報告書」，厚生省（1954）「「被保護者生活実態調査報告書」．

世帯は有業人員が多く、平均有業人員は一・七八人、就業率四六％である。つまり小世帯だが多くが働いている世帯というのが、ニコヨン世帯だといえる。なお二人以上世帯の場合、日雇労働に従事しているのは生計中心者、つまり生計を主に担っている者がほとんどであった。先の女性の例は、例外的な多人数世帯で、内職をしても家計を維持するのは困難であったに違いない。他方、すぐ後で詳しく述べるように池田や須田は単身であり、ニコヨン世帯の一つの典型をなしている。

次に、家計支出から日雇労働者の生活レベルを推測してみよう。図２－３は二人以上世帯の家計支出の一九五四年の収入と消費支出水準を一般勤労者、職安日雇求職者、被保護者（日雇稼働）、被保護者（無業）の四つの世帯で比較したものである。

一般勤労世帯は、家計調査の東京・勤労者分を用い、被保護世帯の家計は、東京区部の被保護世帯である。図で見るように、実収入、実支出、消費支出とも、職安日雇世帯は一般勤労世帯とは相当な差があり、被保護世帯に近い。都市勤労者の実収入三万六二〇円に対して、職安日雇世帯の実収入は一万一二五一円であり、前者の三七％程度にすぎない。消費支出額では、一般勤労世帯の二万五四二〇円に対して、その五二％の一万三二八二円である。この職安日雇世帯の消費レベルは、被保護世帯の一万一五〇〇円（日雇稼働）、一万一三八円（無業）に近い。日雇世帯、被保護世帯のいずれも赤字家計である。エンゲル係数でも同じ傾向が見て取れる。一般勤労世帯は四五・三％で、戦後三年間に見られた高いエンゲル係数から脱した観があるのに対して、日雇世帯と被保護世帯は、ともに六〇％強である。

このような傾向は、一九六〇年調査でも、大きくは変わっていない。一般勤労世帯の消費支出三万五八四三円に対して日雇世帯は二万三八九円、これは前者に対して五七％に相当し、若干の改善があった程度である。他方で、一九六〇年調査では、日雇世帯と被保護（無職）世帯との差が明確に示されている。被保護（無業）世帯の消費水準は一万一四一六円で、五四年の水準とあまり変わらない。日雇世帯の消費水準に対しては五五％と、半分近くになってしまっている。失対労働者の格付け賃金の導入や民間日雇の賃金上昇などが影響した分、被保護（無業）世帯との格差がはっきりしてきたのかもしれない。

以上は、二人以上世帯であるが、日雇求職者世帯を特徴づける一人世帯ではどうだろうか。統計資料がないので、須田の『ニコヨン物語』からその家計内容を紹介してみよう。格付けC級で三〇七円の収入で、一泊六〇円のドヤ(簡易宿泊所)暮らしである。

とにかく三百七円の収入から先《ま》ずこのドヤ銭(宿泊料)六十円を引き、朝職安に行く時と、職安から現場へ行く時と、現場からドヤへ帰る時の最低の電車賃を差引くと二百十七円残る。/それに食事は三食とも外食にしているから、これが又馬鹿にならない。すなわち朝はアブレないときまってから安心して外食券食堂で食べるのだが、これが大体四十五円。お昼はジャム付のコッペ(コッペパン:引用者註)を二つ(大抵は一つだがモリモリ働いた時は二つにする)、そして夕食には、大枚三百七円貰ったあとだから、たまには崖から飛びおりたつもりでおかず二つを取り、九十円の金を湯水のように使って豪遊(?)することもあるが、大抵は夕食を六十五円の予算で上げている。以上の食事代百四十円を前記の残額から引くと、ぇェと、七十七円残る。現場で払う二円のお茶代と、朝晩の新聞代と風呂銭とを差引き、酒も煙草もやらない代わりに餅菓子の一と皿も食べれば、残るところ、ギョッ、十五円。(略)/しかも日曜やアブレの日は一銭も収入がないから、前記の生活費を更に少しずつ切り詰めてその日のドヤ銭や玉うどん代を捻出したり、更にそれを切り詰めて理髪代や衣服代や地下たび代を出さなければならないし、たまには映画も見たいし、石鹼や歯みがきも買わねばならないし、いやもう、金の出る口は幾らでもあるが入る口はたった一つ、正に三百七円ピン

である。（須田 1956：59－60）

つまり須田の家計は、住居代（ドヤ代）六〇円＋交通費三〇円＋食費一〇四円＋諸経費九八円＝二九二円が毎日の最低ラインで、その差額一五円で仕事のない日の費用を賄うことになる。衣類などが後に来て、食費が優先するのは、肉体労働だからということもあるが、エンゲル係数は一日のうち優先する支出総額二九二円の三六％程度で、むしろ食費を切り詰めているといえる。須田と同じ単身世帯の池田の手記には、職安から現場まで歩くことで電車賃を浮かせたり、職安の並びにある通称「ニコヨンデパート」（屑屋が買ってきた品物を売る店）で、衣類や日用品を買う話が出てくる。そうでもしないと貯金などできない（「失業対策時報」第五巻五号 1955：44－46）。貯金は、むろん将来のためというよりは休日やアブレの対策としてである。

須田の場合はドヤ代の高さが痛いが、労働省の日雇求職者調査で住居状況を見ると、一九六〇年時点でも住居なしというケースがまだ存在している。普通家屋とアパートを除いて、長屋、バラック、寮、壕舎、その他に住んでいるのは、六大都市で四三・九％にも上る。全国でも三八・九％である。高度経済成長にすでに入った時期の、このような状況は、ニコヨン生活が、後に述べる仮小屋生活者、あるいは「スラム」と一部重なり合って展開されていたことを示唆している。

なお、この住宅問題について労働省は、一九五三年度において日雇労働者を対象とした簡易宿泊所を東京、大阪、名古屋、横浜に全額国庫負担で設置し、五四年には、神戸、呉、清水にも新設予定としている（失業対策年鑑 1954：334）。いずれも港湾に近い場所であり、日雇労働者の住宅問題対応というよりは、特需や経済成長が要請する港湾労働者を確保したかったのが本音であろう。

最後に、家族持ちの家計の内実についても紹介しておこう。「にこよん」に掲載された、東京・新宿職安の川辺一男の家族生活の記録である。妻が家政婦として働き、四人の子どもも何かの稼ぎをしているようである。このような多就業世帯で、川辺が買い物や家計のやりくりを担当している。

まず夕食に材料費一二〇円（六人前）昼の弁当の総菜は五人分で七五円、朝は漬け物代を含めて三五円、計二三〇円、これに調味料（味噌、醤油、砂糖）二五円で合計二五五円が一日の食費の枠である。これに主食の米二瓩《キログラム》（kg）一二〇円と見て総計しめて三七五円。（略）従って一月の一家族の食費は一万一二五〇円となる。これに光熱費、住居費、教育費、雑費を入れると、どうしても一万八〇〇〇円は要ることになる。これを得る為に私はヤット月七五〇〇円ぐらいで、約三分の一だけ稼いでいない。アトは家内と子供と、妻の実家からの送金で賄っているのである。（東京都失業対策時報別冊特集号「にこよん」三〇頁）

川辺の家計ではエンゲル係数は六割以上に達する。ドヤ住まいの単身者より食費にウエイトがあり、またそれらを賄うために妻も子どもも働き、妻の実家から仕送りもしてもらって、なんとかしのいでいる。ニコヨン賃金は、消費支出の三分の一を賄うにすぎないと、彼は嘆くのである。先の「日雇い労働者の声」の中でも、「現在の生活でどんなことを一番望んでますか」という問いへの答えとして、「賃上げ」（五三％）、「定職に就く」（二九・五％）、「生活の安定」（一六・九％）の三つが多く、要するに「一にも二にも生活安定」、「衣食住の最低生活の確保」を望んでいることが、よく示されている（「失業対策時報」第九巻一号 1959：22－36）。

左は、「ある年のはじめに」と前書のある短歌である。餅一切れもない正月だけれど、勇気を出さなければ、強くあらねばと、自らに言い聞かせるのである。

生きぬくにわれらつよければひときれの餅なき春をふるひたつべく
（新宿職安　藤村広司　「失業対策時報」第三巻五号、一九五三年）

二つの公的扶助

先に触れたように、失対事業と生活保護は、ドッジラインのもたらしたデフレ不況以降、ともに公的扶助の役割を担った。また一九五〇年代前半は、失対登録者世帯も被保護世帯もその消費水準は似たようなレベルにあり、「仕事出し」にせよ「所得保障」にせよ、憲法二五条の言う

「健康で文化的水準」を満たしていたとは、とうてい言えない。だが、問題は扶助の水準だけでなく、この二つの公的扶助の運用のあり方にもあった。五〇年一月に出された労働省の通知は、失対事業の対象者を「さらに明確に定めるため適格要件」を示したが、この中で、「生活保護法の適用を受けている世帯の構成員」は「不適格」とした（労働省職業安定局 1961：80-81）。つまり被保護者は、失対の「適格者」にはできないということである。

労働省職業安定局『失業対策事業一〇年史』は、その理由として「国家が同一人に対して二重の救済をすることとなる」からと述べている（同：81）。一見もっともらしいが、一九四六年の旧生活保護法、五〇年の新生活保護法は、いずれも生活に困窮するすべての国民へ無差別平等に保護が及ぶ「一般扶助」の建前をとっており、特に一九五〇年法は、あらゆる品格条項を排除している。たとえば素行不良だとか、前歴だとかで生活保護を制限しないようにしたのである。だから、失業対策によって就労していても、その収入が保護基準以下であれば、生活保護の制限はできない。場合によっては二つの扶助を利用できる可能性があった。このため、早くも五〇年六月には、生活保護をその対象から外した労働省の通知は撤回されることとなった。

他方で、そのような「一般扶助」の建前を強調し、国会答弁などで労働省を批判していた厚生省も[7]、その第一線機関である福祉事務所において、失対で働いた場合に扶助を打ち切っていたことには知らん顔していた。当時の国会審議を見ると、特に東京などではそうした福祉事務所がかなりあったようである。[8]

こうした両省の食い違い、特に現場での混乱は一向に収まらなかった。福祉事務所に行けば、失対で働くように言われ、職安の窓口に行くと、きつい労働には向かないから生活保護を受けるよう言われ、貧困に苦しむ日雇求職者は、職安と福祉事務所の間をこづきまわされた。ようやく一九五九年になって、労働省職業安定局長と厚生省社会局長の連名通達で、事務取扱の方針を指示することになった。その要点は、男性であれば六五歳以上、女性であれば六〇歳以上の「高齢者」は職安での紹介の「適格者」とはせず、他方で「高齢者」から福祉事務所に保護の申請があった場合は、原則として職安への求職申し込みの指示をせず、保護の要否の判定を行ってよい、とするものであった。

ところが、このような年齢による線引き、しかも男女の格差をつけた基準を法律ではなく行政「通知」で行った点が、憲法第一四条（法の下の平等）および二四条（両性の平等）に反するとして、国会で大論争となった。その結果、年齢による線引きは強制ではなく「勧奨」であること、新たな高齢求職者で、生活扶助を受けられない者には、当分「適格者」として扱うという修正がなされて、ようやく議論は収まった。

被保護日雇世帯

こうした国会論議や通達とは別に、失対労働者世帯の中で生活保護を利用している世帯＝被保護日雇世帯は一定割合で存在していた。一九五四年の労働省調査では、大都市で七％、中都市で一〇％、小都市で一四％としている。推計三万九〇〇〇世帯である。その詳細は記されていないので分からないが、就業機会の少ない小都市に多いのが特徴である。同年一一月時点の生活保護世帯六四万九〇〇〇世帯のうち、世帯主が日雇である世帯は一二万一〇〇〇世帯で、一八・五％である。

一九六〇年の労働省調査では、調査対象の一二・七％が生活保護を利用している。六大都市で八・七％、その他地域で一四・六％と、やはり大都市以外に生活保護利用者が多い。生活保護は、アパートなど自分の居宅での現金給付による保護＝居宅保護が原則であるが、六〇年調査で生活保護を利用する日雇世帯の一三・六％は保護施設を利用している。特に六大都市で三七％と極めて多い割合になっている。保護施設は、施設という形で住居を提供し、併せて日々の生活に必要な物資やサービスを現物給付することもあり、生活保護における居宅原則とは異なる保護の方法

7――新生活保護法の実質的な推進者であり、『生活保護法の解釈と運用』の編著者として名高い小山進次郎は、一九五〇年七月三一日の衆議院厚生委員会で、被保護者を失対適格者から除外したことについて「初めから就労あっせんの対象から除いてしまうというような、きわめて間違った考えが労働当局においてとられて、実はこれが全国的に実施されたということがあるわけであります」と、官僚とも思えぬ口ぶりで労働省を批判している（傍点、引用者）。

8――一九五一年五月三一日の衆議院厚生委員会で、厚生省社会局長・木村忠二郎は「失業対策事業等に出まして収入がありましても、その収入が、最低生活費の限度を越しておりまする場合にはこれを打切りますが、越さない場合に、これを打切ることはございません」と原則論を展開し、打ち切り問題の根源は保護基準が低いからで、これを上げるべきだと主張した。厚生官僚の方があきらかに一枚上手であった。

図2-4　稼働・非稼働被保護世帯数の推移

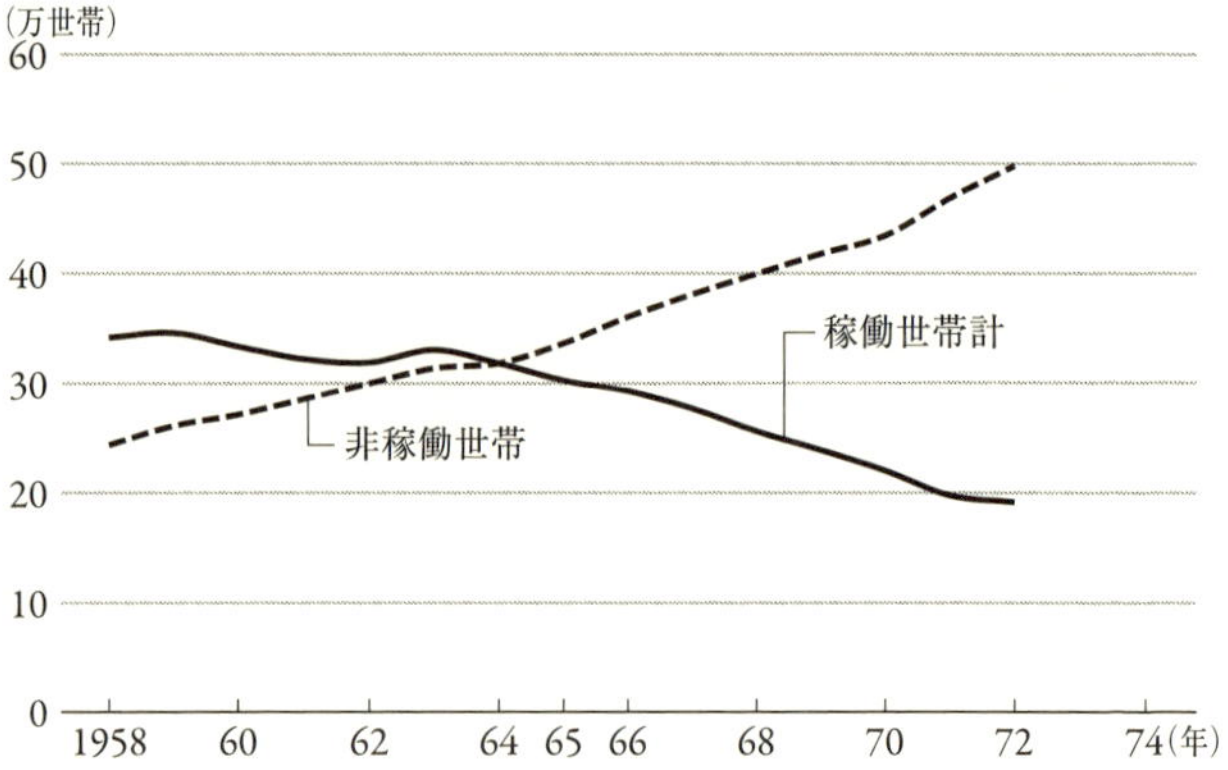

資料：厚生省（1958－1972）「社会福祉行政業務報告」.

である。敗戦直後の「浮浪者」の「かりこみ」や仮小屋撤廃の受け皿として、東京や大阪などでは急ごしらえの保護施設が増えていくが、そこに収容された人びとの一部が、職安に登録して日雇をしていたことを示している。

　こうした被保護日雇労働世帯の実態と、性差と年齢による線引きという両省の妥協点には、何の関連もない。この線引きは、職安行政は「働ける人」を対象とし、生活保護は「働けない人」を対象とするという二分法が、どちらにとっても都合がよかったという意味しか持たない。ちなみに、生活保護統計には、働き手のいる世帯＝稼働世帯と、誰も働いていない非稼働世帯の区分がある。これを使って、稼働世帯と非稼働世帯の推移を示したのが図２－４である。これを見ると、非稼働世帯が稼働世帯を上回るのは一九六五年以降で、全体の七割を超えたのは七一年以降であり、復興・高度経済成長期の被保護世帯は、働いてもなお保護を必要とする世帯がその基底にあった。

ニコヨンという名の貧困の「かたち」を作り出し、その制度の下で暮らす人びととの生活文学までをも生み出した失対事業も、次第に制度の縮小・解消が図られていくことになる。先の連名通知とは裏腹に、一九六三年の制度改正で、就職できない中高年齢失業者等に限ってその対象とすることとし、七一年の中高年齢者雇用促進法で新規適用を停止する。だが、制度そのものが廃止されたのは九五年三月であった。[9]

2 「仮小屋」集落の形成とその撤去

ドッジラインによるデフレ不況は、被災都市で「仮小屋」に住む人びとをも増大させた。「浮浪者」がいなくなったわけではないが、路上や地下道での野宿ばかりでなく、むしろ、あちこちに掘立小屋のような建物を建てて住む人びとが増えたのである。被災や引き揚げによって住まいも職も失った人びとに加えて、デフレ不況の中で居場所を失った人びとがそこに集まりだし、次第に規模も大きくなっていった。多くは公共用地の不法占拠だったこともあり、その撤去が大き

9――その意味については、近年新たな角度からの議論（宮地 2014、中野 2001）も見られるので、興味を持たれた方は、それらを参照していただきたい。

な社会問題となっていく。

「浮浪者」と「仮小屋」生活者は「一続き」のものと把握される傾向も強く、東京などでは、「仮小屋」生活者も「浮浪者対策」の対象であった。両者を区別する場合は、前者を「徘徊浮浪者」とし、後者を「浮浪者部落」と呼ぶこともある。「徘徊浮浪者」は、戦争被害者というより、好きで浮浪している人という位置づけであった。

「浮浪者」から「仮小屋」生活者へ

「仮小屋」やそこで暮らす人びとの数については、一九五一年一二月時点の東京における、「仮小屋」の蝟集《いしゅう》場所、世帯数、男女別人数を、「徘徊浮浪者」との比較で推計したものがある（東京都福祉会館『東京都における戦後社会事業の展開』）。これによれば、「徘徊浮浪者」一〇〇〇人に対して、「仮小屋」生活者は四一〇四人、両者合わせて五一〇四人である。男女別では男性三〇八三人に対して女性が一〇二一人、世帯数は約一二二六世帯である。「仮小屋」の蝟集場所は一四四カ所あり、中央区、台東区、千代田区など都心に集中している。翌五二年三月末には警視庁調査が行われている。これは犯罪者予防（更生）法（一九四九年）と更生緊急保護法（一九五〇年）という犯罪者の予防や更生に関わる法律を根拠としており、浮浪も「仮小屋」も「犯罪者」予備軍と見なしていたことがよくわかる。表２－１にあるように、一七カ所の「仮小屋」集落ごとに、その男女別人数を調べ上げ、総数で二五五一人、男性一五八八人、女性九六三人としている。中でも寛永寺境内（葵会）が七一〇人と規模が大きいが、都心に集中するこの一七カ所それぞれの撤去を実現するために必要とされた調査であったと考えられよう。

この表にあるお茶の水河岸の「仮小屋」集落（通称・お茶の水部落）や深川高橋でセツルメント活動[10]に関わり、すぐあとで保護施設の職員となった財部実美は、このような統計は現実の一部でしかないと述べている。「極端に言えば、都内いたるところの空き地とかガード下、公園、それから鉄筋の焼けビルのなかとか寺院、そういうようなところに、

表 2-1　犯罪者予防法及び更生緊急保護法に基づく浮浪者小屋生活実態調査（1952 年 3 月末日）

場所	総数	男	女	世帯数
帝国ホテル裏	51	37	14	28
墨田公園				
墨田会	159	74	85	53
言問会	37	20	17	21
蟻の会	182	87	95	108
深川高橋	196	156	40	—
上野明和会	102	59	43	27
連屏町ガード下	11	8	3	—
芝増上寺境内	78	59	19	—
明石町河岸	59	47	12	20
中十条	64	34	30	18
秋葉原ガード下	343	205	138	110
寛永寺境内葵会	710	473	237	190
後楽園	173	103	70	43
浜離宮	46	33	13	—
今戸橋	148	67	81	—
築地本願寺付近	33	24	9	—
お茶の水河岸	159	102	57	71
	2,551	1,588	963	—

出所：東京都福祉会館（1965）『東京都における戦後社会福祉事業の展開』.

10――セツルメント活動とは、貧困地区に入ってその地域改良などの支援をすること。大学生が行う大学セツルメントが有名。

とにかく仮小屋を作ったわけです。たしか昭和二六年に上野地下道を一時閉鎖しています。そのあおりをくったり、あるいはいったん施設に収容されても、非常に劣悪な建物だし、劣悪な処遇ですから、飛び出してしまう。ですから、いたちごっこですよね。そういう人たちが仮小屋へもぐりこんでしまったわけです[11]」

なお、「浮浪者」から「仮小屋」生活者への変化が起こったのは、「浮浪者」が依拠していたヤミ市の整理をはじめ、敗戦直後の混沌が収束したこと、東京の場合は上野地下道の一時閉鎖、上野公園への夜間立ち入り禁止などの強硬策の影響もあった。東京都民生局の資料『要保護階層の解剖』では、ドッジ不況による失業者の増大のほか、従来の浮浪者対策の失敗と、職安が住所不定者をシャットアウトしたことを、「仮小屋」増大の理由に挙げている（東京都民生局 1956：4）。

大阪の同様な「仮小屋」について、府保護課と警察が発表した一九五二年八月一日時点の調査結果を報道した朝日新聞大阪本社版の記事（一九五二年八月三日付）を、水内俊雄は次のように抜粋・引用している。

「仮小屋」で六〇〇七名（男六五四九、女二七五五）で、家族が二〇八四世帯、「竹柱を四本立て、ムシロをぶらさげた程度のものから、古トタンで屋根をふき、よせ集めながらガラス窓もそなえ風雨は一応よけられる程度のものまで種々雑多。いちばん多いのは関西線、南海線のガードのある浪速区で一九四四名。次が長柄橋下や淀川べりのある大淀区の一二四七名。続いて港区の六七八名。今宮、釜ヶ崎のある西成区五六二名など」（水内 2004：35）。

この調査では、「仮小屋」のほか「木賃宿」「野宿」を広く「浮浪者」と括っていることに水内は注目する。[12] 要するに居所が不安定な人びとという意味で、それらは「同じ」と捉えていたからである。もっとも警察の判断する「同じ」とは、「住所不定」の貧困を犯罪と捉え、その警戒から「同じ」なのである。ちなみに、「木賃宿」に二〇二三名（男一六二〇、女四〇三）、「野宿」は一二七四名（男一〇七六、女九八）存在したという（同：35–36）。

「浮浪者」を広く捉えることそれ自体は、不可視化されていた貧困の「かたち」を浮かび上がらせる上で評価できるが、ここでは、ドッジライン不況後に増加し、その撤去をめぐって大きな社会問題となった仮小屋生活者に焦点を合わせてみたい。社会問題としての「仮小屋」生活者の第一の特徴は、占拠は、浮浪とともに「犯罪」だと捉えられていた点にある。その背景には、都市の中心部にある公有地などが占拠されると、都市の「復興」の妨げになるので撤去する必要があ

11——一九九九年筆者らによるインタビュー。

12——このような広義の浮浪者概念で、すでに高度経済成長期に入っていたはずの一九五八年頃の日本の主要都市の浮浪者数を数え上げたのは、秋山健二郎らである。「現代日本の底辺」シリーズの第一巻にあたる「最下層の人びと」の執筆のため、「しろうとの集まりにすぎない」執筆者たちが貧困をビビッドに把握することを目指した中で、「聞き込みやアンケート」によって全国五七都市の実数を調べ、そこから推計している。この結果「浮浪者」は、①全国放浪者、②徘徊浮浪者（一定の都市周辺）、③保護施設収容者、④家出、出稼ぎ困窮者など一時的浮浪者、⑤ドヤ街に住んでいる潜在的浮浪者、⑥仮小屋浮浪者の六つに区分され、①と④で一四万〜一五万人、②が八〇〇〇人、③一万五〇〇〇人、⑤八万〜九万人、⑥四万〜五万人となっている。この区分や推計数の是非はともあれ、「各都市福祉事務所の浮浪者取扱概数」が得られているのは貴重である。

図2-5　居住用地として不適正な「仮小屋住宅地区」（東京都民生局 1959）

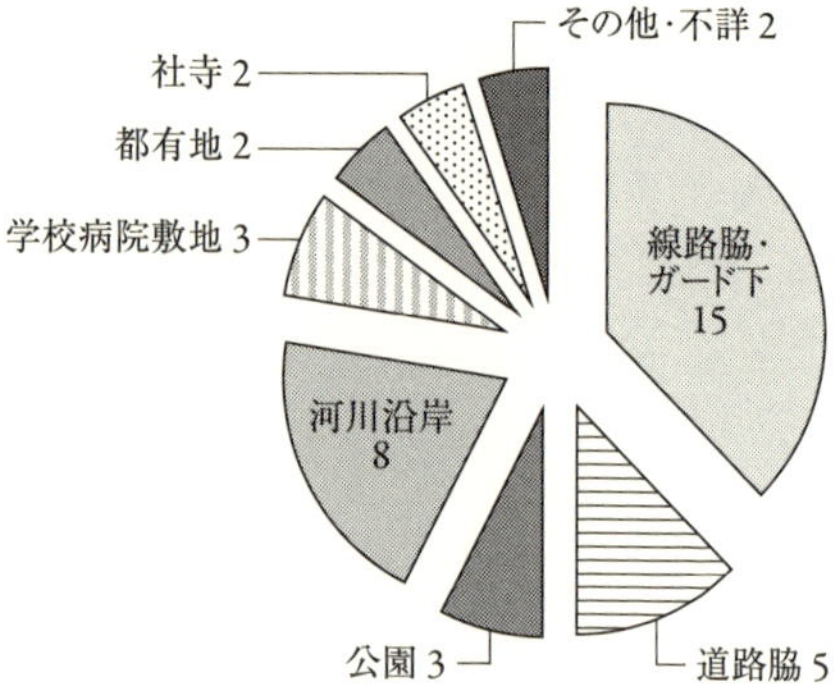

出所：東京都民生局（1957）『不良環境地区調査』.

ったということがある。第二に、「仮小屋」でしかないにせよ、住む拠点を得た人びとであり、すぐ後で述べるように、多くは組織化された生活集団を形成していたために、駅の地下道やヤミ市に依拠していた浮浪者よりも排除が難しかった。

戦後のスラムについては次章で述べるが、このスラムの分類にも「仮小屋住宅地区」という呼称が出てくる。だがそれは、住宅がバラック建てであるという意味であり、戦前期のものも含まれる。あらかじめ示しておくと、東京都民生局の不良環境地区調査（一九五七年実施）における「仮小屋住宅地区」は六五地区あり、うち四〇地区が「不適正」とされている。この「不適正」とは、不法という意味と、居住地として危険などの判断が混じっており、やや曖昧ではある。その「不適正」地区の内訳は図２－５のように、線路脇やガード下が最も多く、河川沿岸、道路脇などが続く。

本岡拓哉によれば、神戸でも建設局がその管轄用地の不法占拠バラック戸数を数えており、一九五八年時点で一三一〇戸、その分布は図２－６に示したとおりである（本岡 2007：26）。なお、これには公園などは含まれていない。本岡は、神戸においても五〇年前後にバラックが増加し、

図 2-6　神戸市建設局管轄用地不法占拠戸数（1958）

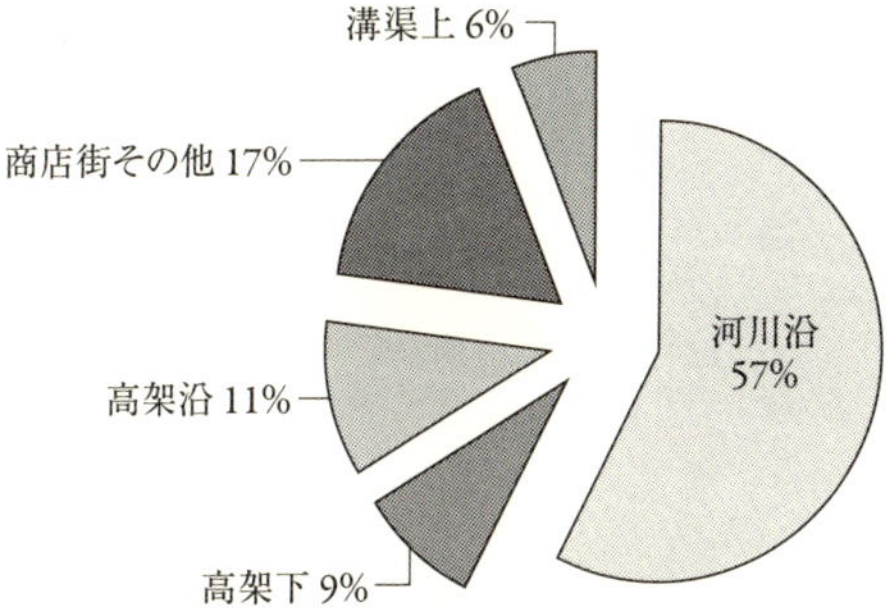

資料：本岡拓哉（2007）「戦後神戸市における不法占拠バラック街の消滅過程とその背景」p.110 より加工.

バラック街が「ある種のインフォーマルな住宅市場として機能しはじめ」ていたこと、だがその時期は神戸市の区画整理が本格化していく時期でもあって、生田区を貫通する鯉川筋《こいかわすじ》線のバラック街が五〇年に強制撤去されたのを手始めに「一九五五年までに神戸市のバラック街に対する姿勢や施策（強制撤去：引用者註）はより確固なものになっていた」（同上：26）という。しかし、その後も不法占拠バラック街は、中心部から周縁部へと移動するかたちで増え続け、六〇年代を通して社会問題であり続けていたと、本岡は述べている。

以下では、東京の二つの仮小屋集落と、広島市基町地区の仮小屋集落（いわゆる原爆スラム）を取り上げ、その形成から撤去へのプロセスを記述しておきたい。

東京の「仮小屋」集落

東京都の「仮小屋」集落の撤去は、建設局や警視庁による撤去と、社会局による保護施設などへの収容の組み合わせで計画された。保護施設は、「浮浪者」を収容するだけでも足りないくらいだったから、ある「仮小屋」群の撤去が決まると、慌てて施設を作って、そこへ「かりこみ」することになった。この基本路線は、浮浪者対策と全く同じである。まず一九五〇年九月に神田河岸の仮小屋、五一年一一月に上野公園見晴台、五二年に上野公園、後楽園、御徒町ガード下、新橋、有楽町、帝国ホテル裏、お茶の水部落[13]などの仮小屋強制撤去がなされ、住人は保護施設[14]へ収容された（東京都福祉会館 1965：23）。

ただし、東京のバタヤ業者（屑物の拾集業。詳しくは後述）の協同組合である東京都資源回収事業協同組合の『東資協二十年史』によれば、「浮浪者」・「仮小屋」生活者を収容するよう民生局から依頼があり、視察に出かけている（東資協 1970：83–84）。それとは別に民生局は、荒川区の業者に三〇〇万円を貸し付けて、帝国ホテル敷地内の「仮小屋」住人の受け入れを要請し、実現したという。[15]施設だけでは足りなくて、業者に依頼したわけである。これは後述する山谷などの寄せ場とも共通する手法であった。

「仮小屋」集落の形成から撤去までの経緯が比較的よく分かっているのは、浅草隅田公園の蟻の街（「蟻の会」）と上野寛永寺内の葵部落（「葵会」）の場合である。蟻の街の住人でもあった松居桃楼《とうる》の『蟻の街の奇蹟』や、その献身的な活動で「蟻の街のマリア」と呼ばれた北原怜子の存在を介して、蟻の街は今日でもある程度知られているが、この集落の大きな特徴は、バタヤ協同組合としての強固な組織を持っていたことである。「葵部落」も、この「蟻の会」の支援の下でバタヤの仕切り場をもっていたが、住民たちの職業は多様で、すぐ後で述べるように、二つの宿泊所や商店が存在するなど、蟻の街とは相当異なっていた。

東京の「不適正」な「仮小屋住宅地区」四〇のうち、「バタヤ部落」とか「バタヤ地区」と明記されていたのは一九である。バタヤ以外の職業の人が住んでいても「バタヤ部落」と記されているものも少なくない。バタヤとは、屑物の拾集業であり、今日の言葉で言えば資源回収業の一つである。一般にバタヤは、拾集業者（拾い人）と、これを買い取る業者（バタ建場《たてば》業者）から成り、家庭などから出る屑物を買い取る屑屋（買い出し人と町建場業者）とは区別されている。建場業者は、屑物を細かく分別して問屋へ卸し、問屋はそれぞれの再生工場へ売るという仕組みになるが、末端のバタ拾い人はスラムの貧困者の伝統的な生業の一つであった。

バタヤの拾い人とバタ建場業者の関係は、前近代的な親方－子方関係で結ばれていた。次の章で述べるように、東京・足立区本木町のようなバタヤ地区では、ほとんどの拾い人は、バタ建場業者の所有する仕切り場（屑物の選分と買い取りをする場所）の周りに建つ棟割り長屋（一つの棟を区切って、何世帯もが住めるようにしたもの）に住み、屑物拾集のための生産用具（荷車＝バタ車

13――お茶の水部落は、獅子文六の『自由学校』のモデルである。

14――筆者らのインタビュー（一九九〇年）で、施設といっても、「通常作ったのは、バラック舎です。五年か六年もたつと屋根が飛んでしまいそうなものを作ったわけです」と元施設職員の八木巌は述べている。

15――松居桃楼によれば、上野公園見晴台は上野地下道などからの浮浪者追い出し後に、行く当てのない人びとが集まった場所であり、その収容先として足立区のバタヤ業者の寮があったが、地元住民の反対で頓挫した。ただし、年の記述がないので、東資協との関係はよく分からない。

など）の費用ばかりか、家賃、電気、水道などの経費を業者に支払うという支配－従属関係の下におかれていた（東京都足立福祉事務所・足立区社会福祉協議会 1958：18）。ただし、建場業者自体も小規模経営であり、町建場に対するバタ建場の劣等感は強かったようである。

ともあれ、このようなバタ建場業者は、戦後いわゆる「戦争屑、鉄屑」が豊富にある中で経営基盤を確立し、ドッジライン以降は、統制価格廃止と朝鮮戦争の下で「戦後最初の大好況期を迎えた」（東京都資源協同組合 1970：76）。ところが、「仮小屋」集落でバタヤを行うものが増えていくと、これらの業者は面白くない。戦前からの業者は、東京では足立区本木地区などに移転させられていたから、特に都心部の「仮小屋」のバタヤに対して、営業上の不利を感じたに違いない。そこで、これら「モグリ」の業者を排除するために東京都資源回収事業協同組合（東資協）は、「屑物条例制定運動」にとり組み、一九五三年一一月に「屑物取扱業に関する条例」が施行された。「仮小屋」撤去後の「仮小屋」生活者を収容してほしいという東京都からの依頼を断り切れなかったのは、この条例運動があったからだという（東資協 1970：76−83）。

「蟻の街」の理想と現実

「蟻の会」は、バタ建場と拾い人の支配－従属関係を否定して、資源回収の協同組合を作り、「蟻のように働き、蟻のように蓄えて、一日も早く協同の楽しい「蟻の家」をもてるようにしたい」という理念をその設立趣意書に掲げている。さらに「廃品の集荷場と倉庫を中心に、お互いの宿泊所や食堂を作り、衛生設備を完備し、いろいろの娯楽機関を設け、そのうえ、職業斡旋を行ったり、身の上相談にも応じたい」と記している。

「蟻の会」は、その活動を浅草隅田公園の旧高射砲陣地跡の製材所の屋根の下で行うことを希望していた。「屋根の下」というのは、製材所がキティ台風で壊れて屋根だけになって放置されていたからである。先の趣意書が功を奏して、これを管理していた同胞援護会弁護士の許可が得られ、一九五一年に正式に「蟻の会」が発足している。会長は隅田公園の元ボートハウスの建物の一角に住みついていた小沢求《もとむ》である。彼は当初、一般的なバタ建場経営を考えていたようだが、結局、趣意書を書いた松居桃楼と理想を共にすることになった。実際に理想がどれだけ実現したかは、松居の著書[16]『蟻の街の奇蹟』からはよく分からない。

この著書から読み取れるのは、会発足時に一五人だったメンバーが、翌年には約一五〇名に増え、さらに「支部」が一〇カ所できたことである。バタヤの生産手段である大八車三台が一五〇台になり、秤《はかり》、自転車、オート三輪など財産が増えていると記されている。この財産は協同組合のものであり、損益計算書では、利益が四一七万二一一六円二〇銭、損失が三三七万五二四二円一〇銭とあるので、一年で約八〇万円の利益を上げている。各メンバーへは仕切り場での支払い

16――『蟻の街の奇蹟』は、生活記録というより、東京都や他の仮小屋集落との対外交渉の経緯や、北原怜子と子どもたちの活動に多くの紙幅が割かれている上、演劇協会の仕事をしていた人らしく、劇仕立てで面白いが、何があったか事実関係は分かりにくい。

がなされ、一日二〇円の強制貯金制度、独自の健康保険も存在したようである。
一日は、拡声器から流れるキリスト教の聖歌と祈りで始まり、夕方の祈りで閉じられる。食堂、風呂場、炊事場、トイレなどは共同であり、途中から電灯も引かれるようになり、山羊《やぎ》を飼っているという記述もある。もっとも『都政十年史』は、水は隅田公園の水栓を独占していると非難している（東京都 1954：229）。さらに、クリスチャンであった北原怜子《さとこ》[17]らの尽力で、聖歌隊、子供会活動、運動会、クリスマス、遠足などが行われていた。こう書くと、まさに松居のいう「二十世紀のお伽話」の実現のようであるが、そこで暮らす子どもたちのほうが「事実」を鋭く捉えている。以下は北原の『蟻の街の子供たち』に収録されている「源ちゃん」（宮坂源一）の見た蟻の街である。

まず道のきたない事はどうだ。ちょっと雨がふるとすぐぬかるみになる。雨がふった後の三日ばかりはナガグツをはかなければならない。ゲタなんかはいたらたちまちどろだらけ。その次にきたないのは「家」、なにしろ屋根の骨組だけあったのを屋根を作り、かべをつけ、ゆかをはってやっとすめるようになったんだから。せまい八じょう位しかない室に、五、六人の人間が、ねたり、食事をしたりする。中には万年床をきめこんだりしている人があるから自然家の中が不衛生になる。きたなくなる。次に便所。今のうちは新らしいからいいが、古くなったらだんだんきたないところが目だってくるだろう。なぜかといえば安田さんのそうじがただとおりいっぺんの水でぬらしておけばいい主義だからちっともつやが出ない。／そういうところにすむんだからやっぱりきたない人間がすんでいる。たんにふくそうだけのことではない。心のよごれもそうだ。／酒をのんであばれては人にめいわくをおよぼす。金の前には悪いことでもすぐそれに組する。その金のためにずいぶんけんかをしたのを見た。夫婦げんか、となりどうしのけんか、なかまどうしのけんか、中にはブタ箱にはいったのをじまんしている人間もある。（北原怜子 1989：190–191）

松居によれば、源ちゃんの父親は工場の職工長をしていたが、妻の死後「ぐれだし」て、終戦後に上京し、酒の密造で儲けたため生活が無軌道になり、身体もこわして蟻の街に来てバタヤをするようになったという。バタヤで働く日が少ないため、収入も少なく、一日一〇〇円が普通で、多くて二〇〇円。働かない日はゼロである。料理、洗濯、掃除、弟の面倒は、いっさい源ちゃんが担っていた。それなのに父親は源ちゃんをなぐったりけったりしている。

僕の家のこのごろの一日のごはんは、朝いもを三十円かい、それをしょうゆでにてたべる。

17——北原怜子は当初ボランティアとして子供会の活動などにたずさわっていたが、本格的に蟻の街に起居してバタヤとしても働きはじめる。肺結核に倒れ、蟻の街の移転決定直後、二八歳で死去。

おひるパン三食（三人前の意味か、引用者）、夜、金がないと朝と同じ。あるとパン三食。となっているが、これもむらがあり、おひるをたべないときもある。（同上：122）

北原は、いもを洗っている源ちゃんをよく見かけており、またアサリで何日か分の味噌汁を作り、それが彼ら一家の「常食」だったと記述している（同：116）
三人で一〇〇〇円の生活は、いくら蟻の街とはいえ、厳しいものがあろう。住居費はかからなかったとしても、食堂の利用はただではないから、源ちゃんがいもを煮なければならない。前節の二四〇円から始まったニコヨンの生活と比較しても、この貧困の深さはどうだろう。源ちゃんのいう大人たちの「こころのよごれ」は、彼らの深い貧困の中に根付き、容易には解決しないように見える。

このように、蟻の街でも貧困は簡単には解決していない。こうした中でGHQや東京都による蟻の街の撤去工作が進められたが、バタヤ協同組合の「理想」実現への努力や、必ずしも不法占拠とはいえない状況もあって、かなり難航した。GHQとの交渉では、聖フランシスコ会のゼノ・ゼブロフスキー労働修道士の存在も大きかった。
ゼノは一九三〇年にコルベ神父と共に来日して長崎の聖母の騎士修道院で働いていたが、戦後は日本中の浮浪者・仮小屋救済に奔走した人で、北原怜子を蟻の街に連れてきたのも彼であった。だが、一九五五年秋に「蟻の会」に対し、正式な立ち退き要請がなされた。移転地を斡旋するという条件付きである。移転先は、東京湾の八号地と呼ばれるゴミ埋め立て地[18]である。東京都はここを二五〇〇万円即金で買うように言ってきた。移転地での建物などの建設費用もかかるので、蟻の街にとってその金額を用意するのは困難であった。一五〇〇万円を五カ年の年賦払いということで東京都の納得が得られたのは五八年一月である。こうして蟻の街は、満八年を経て隅田公園から立ち退くことになった。

潮見教会のＨＰによれば、移転後は、「カトリック枝川《えだかわ》教会（蟻の町教会）」や「ありんこ保育園」も併設してバタヤは続けられたが、八号埋め立て地が繁華街から遠かったことや、後述するようなゴミ箱の撤去、ちり紙交換の普及など資源回収をめぐる環境変化もあって、会員は次第にこの地を離れていき、一九八八年に「蟻の会」はその役割を終えたとし、解散している。

葵部落の出現

午前四時半、まだ薄暗い冬の街のしじまを破って、朝のざわめきがはじまっているところがある――。／「いらっしゃい、バク（麦）一丁、ハイ二五円、銀シャリ一丁、四〇円頂き

18――この埋め立て地への移転について、東京都は東資協にも働きかけている。蟻の街の監督をかねて、ということだったようであるが、東資協はこの話には乗らなかった。

――毎度ありい！」一二、三人のゲートルをまいた労働者風の人々が丼に山もりに盛った飯をパクついている。バク飯というのは麦約八割に米二割、銀シャリは内地米に各お新香と味噌汁、時には野菜のアゲモノがついている。／これは芝浦港の沖仲士、雑役に一番電車で急ぐ人々で二番電車では仕事にありつけるかどうか分らないので真剣だ。このような人々は上野葵町で八〇～九〇人に達する。（渡辺正治「上野・葵町――バタヤ部落素描」二九頁）

葵部落の形成と解体の顚末については、当時、東京都民生局長でもあった都市社会学者・磯村英一が詳しく書き残している（磯村 1956：9－13）。

磯村によれば葵部落は、上野寛永寺の墓地（凌雲院墓地）に一九四七年頃、「五十がらみの一人者が小屋掛をはじめた」のが最初であった。五〇年には戸数約七〇、人口約三〇〇人で、「その半数は朝鮮人という一部落が形成された」（同：9）。先の表2－3の一九五二年段階では七一〇人であったから、二年ほどの間に二倍以上に増えている。

占拠したところは東京都の所有地であるが、上野寛永寺が墓地としての使用権を持っていたため、東京都と寛永寺から再三にわたる立ち退き要求がなされた。だが、それが集団としての結束を固める要因となって、一九五一年一月に自治組織が作られ、選挙で尾島明が会長となった。彼は部落内で食堂を経営しており、部落の対外交渉を一手に引き受けていたという。会費を徴収できないので、蟻の街の小沢に頼んで仕切り場を作り、その収入で運営することになった。松居の著書では「蟻の会」はバタ車五台の無償貸与や共同トイレのための材木提供などを行ったとあるが、磯村は総額一二〇万円を小沢から借りたとしている[19]（同：9-10）。五二年一月に「葵会」という名前で正式に発足した。この名の由来は、占拠地が徳川家の側室の墓地で、その家紋である葵から来ている。

台東福祉事務所の調査報告書（磯村英一へ依頼）「上野葵部落」（一九五三年）には、調査結果に先立って葵部落の概観が示されている。これによると調査当時の世帯数は一四三で、人口七五〇（うち宿泊所二〇〇名程度）、児童数一七〇である。商店は食品店が三、魚屋が一、食堂が三で、宿泊所は「ねむりや」と「高橋[20]」の二軒がある。「ねむりや」は布団付きで一泊六〇円、五〇人ほど収容できる。「高橋」の収容人数は三〇名で、一階が二五円、二階が三〇円の宿賃で、これは長期滞在者向けの宿泊所であったようだ。電気はなく、カーバイトランプとローソクを使用。水も部落の外にしかなかったので、水汲みや洗濯が職業となり、水汲み代として一カ月で一家族当たり平均三〇円かかる。風呂は部落外の銭湯にいく。子どもたちは小中学校へ通っているが、

19――磯村は「蟻の会」と「葵会」の関係を、「蟻の会」の小沢求による支配という表現をしている。尾島は「ヤクザ」の親分であり、その親分が小沢ということになる。このあたりの評価は松居とは異なる。なお東京都が蟻の街に対して八号埋め立て地を無償貸与したとか、松居が最初からカソリック教徒であったとか、磯村の著書にはいくつか気になる間違いがある。ちなみに、松居は北原が亡くなる直前にカソリックの洗礼を受けるが、もともとは仏教徒であり、晩年は『禅の源流をたずねて／天台子小止観講話』などの著作を出している。

20――「高橋」は、「葵ホテル」と記されることもあった。

図 2-7　葵部落性別年齢別構成

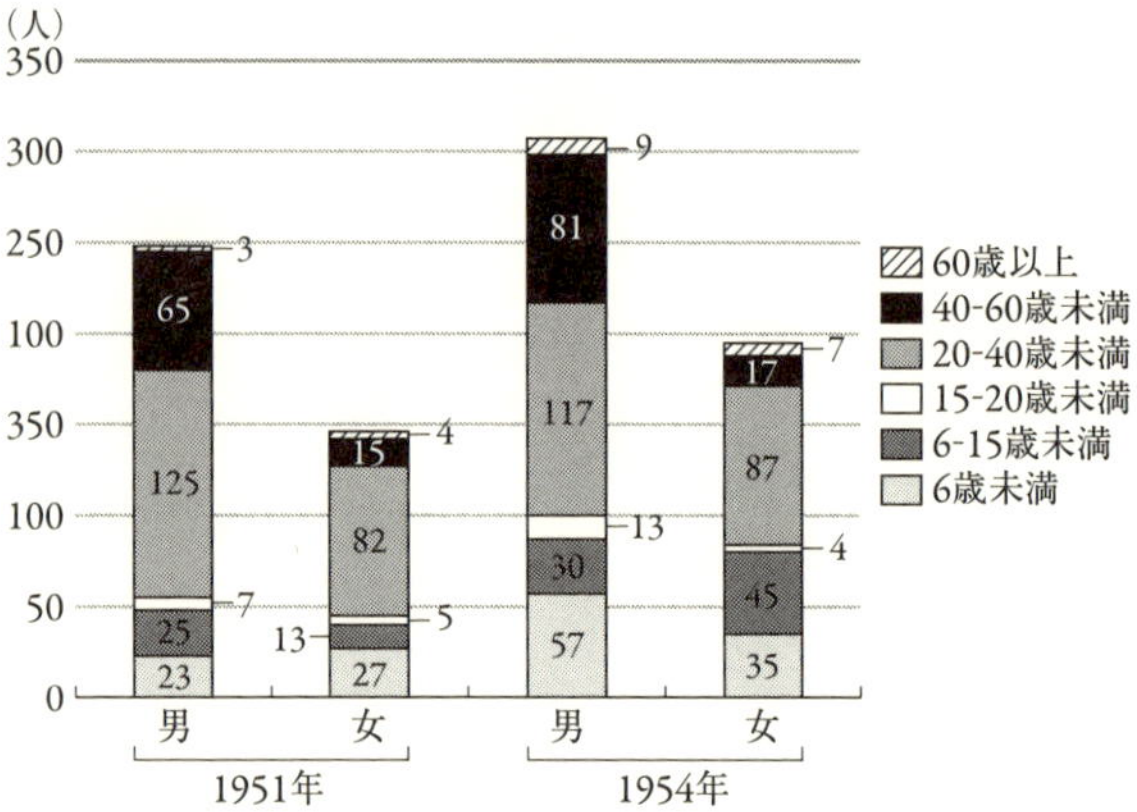

注：不明は除く．年齢区分は組み替えてある．
資料：渡辺正治（1955）「上野・葵町」．

靴磨き、新聞配達などの仕事もしている。当初は皮膚病と眼病が非常に多かったが、伝染病は発生していない。調査時には診療所も作られ、日大と慈恵大の医学生が来ていた。

この台東福祉事務所の報告書では、職業はバタヤが四割とされているが、民生局の一九五四年調査を使った渡辺正治によれば、バタヤは家族持ち世帯の一割にすぎない（渡辺 1955＝2000：257）。葵部落は、蟻の街とは異なって上野の高台にあったため、荷車を押して屑を拾ってくる作業に時間がかかり、効率も悪かった。冒頭に引用したように、バタヤより日雇労働者や職人、工員が多く、これは港湾日雇労働者の需要が大きかった芝浦港にも近く、交通の便利な上野駅のすぐそばという立地と、二軒の宿泊所を持っていたことと関係があった。

渡辺正治は一九五一年と五四年の民生局調査結果を使って、葵部落の特徴を記しているが、まず性別と年齢別に葵部落の人びとを見てみると、図２－７のように二〇～四〇歳までの割合が最も高く、次いで四〇～六〇歳未満となっており、働ける年齢の人口が多いことが分かる。また五一年と比較して五四年では一五歳未満の子どもが増えている。これは家族持ちの定住世帯が増加したためだと渡辺は言う。二軒の宿泊所の宿泊者は約三〇〇名、はほとんど独身の二〇～六〇歳未満の男性である（渡辺 1955＝2010：253－254）。

葵部落の家族については、渡辺栄の詳細な分析がある。彼は一九五一年の民生局調査と、「葵会」の名簿づくりのための同年調査をつきあわせた資料から、次の特徴を指摘している。①家族人員は平均二・四人で、二人世帯が多く、夫婦世帯を典型とする、②夫婦は内縁関係が多い、③連れ子や養子などが多い。①の特徴からは、葵部落の家族は、近代的な夫婦型家族類型のように思われるかもしれないが、この特徴は「入るべき近親者がいない」、あるいは一般の家族・親族関係から断たれていたことを示すものだと、渡辺は解説している（渡辺 1953＝2010：277）。

本籍・前住所と戦争による罹災状況に関する民生局の一九五四年調査によれば、本籍地として最も多いのが東京で三二・三％、以下、関東、新潟、北海道と続く。前住地にしても東京が最も多く五八・三％で、それに続く地域も、本籍地の場合とほぼ同様である。戦争による罹災世帯は五九・三％と高い。台東福祉事務所の調査でも同様の結果が示されているが、この報告書では、葵部落のはじまりは戦災者や「浮浪者」の集団であったが、やがてそれが、住むところに困った人びとの集落となったと記されている。だが、本籍・前住地と被災経験を見ると、単純な住宅困窮者一般だったわけではない。ここには戦災の影響がまだあり、それを取り除く政策がきわめて遅れていただけであった。

ちなみに民生局調査によれば、葵部落の「家屋所有状況」は、持ち家が五二・五％、借家が一八・一％、間借りが一一・九％、同居が九・四％、宿泊所が一・三％となっている（渡辺 1955＝2010：257）。仮小屋なのに「所有」状況というのも妙であるが、先の本岡の指摘のように、仮小屋であっても「インフォーマルな住宅市場として機能」し始めていた様子が見て取れる。また、生活保護の利用者は、台東福祉事務所調査では七人とされているが、一九五四年の民生局調査では住民の一二〜二〇％を占めている（渡辺 1955＝2010：257）。

葵部落の解体過程

この葵部落は、一九五五年一二月に火災によって約三分の二が焼失した。ローソクなどの使用により、火災になる危険性は高く、その前年にも火事があった。撤去を推進したい当局にとって、火災は絶好の機会である。だが、五四年の火災時には「蟻の会」から板塀を運び、一夜にして仮小屋を再建して対抗し、団結を強めている。五五年の火災に際して東京都は、占拠地は建築家ル・コルビュジエに設計依頼をしている美術館の敷地なので、この際移転するように勧め、寛永寺からは立ち退き見舞金として五〇〇万円を出してもらうことにし、「葵会」会長と「蟻の会」会長に部落内のとりまとめを依頼した。

ところが、移転先探しに難航するうち、葵部落内で分裂騒ぎが起こった。会長および「蟻の会」とは意見を異にする人びとが「弥生会」を結成し、別行動をとったのである。渡辺正治によると、「蟻の会」からの借金返済をふくめ、仕切り場の経営と財政状況が不明朗だったことと、移転先の仕切り場が狭かったことで、会長を務める尾島への不満が表面化したという（渡辺 1956=2010：264-265）。東京都が取りまとめを依頼した尾島と「蟻の会」の小沢は、必ずしも部落内の意見を代表していないことが露呈したのである。この葵部落にはバタヤの割合が少なく、多様な職業の人びとがいたこと、二軒の宿泊所があったことなどが、それには影響していた。

しかし磯村は、尾島をはじめとする商店、食堂、宿泊所の経営者たちが葵部落を支配しており、メンバーの収入は部落内で消費するしかない前近代的構造が存在していた点をむしろ強調する。みすぼらしい風采のため、部落外へ行っても相手にされないので、部落内の食堂や商店で済ませてしまうわけである（磯村 1956：11）。

むろん、「仮小屋」集落の組織化は、そのような支配も含めて、人びとにとっても都合がよい面もあった。尾島は面倒見もよく、子どもたちの通学にも尽力するし、立ち退き要求への対外交渉を任せられるという意味でも、仮小屋に住む人びとにとって頼れる存在だったにちがいない。だからこそ、前近代的支配を許してしまうのである。後に述べる「寄せ場」、炭住、スラムにも共通するこの特殊な生活構造は、貧困層が、貧困であるが故に、消費の面でも搾取の対象になり、甘んじてその支配下に入りやすいことを示している。「蟻の会」にしても、小沢は八号埋め立地の費用を出したり、葵部落への貸付を行ったりしており、かなりの資金を貯め込んでいたことが窺えるが、松居のバタヤ協同組合の理想、北原を中心とするキリスト教活動などが、それらへの不満を表面化させなかったのかもしれない。

葵部落に話を戻すと、東京都は上野公園内プール跡地を「葵会」に提供し、「葵会」はここに見舞金五〇〇万円と小沢からの借金を合わせて約一〇〇〇万円で竹の台会館といわれる木造二階建て四棟を建て、一九五六年三月にそこへ引っ越した。「弥生会」は当初残留したが、結局三カ月後に竹の台会館へ合流することとなった。ただし、そこへ入らなかった人びともいたと磯村は述べている。[21]

ところで竹の台会館は、期限を一年に限っていた。しかし期限を過ぎても、そのままの状態が長期間続いた。東京都建設局が交渉を再開したのは、なんと一九八三年になってからのことである。この「公園不適正財産の処理」の主任を務めた東京都建設局北部公園緑地事務所の小林正彦の記録によれば（小林 1997：64–67）、当時五二世帯、六八名が居住し、その一部は店舗や従業員寮として使われていたという。八六年六月に「処理方針」を定め、七月の説明会で居住者や使用者に対し、生活再建費用＋居住面積分を加味した立退料を提示したところ、その年末までに一件を除いて全員が了承するに至った。残り一件も翌八七年二月には解決し、三月のうちに全員が退去したという。約四〇年にわたる葵部落の歴史がようやく閉じたのである。

3　被爆都市と「仮小屋」集落

広島基町住宅と「土手」

原爆の被害を受けた広島や長崎にも一九四五年の段階でヤミ市が生まれていたことはすでに述べた。生き残った人びとは、何とか食いつないでいかねばならなかった。ヤミ市と同様、「仮小屋」もそこかしこに作られていった。むろん、被災者や引揚者のための応急住宅もなかったわけではない。

たとえば、軍都広島を象徴した広島市基町《もとまち》の広大な国有地には中国軍管区司令部をはじめ、陸軍病院、陸軍幼年学校、練兵場など各種の軍事施設があったが、原爆投下によって消滅した。敗戦後、応急的にそれらの跡地に公営住宅が建てられた。一九四九年頃の基町地区には一八一五戸の公営住宅があったが、それでも足りなくて、その敷地内や、太田川土手沿いに不法占拠の「仮

21――竹の台会館には、宿泊所なども移転している。磯村によれば、弥生会の移転によって生活保護受給者は一二〇数名まで増えたが、うち五七名は会館に収容され、残りは付近の「仮小屋」やドヤへ移ったという。

小屋」がびっしり建ち並んだ（国際平和拠点ひろしま構想推進連携事業実行委員会2015：27）。この土手沿いの仮小屋集落には後に「原爆スラム」という名前がつく。そこは、平和記念都市ヒロシマの復興という大義の下に、いくつもの場所から追われ追われてきた人びとが最後に行き着いたところであった。東京などの仮小屋との違いは、立退反対委員会のようなものが結成されることはあっても、蟻の街や葵部落のような組織化は見られない点にある。

篤子は、以前にたびたび来たときに比べ、基盤《ママ》形の家の配列が、どことなく乱れていることに気づいた。小さな家々のあいだに、それよりももっと小さな家が点在しているのだ。／「どうしたの？　家と家とのあいだに、また家が建ったの？」篤子はティ子に訊いた。／「闇住宅なんですよ。こまってしまうの。どこかで組立てて、夜中にもってきてね、朝見ると、にょきッと建っているんですもの」／「どこからくるの」／「どこからか追われてくるんでしょ。どこからともなく来て、住んでしまうのよ」／「なんだろう？」／「なにしろねエ」と光代が言った。「この街の五十パーセントを道路にする方針だっていうんですものね。道路ばかりじゃないのよ。緑地帯だの公園だの、どこということなく街中にできるんですからね。せっかく住むところをもっている人たちが、あっちを追われ、こっちを追われして、居るにいられないのが、こんなとこまではいってくるらしいのね」（大田洋子1982：9–10）

作家の大田洋子は『夕凪の街と人と――一九五三年の実態』[22]の中で、一九五三年の基町住宅の状況を右のように描写している。公営住宅といっても急ごしらえのもので、狭いし、汚いし、水道や風呂も各戸にない。なめくじやかたつむりが這い回る。篤子は大田洋子自身であり、東京から帰郷したところである。

最初に住宅営団の建てた戦災者住宅を、市が買いとり、おびただしい原爆戦災者と引揚者の群を充満させた。居住は三年間の契約であった。三年経って市が立退きを必要とするとき、その居住者たちのため、適当な場所に必要なだけの家を建てて移すという条件であった。三年経っても人々はそこに住んでいた。市はどこにもかれらのゆく家を建てなかった。（大田 1982：41）

彼女の帰郷の目的は、基町住宅で暮らす家族との団欒ではなく、基町住宅の西側の堤防に密集

22――このタイトルから、こうの史代『夕凪の街　桜の国』というコミックスを思い浮かべる人も少なくないだろう。だが、両者の内容は全く異なるものである。『夕凪の街　桜の国』というタイトルは、大田洋子の『桜の国』（一九四〇）と『夕凪の街と人と』をミックスさせたものらしい。ちなみに、映画でも評判になった、こうののコミックス『この世界の片隅に』も、後述する山代巴編『この世界の片隅で』を一字かえたままで利用している。むろん、なんの繋がりもない。

したバラックには「誰が住み、どんな生き方をしているのか」、そこに「溶け込んで」知りたいという点にあった。なぜなら、「己れも土手の「者」たちと同様に、原子爆弾による放射能を浴びせられた人間だという意味で、同じ位置にいる」からである（同：125）。「同じ位置にいる」という感覚と、最も貧しい仮小屋地区の人びとの間に「溶け込んで」それを知りたいという願望とは、当然飛躍がある。大田はそれを「深い根のある撞着」と呼び、自分でも持てあまし気味である。バラック小屋を一万円で作って、それに滑車をつけて、どこへでも逃げて、「敗残者」たちと市の片隅に漂泊したいと思うが、それは抵抗を意味する生き方でなくてはならないとも思う（同：173–174）。この微妙な撞着のまま、大田の目は「敗残者」の集住する「土手」へと吸い寄せられて離れない。

「土手」へやって来た人びと

この作品は、応急市営住宅と「土手」を往復する篤子という作家が人びとの話を聞くという体裁をとってはいるが、副題にあるように一九五三年の広島基町のルポルタージュといえる。むろん主題は原爆である。それを「敗残者」の視点から描こうとしたために、この作品は当時の「仮小屋」生活者の記録にもなった。基町の「土手」についての本格的な社会調査が登場するのはもっと後だから、この作品は、五三年の基町住宅と「土手」の貴重な記録といえる。「土手」を不法占拠する兆しは、三年前、つまり五〇年頃にすでにあった、と大田は言う。

三年前すでに、いまのように、堤防いちめん小バラックがばらまかれる徴候が見えていた。堤防の入口は、市の繁華街に近かった。相生橋のたもとから入ってくるのである。三年前はその繁華街にちかい入口の土手際にだけ、ごたごたとした家が乱雑に並んでいた。朝鮮人ばかりであった。（略）朝鮮動乱が強烈の度あいを深めていた（大田 1982：13）。

彼等は一向にそこを立退く気配はなかった。一夜づくりの掘立小屋は減ることのない代わりにいつの間にか、ふえつつあった。／土手の斜面と云わず、護岸の端の、石垣から河に向って、いまにも落ち込むほどのはずれの方まで、小屋は建てられた。土手の連中は浮浪者ではなかった。殆どの男女が失業対策の人夫に出たり、駄菓子の製造をしたり、売春宿に働きに行ったり、警察関係に勤めたりしていた。（同：210）

ある夜、「土手」の人びとは、篤子のために座談会を開いてくれ、聞いてもらいたいことをてんでに話し始める。のちに平和記念公園となる中島地区のバラックを壊されて「土手」へ来た女性は、次のように語る。

この街の復興に市民は協力してくれよというから、そりゃあ当たり前のことじゃ、自分の生まれた街に原子爆弾投げられて、なんにもない砂漠になったあとを、生きとる人間が放っちゃアおかれん。H市復興に協力いたしますというたところが、それじゃ印を押せと云われて、書いたものをろくに読みもせんと、書類にみんなバタバタと印を押しましたがねえ。（略）復興局が来たんですよ。復興局の青ひげさんがなんべん来たことやら知れん。白い札、黄いろい札、赤い札をもって、来るわ来るわ。（略）／白い札が勧告状で、その次に黄いろい紙の督促状が来ましてからねえ、最後に強制令状の赤い札が来たというわけなんですよ。（略）三畳一間の立ち退き料を見舞金として千二百円もろうて、家がいよいよめげてから、この土手にうろうろ来ましたんよ。迷い猫みたいにのう。（同：107–109）

かつて市役所の公園課主任であったという男も、「似たようなことで」この土手に来たという。

私も似たようなことで、この土手へきましたがねえ（略）／土手に建てても悪かろうと思うて、河のふちに二畳ほどのものを建てて、住んでおったところが、ルーズ台風[23]のとき、ふきとんで河のなかへ落ちてしまいましてのう。それからこの家を、八千五百円で買うて、月賦にしてもろうて、住んではおりますがねえ、土手へ来ていちばん情ない思いをしたのは、水でしたよ。（略）／水は基町住宅にしかありませんけぇ、バケツをさげて住宅へ降りて行ったところが、道々に水道はあっても、合カギがないから水は汲まれません。ちようど水を汲んでおった女の人に頭をさげて、水をバケツにいっぱい貰いたいと云ってたのんだのですがねえ、住宅の水道も細々しか出んのだから貴重な水じゃ、あげられんといいましてねえ。

（同：109）

この男の言うように、水をどう確保するかは、「仮小屋」生活に共通の問題であった。トイレもむろん不足していた。電気は頼めば引いてくれるという。だが、より本質的な問題は、「私も似たようなことで」と省略はしているが「土手」への来歴であろう。「土手」に来る前から「仮小屋」生活をしていたものが多く、あちこち追い回されて、「土手」にたどり着いている。今日の広島市を象徴する平和記念公園や100m道路、平和大橋などを作るために、つまり平和記念都市を実現[24]するために人びとが追い立てられる。「土手」の人びとからすれば、それらの緑地や建造物をなぜ作らなければならないのか、分からない。イサム・ノグチの彫刻であれ、丹下健三

23――一九五一年一〇月に九州に上陸し、中国地方にも大きな被害をもたらした台風。
24――広島平和記念都市建設法が一九四九年に制定されたことが、広島復興の基礎となったことはよく知られているが、基町地区の前に、中島地区、的場地区のバラック群の強制撤去が行われている。「ひろしま復興・平和構築研究事業」による報告書『広島の復興経験を生かすために』（二〇一四）には「平和記念公園の整備が進んだ結果、基町相生通りへの流入に繋がったという側面もあった」という指摘がある。

が構想した平和記念公園であれ、「迷い猫」のようになった人びとには迷惑以外のなにものでもなかったであろう。

バラックではなく、元陸軍病院の薬品倉庫だったコンクリートの穴ぐらに住んでいるという老人の話。妻と子どもは原爆で死亡。三日目に広島へ入った。駅のベンチや駅前で「石をならべて寝て」いたが、「土手」に来て、鉄筋コンクリートの洞穴を見つけて住みだした。律儀にも、大蔵省の広島市財務局へ断りに行っているが、「正式許可はいたしかねる、しかしあんたがはいってしまえば、出てくれとは云いには行かない」と謎のようなことを言ったそうだ。

そんなことで、まあ、あの倉庫に住んで土方をしましたよ。猫を一匹ひろって来て、死んだ娘の一人の名をつけてね。(同：117)

ここで言う土方とは、失対事業に働きに出ているという意味で、この地区では「どかちん」という呼び方が一般的だった。民間での日雇の場合、賃金は高いが重労働なので、被爆者には向かない。それで、先にも述べたように「どかちん」をしている人が「土手」には多い。

山代巴編『この世界の片隅で』(一九六五)の第一章「相生通り」は、文沢隆一が「土手」に部屋を借りて住み込んで書き上げたルポルタージュである。山代も文沢も、時期を明確に書いていないのは困ったものだが、一九六四年頃と推測される。[25]つまり、大田洋子が「土手」を描いてから一一年後の話だ。文沢が担当した章のタイトル「相生通り」は、大田が書いていたように、相生橋から「土手」に入るので、そう呼ばれたらしい。

文沢が「土手」で暮らしたのは、ちょうど高度経済成長期が始まった頃であったが、太田洋子が一九五三年にここに身を寄せたときと、「土手」のあり方は、ほとんど何も変わっていない。若い人は工場や商店に勤めているが、あいかわらず「どかちん」が多く、それ以外の仕事としては屑屋や養豚、内職など。以前と比べて変わったのは、「立退対策委員会」の看板がみられること、文沢の借りたアパートの裏に豚小屋跡に作った長屋の共同炊事場があり、そこに手押しポンプがあること等である。文沢もそれを使わせてもらったが、「最初その水を一口ふくんで、思わず吐気をもよおした。生暖かい塩水が口の中にぬめりつき、かすかな臭いさえのこった」（山代編 1965 : 9）。文沢は豚小屋の便所も使えない。「なきわめく豚の鼻先で用をたす芸当は私にはできなかった」（同）。

立退反対のことは大田の作品にも出てくるが、文沢の時代には、基町地区の再開発が具体的に始まっている。一九五七年には木造平屋だった応急住宅を、中層鉄筋コンクリート造りの市営・

25――「そこ（相生通り：引用者註）に移り住むのは「重い車」が「群像」新人賞を受賞した翌年」という記事が中国新聞（二〇〇〇年八月二日付朝刊）にある。

県営アパートに立て替える工事が始まっている。六八年までに九三〇戸が完成するが、六四年はその途上にあった。だから文沢は、「相生通りの人たちが、このままこうしていられるのも長い間のことではないだろう」(同:5)と考える。だが、立退対策委員長は「立退きの話は十年もまえからあるが、役所からはいまだになんともいっちゃこん」という(同:6)。

文沢は次のようにも推察する。

しかし一方、市内のどこかで立退きが強行されると、そのうちの何人かがここに流れてくるのも事実である。役所では、この厄介な地帯を一番後まわしにするつもりらしい。この土手筋が河川敷で、管轄権は県にあり、公園や住宅政策は市のほうでやっているという、行政面の食違いが、この河岸地帯を今日まで放っておくことになったのではなかろうか。(同)

原爆スラム調査

一九五三年の基町の「土手」、六四年の「相生通り」は、大橋薫の六七年の調査では「原爆スラム」[26]という名前に変わる。

大橋の調査は、高度経済成長のただ中で行われたものだが、「土手」を対象とする初の本格的な社会調査[27]であり、続けてここに紹介しておく。

この調査の収穫の一つは、住民がいつ頃この「土手」にやってきたのかという来住時期を明らかにしたことにある。図２－８がそれである。この時期区分の根拠については説明がないが、敗戦の年から復興期が二六・八％なのに対して、高度経済成長期が六五・九％と最も大きい。つまり高度経済成長期に多くの人びとが「土手」に流入し、それによって膨張したことが分かる。また、この地区へ来住した理由を見ると、回答数の多い順で「家賃・生活費などが安いから」

26――「原爆スラム」という呼称は一九六三年頃から使われるようになるが、それは被爆者の割合が高かったからではなく、基町地区の復興事業を進める上で、この名称が行政にとっても居住者にとっても都合がよかったからだと、石丸らは述べている（石丸・千葉・山下・矢野 2016）。

27――この調査は「スラムの世帯数八九二、人口三〇一五人」の中から三分の　を抽出し、三〇〇世帯を対象に行われた。もっともこの母集団がどれほど正確だったかは分からない。文沢が書いているように、一軒のバラックかと思うと、表と裏で所有者が異なっていたり、勝手に建て増しをするという案配で、「天井裏のねずみをかぞえるようなもの」だったからである（山下編：2）。出入りが激しく、いつのまにか移転していることも少なくない。加えて、広島県外から調査に入った大橋は、当初は「原爆スラム」を「特殊なもの」だと、構えて捉えていたように思われる。「被爆の後遺症におののき、貧困にあえぐ人々が、この暗く深い谷間に取り残されているのである」という冒頭の描写は、「原爆スラム」という呼称を流通させた行政当局のねらいが効きすぎた印象がある。

図 2-8　基町相生通りへの来住時期数の推移

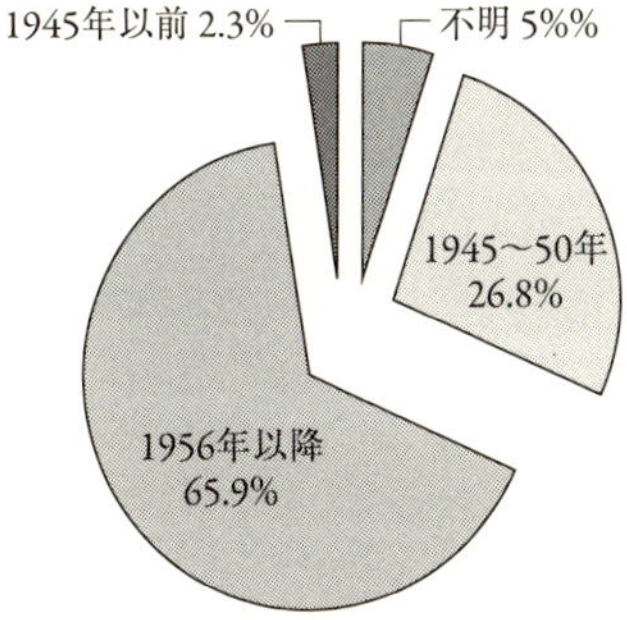

資料：大橋薫（1968）「原爆スラムの実態（上）」.

「親類知人がここにいたから」「立ち退きを命ぜられて」「就労するのに便利だから」となっている。

被爆世帯では、「立ち退きを命ぜられて」が二割強で、「家賃生活費が安いから」に続いて多かったことにも注目したい。爆心地であった市内中心部に住んでいた人びとが「立ち退きを命ぜられて」相生通りにたどりつき、高度経済成長期に「一般レベルの成長からはずされた人々」が市外も含めて、家賃が安く都心に近いこの地区に来たという解釈がなりたつ（大橋 1968：44）。つまり、「土手」はすでに行政にとって簡単には手が付けられない「仮小屋」集落となっていたため、他地域での開発が優先され、それにより立ち退きを迫られたり、安い家賃を求める人びとがこの地区へ流れ込んでくる、という循環が出来上がっていたことを示している。

世帯類型を見ると、半数を超えるのは、夫婦と未婚の子の核家族である。単身世帯は少ない。これは葵部落などが夫婦世帯と単身世帯を典型としていたこととは異なっている。世帯主年齢は四〇代、三〇代、五〇代、六〇代の順で、多くは働き盛りにあたるが、職業は日雇・臨時工が約四分の一、無職が二割強、常雇は四割弱にすぎない。

「仮小屋」の形式は、独立バラックが最も多く六割を超え、長屋方式が三割弱である。所有関係では六割弱が持ち家で、約四割が借家である。この地区でも、本岡が指摘したようなインフォーマルな住宅市場が機能して、住宅の売買や賃借がなされていたことが見て取れる。なお、大田や文沢の時代と比べると、四割ほどの家に水道が引かれ、七割近くの家が汲み取り便所となっている点では「進歩」している。しかし、いぜん共同水道が五割強、共同便所も三割近くあった。なお、被保護世帯は一八・七％である。

相生通りの「仮小屋」撤去とその後

基町相生通りの「仮小屋」群の撤去は、住宅地区改良法に基づく再開発事業（一九六九年）の一環として取り組まれることとなった。基町地区とそれに接した長寿園地区にそれぞれ三棟、五棟の高層アパートを建設し、それらを改良住宅、市営住宅、県営住宅、住宅供給公社として、バラック住宅の住民をそこに受け入れようとしたわけである。これらは一九七八年にようやく完成している。[28]

蟻の街や葵部落の場合と異なって、基町相生通りの場合、もとの場所から近いところに新しい住宅が用意され、再開発の手続きも法律にのっとったものであった。不良住宅地区改良法を用いるというアイデアは特筆に値するし、行政側の努力も相当なものであっただろう。だが、そもそも、相生通りの「仮小屋」の住人たちは、葵部落などと違って組織化されておらず、その「仮小屋」集落の規模も大きかった。しかも、仮小屋が形成されてからの「放置期間」がひどく長かっ

28――この再開発事業に際して、一九七〇年に広島大学工学部の石丸紀興らの相生通りの悉皆調査がなされている。建築専攻らしく図面採取を行ったという（石丸他 2016）。大橋調査の三年後である。

た。これらの背景の下で再開発事業が実現したわけである。復興という名の下に、何度も立ち退きを強いられ、ようやくこの地にたどり着いた人びとのことを考えれば、この再開発事業の完成を手放しで称賛するわけにはいかない。しかも、その後の追跡調査では、次の結果が出ている。

一九七八年三月時点での移転先は、県改良住宅が六二三（四七・八％）、市改良住宅が二〇九（一六・一％）一般公営住宅が九〇（六・九％）、地区外が三八〇（二九・二％）である。約三割近くが地区外へ転出しているが、その理由の一つが「不適格業種」にあった。つまり、住民のある種の職業は、行政が用意した住宅の住人としてはふさわしくないと判断されたのである。「不適格業種」とされた人びとは、住まいをとるか仕事をとるか選択を迫られ、後者を選んだ人は地区外へ転出するほかなかった。このことからも分かるように、行政側が用意した住宅は、相生通りの人びとの多様なあり方を、そのまま受け入れるようなものではなかったのである（矢野他1980：1594）。

第三章

経済成長と貧困

前章で述べたデフレ不況以降の貧困は、復興によって作り出されながら、復興を遂げる上での「障害物」と見なされ、その早い「解決」が課題とされた。そのいくつかは、すでに見たように簡単には解決できなかったが、この「障害物」が成長に向かって飛躍しようとする日本社会にとって桎梏となっているとは、当初とらえられていなかった。

だが、高度経済成長期への移行とともに、政府は貧困の存在を、「ボーダーライン層」問題として提起し、それが、当時の日本社会の「非近代性」に根ざした社会問題であることを主張しはじめる。ボーダーラインとは、生活保護の保護基準を前提にし、その境界上にある貧困を示した言葉である。

保護基準は、生活保護で保障される最低生活水準を表すものであり、同時に生活保護を利用できるかどうかを判定する基準でもあった。つまり、保護基準は、政府公認の貧困線といってよい。この基準で国民の収入を測れば、保護基準以下の人びとや、保護基準ギリギリで暮らしている人びとの存在を把握できることになる。基準以下の人びとやギリギリの人がみな、生活保護を申請すればよいのだが、実際にはそうならない。すでに見てきたように、保護率は低く、保護基準以下でも制度を利用していない人びとは少なくなかった。ここで提起されたボーダーライン層とは、まさに保護基準ギリギリの、場合によってはそれを下回る生活水準で暮らしながら、生活保護制度の外にいる人びとの存在を示していた。これは前章で述べたような具体的な貧困の「かたち」とは異なって、統計的に推計された、保護基準の周辺にある貧困という「かたち」で示された。

しかもこのボーダーライン層としての貧困の「かたち」は、成長へ向かう当時の日本社会の「前近代性」と関わっていると、政府自身が積極的に提起したことに意味があった。

このボーダーライン層としての貧困は、一九五六年に公刊された経済白書および厚生白書が共に参照した、五五年厚生行政基礎調査による「低消費水準世帯」の推計に基づいている。詳しくは後で述べるが、「低消費水準世帯」とは、被保護世帯の消費水準をものさしとして測ると、被保護世帯と同じか、それより低い水準にある貧困世帯のことである。その手法は、保護基準をものさしにして一般世帯の貧困を推計するものに近い。[1] このような推計が持ち出された背景として、五六年の経済白書の「もはや「戦後」ではない」という宣言と、同年の第一回厚生白書が「果して「戦後」は終ったか」と問い直した、「戦後」論争がある。順序としてこの話から進めてみよ

1――低消費水準世帯の測定において、なぜ保護基準をものさしとして直接使わなかったかは謎である。保護基準を直接使った方が、ボーダーラインの意味が明確になったはずである。ちなみに、一九五二年に厚生省が内部資料として印刷した「生活実態の分析――社会保障調査の分析」では、名古屋市、富山市、櫻木村（静岡県）の三つの地域での詳細な家計調査を使って生活水準階層を区分し、その分布を見ている。ここでも保護基準は使わず、あらためて三つの地域で生活水準指標を作っている。この調査では貧困層は各地域とも二割以上とされている。一般に、貧困測定において生活保護のような公的扶助基準を直接ものさしとして使うと、保護基準以下の世帯数・人口が把握され、このうちどれくらいが実際の保護世帯・人口かという、保護の捕捉率を計算することができる、という利点がある。捕捉率は、生活保護制度の実際の効果を測るので、制度に対する批判材料となる。実際、五〇年代の英国では、エーベルスミスとタウンゼントによる国民扶助基準を使った貧困の測定がある（Abel-Smith, B.&Townsend, P.1965）。これは戦後の英国福祉国家が貧困問題を解決できていないことを実証した研究として名高い。

う。

1　二重構造とボーダーライン層問題

「もはや「戦後」ではない」

一九五六年度の経済白書は、一九三四〜三六年を一〇〇とした五五年の経済回復水準を、国民所得、鉄鋼業生産、農業生産、輸出総量、輸入総量、消費水準、人口の各指標で確かめ、輸出・入総量、つまり貿易を除くと、いずれも一〇〇をはるかに超えており、消費水準ではなく生活水準で考えても、「住宅を除けばほぼ充足の時期も終わった」と述べた（二一―二四頁）。

このような回復は、敗戦による生産・消費の落ち込みがあまりに大きかったので、「消費者は常にもっと多く物を買おうと心掛け、企業者は常にもっと多く投資しようと待ち構えていた」ような、「経済の浮揚力」に支えられていたと白書は言う。だが、「いまや経済の回復による浮揚力はほぼ使い尽された。（略）もはや「戦後」ではない。われわれはいまや異った事態に当面しようとしている。回復を通じての成長は終った。今後の成長は近代化によって支えられる。そして近代化の進歩も速かにしてかつ安定的な経済の成長によって初めて可能となるのである」（経済白書一九五六年度、四二頁)。

ここで「戦後」とは、戦前の水準へと経済が回復(復興)することを意味し、この意味での「戦後」はすでに終わった、と経済白書は述べたわけである。と同時に、それ以上の成長は、近代化を成し遂げないと難しいことが説かれる。つまり、一九五五年段階での日本経済の仕組みは、必ずしも近代化していないことを示唆し、それが今後の経済成長にとって桎梏となると警告したのである。

これに対して、同じ年に公刊された第一回厚生白書は、国民生活についてはこの段階では戦前の水準まで回復していないと主張し、「果して「戦後」は終ったか」と問うた。厚生省から見れば、人口の回復は、むしろ貧困の要因となる。実際、都市部での消費水準はまだ十分とは言えなかった。その根拠として厚生白書はエンゲル係数を持ち出している。


この疑念を深めるものの一つは、都市勤労者家計におけるいわゆる「エンゲル係数」(飲食物費が消費支出全体のうちに占める割合)である。この係数は、所得の低い階層ほど大となるという規則的な関係があるものであるが、戦前の家計調査(全都市)の示すエンゲル係数は三五・六%であり、これに対応する昭和三〇年の数字は四四・五%である。さらに、住宅に対する支出や、家計の黒字あるいは貯蓄なども、必ずしも戦前の水準に及んでいないという事実がある。/このように、数字が示すところ、農村においては確かに戦前の水準を上回っているが、都市においては、いまだ戦前の生活状態までには及んでいないと推定する方が、われわれの日常生活の実感から考えてもぴったりとするように思われる。（厚生白書 1956：13）

この厚生白書の指摘は、すでに見てきたニコヨン家計などを思い出してもらえば、納得がいくだろう。厚生白書はさらに進んで、戦後いったん縮小したように見える所得格差が、復興の過程で拡大していることにも言及している。すなわち、職種別あるいは男女別賃金格差、企業規模別格差、農家規模別格差の拡大が認められ、さらに「完全失業者や、半失業者ともいうべき日雇労働者および家内労働者などは、数としても減少することなく、かえって増加する傾向すらみせており、したがって低所得階層は、階層的に固定化し、沈澱しつつあるものと考えられる」（同：16-17）。

厚生白書のこうした指摘は大きな反響を呼び、「戦後」は果たして終わったのか、という論争に発展した。しかし、経済白書にとって、戦前の水準への回復は、それ以上の経済成長を遂げるための一里塚にすぎず、今後の成長は「近代化の進歩」によって可能になると見ていた。実際、この年の経済白書も所得格差の拡大に言及しており、厚生白書と同様、厚生行政基礎調査の低消費水準の推計を掲載しているのである。

「近代」と「前近代」の二重構造

一九五七年度の経済白書には、「速すぎた拡大とその反省」という副題がついており、産業部門間や生産と消費の不均衡的発展について紙幅を割いている。ここで注目されるのは、「経済の二重構造」という言葉が使われたことである。これは日本企業が「一方に近代的大企業、他方に前近代的な労資関係に立つ小企業および家族経営による零細企業と農業が両極に対立し、中間の比重が著しく少ない」こと、「労働市場も二重構造的封鎖性をもっている」ことを意味した。当時の白書は、比較的率直でわかりやすい記述に特徴があり、労働市場の二重構造も具体的に説明されているので、そのまま引用しておきたい。

大企業で新しく労働力を求めるときは新規卒業者のなかから優先的にとり、急に雇用者をふやさなければならないときには臨時工や社外工を採用する。大企業の労務者が解雇されて中小企業に流れることはあるが、中小企業の労務者が大企業に就職するときは臨時工の形をとる。中小企業と農業間にも特殊な均衡関係が存在する。農業の所得は農業およびそれ以外のものを含めると都市中小企業労務者の所得と世帯単位ではほぼ等しい。ところでほぼ等しい所得をうるためには約二倍の人数が働いているから、農業の生産性は中小企業にくらべても約半分である。しかし農家が土地を離れて非農業の仕事に移ることは、住宅問題や就業の不安定性など種々の困難を胎むうえに働きにでた人の一人当りの所得としては多くとも、家族全体の収入としてはかえって減少する。（経済白書一九五七年度、三六頁）

このように、二重構造とは、「近代」と「前近代」の二重構造のことであり、経済白書の表現を使えば、「いわば一国のうちに、先進国と後進国の二重構造が存在するのに等しい」状態を指している。[2] この状態は所得格差の拡大を通して「社会的緊張」を生み出す。したがってその克服のために、非近代部門の近代化を急げというわけである。

「低消費水準世帯」の推計結果

それでは、厚生白書のボーダーライン層問題の根拠として使われ、経済白書も参照した一九五五年の厚生行政基礎調査[3]による「低消費水準世帯」の推計結果を見てみよう。

一九五五年調査の推計結果によれば、被保護世帯を除く低消費水準世帯（貧困世帯とも、低所得層とも表記されることがあった）は全国推計値で一九二万世帯、人数にして九七二万人、総世帯の一一％であった。農家を除く低消費水準世帯の割合を、世帯のタイプ別に見ると、日雇労働者世帯で二一・一％、家内労働世帯[4]で一六・六％、その他世帯で一七・四％と、この三つで低消費水準世帯の出現率が高い。先の厚生白書は世帯類型との関連にもふれており、約二割が母子世帯と老齢世帯であり、逆に母子および老齢世帯のそれぞれ約四割が低所得層または被保護層だと述べている（一九五六年度厚生白書、一八頁）。つまり日雇、家内労働、その他（無職や失業世帯を含む）世帯と、稼働能力にハンディキャップを負った母子世帯や老齢世帯が、相互に関連し合いながら低消費水準世帯または低所得層・被保護層となっていることが示されたわけである。

図3－1は、一九五三年から六五年までの「低消費水準世帯」推計数と、それが総世帯に占める割合の推移を示したものである。なお、この調査は五七年に推計方法をより正確なものに換えたので、先の五五年の数字とは一致していない。その推移を見ると、五六年までは増大、それ以降は減少傾向にあるが、年によってバラツキがある。世帯割合は一〇％台から約半分程度に縮小している。

この縮小は、むろん高度経済成長による所得増大の影響もあろうが、ものさしである被保護世帯の家計が縮小したままでは、それを用いて算出される「低消費水準」も低い状態が続くので、

2――二重構造論は開発途上国の分析に用いられてきたため批判も多いが、「二重構造社会」という概念は、近年のヨーロッパなどでも用いられている。ポスト工業社会において、一部の人びとが労働市場からも福祉国家からも排除されていることを指している。こうした存在は、「社会的排除」という概念が導入されたことで、明らかになった。「一流国民」と「二流国民」への社会分裂である。

3――厚生行政基礎調査は、一九五三年から八五年まで実施された厚生省の基礎統計の一つで、全国の世帯を対象に、世帯業態、労働力類型、所得階層、消費水準などを調査し、さらに疾病、身体障害者の数、公的扶助と社会保険による保障を受けている世帯の数を明らかにしようとした。現在では国民生活基礎調査に統合されている。

4――家内労働世帯とは、委託者から原材料の提供を受けて、自宅で一人または家族と物品の製造や加工を行っているもので、内職も含む。

図 3-1 「低消費水準世帯」の推計値の推移

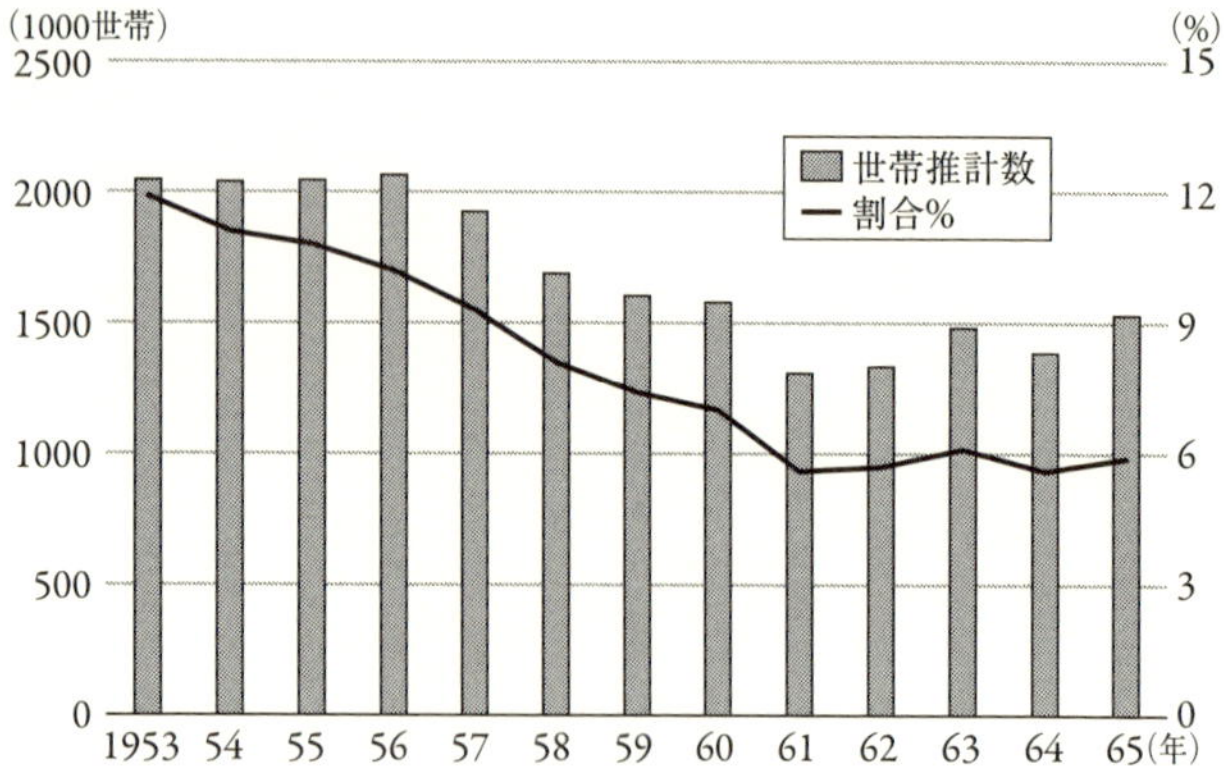

資料：厚生省（1957、1965）『厚生行政基礎調査』.

ボーダーラインの割合も低くなる可能性がある。五五年当時の被保護世帯の消費水準は一般世帯の約四割、六〇年でも五割程度であり、基準の低さが指摘され続けていた。

すでに見たように、当時の保護基準は、最低生活に必要な財を積み上げて計算するマーケットバスケット方式によって改定されていたが、その低さについては厚生省自身、自覚的であった。だが、なかなか基準は改善されなかった。しかし、さすがに所得倍増計画が具体化するに及んで、一般世帯との格差が問題となっていく。一九六〇年の所得倍増計画では、最低生活水準を「一般社会生活の発展に対応していく相対的なものである」と捉え直し、七〇年までに、六一年水準の実質三倍とする計画が立てられた。改定手法も、六一年にエンゲル係数の利用によるエンゲル方式[5]へ転換して対前年度比一八%の引き上げがなされ、さらに六九年には明確な「相対比較基準」である「格差縮小」の方向へ転換した。これには、政府見通しにおける一般国民の消費支出伸び率にプラスアルファを加えることによって、①低所得層との均衡、②先進諸国の到達水準と見られていた、一般世帯の消費水準の六割を確保する、という二つのねらいがあった。

だが、この格差縮小方式による生活水準のキャッチアップは、一九七〇年には達成できず、高度経済成長が終焉して、さらに一〇年経った八三年まで持ち越されている。他方で、これを待たず、低消費水準世帯の推計は六五年の段階で、なぜか終わってしまっている。これ以降、ごく最近まで、保護基準もしくは保護世帯の消費水準をものさしとした貧困測定は一、二の例を除いて行われていない。

「社会階層」論による「貧困」把握

「経済の二重構造」は、政府ばかりでなく、当時の日本の社会科学研究者が共有していた概念であった。またボーダーライン層研究も当時盛んに行われていた。この中で、「大工場労働者—中小工場労働者—潜在的過剰人口」という、日本の労働市場の階層モデルを構築した氏原正治郎は、江口英一とともに、政府が強調したボーダーライン＝低所得層概念とは異なったアプローチで、

5——食費はマーケットバスケットで作成し、その食費額が当てはまる実際の家計から、エンゲル係数を利用して他の消費支出を割り出した。

貧困の形成と分布の把握を行おうとした。すでに見てきたように、低消費水準世帯の測定は、被保護世帯の消費水準をものさしとしたものであったが、そのようなとらえ方は、「すべての住民は、消費者という面で等質であるという前提がある」(氏原・江口 1956 : 63)。だが、この前提は一つの抽象でしかない。「実際には、これらの人たちの生活は、社会階級上の地位、職業と労働などの社会的要因によって、また個人の性向や趣向などによって、異質的である」(同 : 63)。この異質性を氏原と江口は「社会階層」概念を使って説明しようとした。「社会階層」というのは、所得水準を規定する職業・従業上の地位を中心に、生活構造も共通しているひとまとまりの社会集団のことである。社会階層は、全く閉じてはいないが、一定の上下の序列を持ちながら社会の中に再生産されていくとされた。

氏原と江口は、註1に示した厚生省の三地域で行った詳細な生活調査(生活実態の分析 1952)の富山市分と一九五〇年国勢調査を資料として、社会階層ごとの消費水準の上下を観察することによって、図3-2のような消費水準の上下のある菱形の社会階層のモデルを作った。貧困は、こうした序列を持った社会階層の「内部での下降」と、さらに他の階層への移動=「下降移動」という異なった形で形成されていくと考えた。次に、一一都市の生活保護世帯三九四の事例から、主要な下降移動が生じた時点、そこから生活保護を受けるまでの時点、生活保護直前の時点、調査時の状態、の四つの時点での職業と家族の状態、貧困の原因などを整理した。この結果、人びとが生活保護を受けるまでに、単純労務、行商・露天商、内職・家内労働などの不安定な職業に

図 3-2　社会階層と貧困

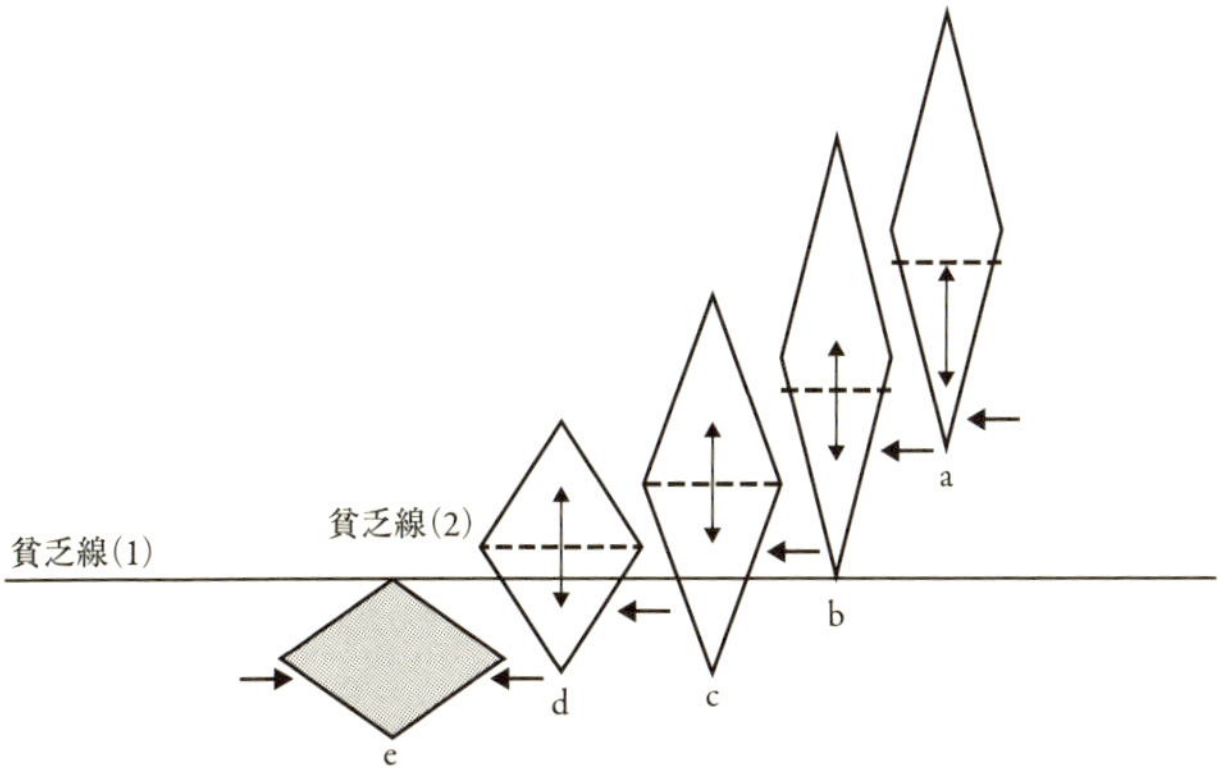

資料：氏原正治郎・江口英一（1956）「都市における貧困の分布と形成に関する一資料」より加工.

いったん組み込まれ、そこが貧困のプールとなっていることを明らかにした（氏原・江口・高梨・関谷 1959：125）。

貧困プール論

貧困のプールとは、そこに貧困者を貯め込み、たえずそこから生活保護層を生み出す「母体的社会階層」＝不安定就業層を指す。江口の記述によれば「過去の経歴の雑多なこと、しかもそのような人々が不断に流入してくる」ので、このプールに含まれた人びとの生活は多様で、たとえばエンゲル係数のバラツキが大きいという特徴があるという（江口 1972：137）。プールに含まれる人びとの職業は、政府の低水準消費世帯のそれと似ているが、プール論は、他の社会階層からの下降移動によって貧困がいったん「不安定就労階層」にプールされ、そこから生活保護層が生み出されるという「貧困化」のプロセスを強調したのであった。

その後も江口はこの社会階層による貧困研究を続けた。たとえば一九五五年から七〇年までの国勢調査データをもとに作成した社会階層構成表とその中での「不安定就業」階層の年次推移の把握は、高度経済成長期の日本の貧困プールを具体的に示すものとなった。ここで「不安定就業」は、全体の約二割程度、その内訳は、日雇など単純労働者と生産労働者下層（規模二九人以下の事業所で働く人）を中心とする労働者階級と、職人、家内労働者、行商・露天商、一人店主などを含む小商人、その他雑業などの自営業者層の二つからなり、年次推移では労働者階級の中に含まれる社会階層の割合が増えているが、雑業などの自営業者の根強い存在もあるという。高度経済成長期を通して、二重構造の下部、近代部門からはみ出した人びとを吸収する役割を、「不安定就業」階層が果たしていたことが示されたといえよう。（江口 1980：485－502）。

2　負の移動と中継地――旧産炭地域と「寄せ場」地区

経済成長と失業多発地帯

政府のボーダーライン層にせよ、氏原・江口の低所得階層にせよ、高度経済成長期においても、なかなか前近代的部門は解消されず、この存在が貧困のプールとなっていることが強調された。もちろん経済成長は活発な産業転換を促し、あたかも全産業に成長の効果が及んだような錯覚を人びとに与え、社会階層における下降移動ではなく、上昇移動に人びとの注目が集まった。だが、「すべての産業が均一に成長するような経済成長は現実には存在しない。産業間に大きなばらつきを伴う経済成長が、結果として産業構造の変化をもたらす」（吉川・宮川 2009：1）のが普通である。言い換えれば、成長は産業構造の絶えざる変化を前提とし、成長産業を生み出す一方で衰退産業をも生み出す。人びとは、成長の流れに乗り遅れまいと、成長の速度にばらつきのある産業間を移動して回ることになる。多くの場合、それは、大都市部への人口集中をもたらす地域間移動をともなった。

たとえばそれは、農閑期などに家を離れて、仕事のある地域へ行って、一定期間、工場などで働く「出稼ぎ」という形をとる場合もあるし、親と異なる職業を子どもが選ぶといった、世代をまたがって現れる場合、あるいは、ある職業に長らく就いていた人が、その業界の衰退や就業先の倒産などにより、望まぬ形で他の職種に就くような場合もあるだろう。後者のような場合、特に中高年者は、必ずしも転職が成功するとは限らない。職業経験というものは、誰にとってもその肉体と精神に深く染み込み、蓄積されていくものだからである。このため、経済成長期であっても、否むしろ成長期にこそ、衰退した産業や職業において、長期失業や貧困が堆積される可能性がある。この意味で、高度経済成長が、失業や貧困を解消させ、一億総中流を実現させたと、簡単に結論づけることはできない。

実際、労働省職業安定局は一九六〇年に、駐留軍関係、石炭鉱業合理化関係、塩田合理化関係で一六の地域を失業多発地域に指定し、「特別対策」の対象としている。その後、こうした特定対象のリストは、港湾労働者、漁業離職者、季節出稼者、農業者転職者対策、同和地区対策、すぐ後で述べる特別地区＝「寄せ場」の日雇労働者対策、建設労働者対策、さらに八〇年以降の本州四国連絡橋の開通にともなう離職者対策に至るまで増え続けていく。明らかに産業転換で負の影響を受けた業種や地域への特別な介入である。なかでも、高度経済成長期を通して解体された石炭鉱業の離職者対策は、九〇年代に至るまで、失業多発地帯の中心に据えられたと言ってよい。

石炭鉱業の危機と大量解雇者

石炭鉱業は、戦後の傾斜生産方式の中で増産を促されてきた成長産業であった。大都市で強制「かりこみ」にあった「浮浪者」の一部が炭鉱へ送られたことは、第一章で述べた。だが、早くも一九五〇年代半ばには、生産性の低い炭鉱を整理し、生産性の高い炭鉱に資本と労働力を集中させるというスクラップ・アンド・ビルドが始められた。五五年の「石炭鉱業合理化臨時措置法」によって石炭整備事業団が設立され、その後も数次にわたる石炭政策が打ち出されていくが、石炭鉱業の危機は解決せず、安価な石油へシフトする世界的な動向の中で、石油へのエネルギー転換が進められる結果となった。

図 3-3　炭鉱労働者雇人・離職人数の推移

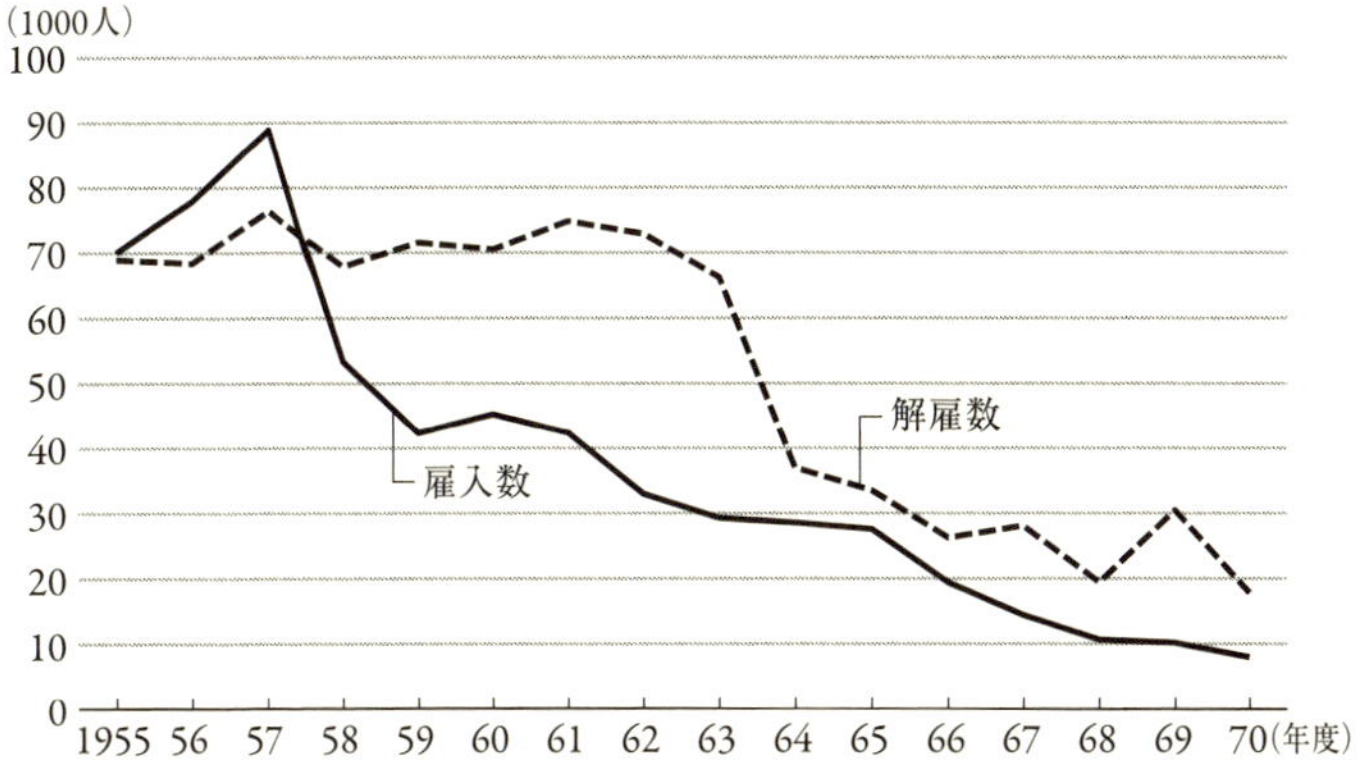

資料：失業対策年鑑 1970 年版（石炭コークス統計年報）.

このスクラップ・アンド・ビルドによって、一九五七年から七〇年までの間に、稼働中の炭鉱は八六四から七六に減り、フルタイムの労働者が約二九万八〇〇〇人から約四万八〇〇〇人へと減少している（失業対策年鑑 1970：374）。高度経済成長期を通して七八八の炭鉱が閉山となり、二五万人の常用労働者が失業している。この間の雇い入れ労働者の数と解雇労働者の数をグラフにしてみると、図３－３のようになる。六三年までは毎年七万人前後が解雇されている。雇い入れは五七年をピークに減少していくが、それでも六五年頃までは三万人前後の雇い入れがあったことにも注意しておきたい。この理由は後で述べる。

一国のエネルギー政策に関わって、石炭鉱業の行く末は重要な課題であったと同時に、閉山などにともなう大量解雇者が長期間にわたって生じたことは、社会にとって大問題であった。一九五九～六〇年の三池炭鉱争議[6]は「総資本対総労働の対決」とさえいわれた。

五〇年代後半から六〇年代前半にかけて、炭鉱離職者への対策として、先に述べた特別対策だけでなく、炭鉱離職者臨時措置法（一九五九年一二月）が制定され、総合的な対策が立てられた。炭鉱労働者は一般に、家族とともに炭鉱の周辺に移り住み、仕事に従事するため、失業した場合は、産業や職業移動が生じるだけでなく、家族とともに他地域へ移動することが少なくない。このため、広域職業紹介と他地域への移動を可能にする援護策（移住資金、広域求職活動費、雇用奨励金、職業訓練手当、住宅提供など）が計画されたわけである。では、実際の彼らの移動先はどうだったのだろうか。

炭鉱離職者の移動

筑豊の炭鉱を離職した人びとの実態を明らかにするために、隅谷三喜男は一九六四年にY閉山炭鉱住宅居住者の面接調査を行っている。福岡県の炭鉱失業者は五五年から六二年までの八年間で七万五〇〇〇人を数えたが、隅谷はその帰趨について次のように記している。①就労二万三九〇〇人（県内就労一万四五〇〇人、県外就労九四〇〇人）、②会社による就労斡旋一万人、③移住資金を受領した者六〇〇〇人、①〜③合計で三万九九〇〇人、残りの三万五一〇〇人が炭鉱住宅（炭住）に残った者である[7]（隅谷 1964：73）。①の就労は、おそらく職安による炭鉱以外の就労紹介を意味し、②は主として大手炭鉱による就労斡旋、③は先の援護策に基づいて移住を選択した者の数である。炭鉱住宅に残った者が最も多かったわけだが、一体それは何を意味するのだろうか。

石炭鉱業の問題点は、その前近代的な労務管理と中小炭鉱の存在にあったことはよく知られている。一九五五年段階で中小炭鉱は全体の九割を占め、大手炭鉱は一割でしかなかった。さらに、常用労働者のほか、臨時夫や請負夫が存在し、二重、三重構造になっていた。石炭鉱業が衰退する過程にあっても、先のグラフのように、多くの人が解雇されると同時に、多くの人が新たに雇い入れられていた。それは、ある中小炭鉱が閉山になると、そこで失業した人たちを、別の中小炭鉱が臨時夫や請負夫として雇い入れていたし、「大炭坑が閉山になると、第二会社が出来て、残炭を掘るのが一般」（同：72）であったからである。このため、解雇された炭鉱夫たちの成長産業への移動はむしろ阻止され、炭鉱労働者とその家族が、失業しては別の炭鉱へ移動するという循環から抜け出せなくなる傾向が強まった。これが隅谷のいう「残留者」である。Y閉山後の

6――石炭大手各社が人員整理による合理化を進める中で、一九五九年一月に三井鉱山は六〇〇〇名の希望退職者を募った。だが応募者は少なく、八月より第二次合理化として四五八〇名を解雇した。うち三池鉱業所分は二二一〇名であったが、年末には三池だけ、組合幹部ら活動家を含む一二七八名の指名解雇を通告したことから、翌年一月から三池労働組合は無期限ストライキに突入し、財界の全面的バックアップをうけた会社側は企業閉鎖でこれに応じた。日本炭鉱労働組合や総評が組合を支援し、延べ三〇万人の動員と二一億円の闘争資金があてられたという。暴力団による殺人事件や警察と組合員の衝突なども起こったが、同年七月に中央労働委員会の斡旋により終結した。五三年にも人員整理をめぐるストライキが行われており、これを含めて三池争議という場合もある。

7――隅谷の論文では、①〜③合計四万、三万五〇〇〇が残留と記されているが、計算するとこのようになる。

居住者を対象とする調査では、残留といっても、同じ炭坑に長くいるわけではなく、「Y炭坑周辺を転々」と、「Y以外の同一炭坑に勤務した後筑豊一帯を転々」の二つが多く、次いで「筑豊一帯を転々」となっている。しかも、閉山後の炭鉱住宅に新たに転入してくる人びとがいるという、「一見納得がいかない」（同：76）動きもある。

自らも抗夫を経験し、中小のヤマの労働と生活を記録し続けた上野英信は、抗夫たちが詳しい情報も得ず、肩入れ金（前借金）と募集人の言葉を信じて、負の移動を繰り返す様子を次のように記している。

その十家族を皮切りにして、三十四年二月にふたたび北松《ほくしよう》炭田から二十三家族、五月にはおなじ筑豊の室井炭鉱から九家族、あわせて四十二名の坑夫とその家族が、もはや喰うことも不可能になって久しいこのS炭鉱に移ってきている。好景気で人手のたりない時ならともかく、不況のどんぞこで喘《あえ》いでいるにもかかわらず、なぜこれほど多量の坑夫を雇い入れたのか。理由は簡単である。古い坑夫たちが完全に労働意欲と体力を喪失してしまって、おどそうと、すかそうと、ほとんど動かなくなってしまったからである。もはや使いものにならなくなった古い坑夫たちの代りに、彼らを坑内にぶちこんで出炭させ、かつ、梅雨季の出水にさらされた坑内を補強させせなければならぬ。新しい坑夫たちは、賃金も払わず飯もくわせずとも、半年や一年はどうにかもちこたえるであろうし、第一、喰いつなぐための家財道具もあれば衣類もあり、当分の間売るにたえる血液もあろうというわけだ。／それにしても、不運きわまる彼ら四十二名の坑夫たちは、どうして選りに選ってS炭鉱のような〝監獄ヤマ〟にひっかかったのか。ひとつには、もちろん彼らがこのヤマの状態についてなにひとつ知らなかったからであり、またひとつには、五千円という肩入金（室井炭鉱からの場合は三千円）にまんまと釣られたからである。（上野 1960：25）

冒頭に出てくる「十家族」というのは、長崎県の北松浦炭田からの移住者たちであった。上野がその経緯を聞くと、五十前後の坑夫はこう答えている。「どがんちうて、ただ、ここんヤマの募集係のこらして「おんちゃん、来んや」ち、いわしたけん、「来んやちうて、飲むっや」ち、きいたところが、「飲むっ」ち、こがんいわしたけんが」。するとその妻が「わたしは念をおしたのですよ。どうしてわざわざこんなところまで募集にみえるのですか、こんなところまでみえなくても、筑豊にどれだけでもおるでしょうもの、といって。ところが募集人のいわれるには、自分のところは低石《ひくいし》（薄層炭：引用者註）だから寝掘りのできる者がほしい。しかし筑豊はどこも炭丈が高いので低石の掘れる者が少いので、と、こんなふうにいわれるものですから。[8]」さらに

8――石炭層は多様で、炭丈《スミタケ》が一・五メートル以上の高いものも、四五センチぐらいの低いものもあった。ここでいう低石（薄層炭）は後者を指し、これを掘るには寝掘りといって、寝た姿勢にならなければならなかった。

彼女は子どもが多いので、子どもの教育のためにもよかろうと考えた。「ところがどうでしょう。給料もくれなければ米もくれん。このヤマに移ってきてからヤマがつぶれるまでの半年間に、たった一度、吉祥寺のお祭りに千円もらったきりですよ。ほかには一円ももらったことはありません」（同：25−27）

このS炭鉱というのは、上野が書いているように〝監獄ヤマ〟であり、暴力団の支配下にあった。一九五八年四月から、閉山された五九年六月までの賃金支払いの内訳は、現金約一〇％、金券約三〇％、米麦（不詳）で、仮に米麦が一〇％だったとしても、支払われるべき賃金の半分程度であった。S炭鉱の賃金相場は、採炭夫で四四五円と低額だったから、その半分ではどうにもやっていけない。会社が経営する売店でしか金券は使えないし、必要な品物が入荷しなければ使いようがない。しかも、この一〇家族が入ってきた頃から、現金給付が完全に停止されていた。それを知らずに、肩入れ金と「飲むっ」の言葉に釣られてやってきたわけである。

だが上野は、S炭鉱だけが特別だったわけではないという。中小炭坑の多くが似たようなもので、ただその手口がそれぞれ異なっていた。それにもかかわらず、移動する人びとは「こげなヤマは生まれてはじめてたい！」と言い、「K炭鉱にきさえしなかったら……、M炭鉱に残っておりさえしたら」と泣き続ける。だが、これらの人びとを愚かだと笑う資格は誰にもない、と上野は言う。「絶対的な飢餓と貧困が人間の思考の一切をねじふせて、最後の動物的な生存のための少しでもいい条件の穴へ穴へと追いこんでゆく。中小炭鉱業者はその穴の奥にほんの僅かのエサをおいて、悪賢い狐のように待ってさえいればよい」(同:50)。

隅谷によれば、Y炭鉱の事実上の閉山は一九五四年で、調査時よりも一〇年前のことである。この一〇年間の経緯が分かる四九件について見てみると、閉山前から居住していた三五世帯のうち二五世帯は失業保険をもらっているが、このうち二〇世帯は生活保護(+失対)に移行している。同じ炭住に住みながら他の炭鉱の坑夫となった者も、その炭鉱が閉山されると、似たような経緯をたどった。年齢が若い者は生活保護への移行がやや遅かっただけである。他方、閉山後に来住した一〇世帯の場合、その大半が坑夫→(失業保険)→生活保護→坑夫→生活保護といった繰り返しの後、一九五九~六〇年頃までに「ほとんど生活保護へ陥没した」という。坑夫以外の仕事がえられなかったのは、県内に炭鉱以外の雇用がほとんどなく、また坑夫のほうでも炭鉱以外の就業を好まないからだと隅谷は推測している(隅谷1965:76)この「残留者」の生活保護生活について見ていく前に、県外に就労した人びとについても若干触れておきたい。

隅谷の調査では、県外で仕事をした経験があるのは六名であった。そのうち一名は炭鉱への出稼ぎで五〇代、他は三〇代が四名と四〇代が一名で、東京、大阪などでの土木建築とバス運転手であった。彼らはいずれも、わずか一、二カ月で離職・帰郷している。その理由は、家族を呼び寄せられず、二重生活で生活費がかさむ、就職先の条件が聞かされていたのと異なり、賃金が安く、仕送りができないからであったという。むろんこれは、調査時に炭鉱住宅に暮らしていた人びとを対象としたものだから、県外就職に失敗した人以外は捕捉できていない可能性がある。

他方で、この調査では、正月に帰郷した人も含めて、義務教育を終えて就職した子どもたち二二名への調査も行っている。このうち七名は親元の炭鉱住宅からの通勤であるが、残り一五名は大阪と中京への就職である。就職先はすべて従業員規模五〇名以下で、中でも一〇名以下の零細町工場が多い。その職種は機械工が過半数を占め、運転手、その他と続く。女子三名は中京の同じクリーニング工場へ就職している。すべて職安を通さず知人経由での就職であり、特定の零細工場の労働力の供給源となっていると隅谷は言う。賃金は低く、住み込みか寮が大半で、また転職経験が多いことも特徴として挙げられている。

生活保護・売血・不就学

隅谷によれば、Y炭鉱が閉山になってからの、炭鉱住宅居住者の生計の立て方は、生活保護のみが一八世帯、生活保護を主とし、炭坑離職者臨時措置法による緊急就労、就労、年金、内職その他を組み合わせたものが三一世帯、緊急就労や就労が主で生活保護が従のものが一四世帯、緊急就労と失対が九世帯、就業のみが七世帯である。「生活保護へ陥没する」といっても、その割合は約六割であり、すでに述べた失業対策も含めれば、多くが公的扶助と若干の就労の組み合わせで暮らしている。当時の生活保護水準そのものが低かったので、なんらかの就労でこれを補い、それによって規定の収入を超過すると生活保護が停止され、仕事が減ると生活保護が復活するといった暮らしぶりだったと考えられる。

むろん、生活保護の利用といっても、そう簡単なことではなかった。閉山後の生活は、水や電気を確保するだけでも大変で、「水道会」といった組織を作って、その有力者が交渉するのが普通であった。「閉山炭坑は多く赤字で閉山になるので、電気代が未払いとなり、電力会社から電気をとめられる。そこで電気会ができて、電力会社と交渉することになる。炭坑が動かなくなるので水道がとまる。そこで水道会ができて、町役場と水道設置の交渉をする」（隅谷 1965：74－75）。それと同様に生活保護も、集団申請という手段に訴えることが少なくなかった。なぜなら、そうした集団交渉ぬきに、個々の人びとの生活が保障されることは少なかったからである。上野は、石炭整備事業団によって整理された鹿児島海老津《えびつ》炭鉱を一九五六年に訪れているが、その長屋に住み続けている世帯のうち一二〇世帯が失業しており、このうち生活保護を受けているのはわずかに二三世帯（うち九世帯は未亡人世帯）でしかなかったのは、「村役場」がまともに取り合ってくれなかったからだという。元労組支部長の次のような言葉を紹介している。

「村役場が全然受けつけてくれんとですもん。まるっきり乞食扱いですけんが」「やれ、失業者のくせに煙草を吸うとは何事か、やれ、子供を生むとは何事か、そげなぜいたくなことをするやつに生活保護はやられんちうて、いいたか放題ですたい」「いやそれぐらいならまだよかほうですたい。生活保護のなかに水道代の二四〇円も見込んでくださいちうて頼みにいったところが、「なに、水道代？　働きもせんやつに水道がいるか。川の水であまっちょる。川に水をくみにいけ。なんぼでも川があろうが。川の水ならただで済もうが」ち、これですけんなあ。」（上野 1960：167）

上野によれば、その背景には炭鉱労働者を「下罪人《げざいにん》」と貶《おとし》めてきた差別の構図がある。とりわけ、中小炭坑を移動して回る労働者とその家族への眼差しは厳しい。海老津で生活保護を利用している世帯の一例として、次のものがある（上野 1960：170－178）。

この男性は海老津の炭鉱で働いていた元坑夫で、現在は梅毒と神経痛のため、体が思うように動かない。まだ四九歳なのに老人かと上野は見間違えている。親子五人に妻の妹が加わった六人家族であるが、生活保護費は五五〇〇円の支給。同じ年の東京都の保護世帯の消費水準は六人世帯で一万六〇〇九円である（厚生行政基礎調査）。東京と鹿児島の小村という地域差を考慮しても、東京で生活保護を受けている世帯の三五％程度では、上野でなくとも「そりゃ、ひどい」と言わざるを得ない。その理由は、同居している妻の妹が世帯分離（第五章で詳述）で保護費にはカウントされず、さらに博多のパチンコ店に住み込みで働いている長女の仕送りを見込んでいるからだという。だが、長女は仕送りをしていない。その理由は、中学校に通わせてもらえず、父親を恨んでるからだとこの男性は説明する。

義務教育制度が六・三制（小学校・中学校）になってからも、子どもを学校へやれなかった貧困家庭は、炭鉱に限らず、少なくなかった。現在でいえば不登校だが、当時は「長欠児童（長期欠席児童)」と呼ばれ、すぐ後で述べる「寄せ場」やスラム地域の子どもたちに共通する問題であった。隅谷の調査では、子どもたちの世代も、必ずしも安定した職業生活を築くまでに至っていないことが示唆されたが、少なくとも義務教育は終えて就業しているし、三分の二は仕送りをしている。この海老津の例では、炭鉱労働者世帯の貧困の結果として娘の不就学があり、これによって親子関係がこじれた結果、親の保護水準を低下させているともいえる。

氏原・江口のモデルでは、不安定就業層が母体となって生活保護層が生まれていく。ところが閉山間際の中小炭鉱では、生活保護に至るまでが長い。移動を繰り返し、子どもの不就学のほか、生活用品の売却と売血でしのいできた現実がある。当時、日本の血液事業は主に民間の商業血液銀行[9]が集める売血に依存しており、保存血液の九割以上が売血によっていた。このため売血は、炭鉱だけでなく、ニコヨン生活者にとっても、すぐ後で述べる山谷や釜ヶ崎などの寄せ場の日雇労働者やバタヤたちにとっても、仕事にあぶれた日の貴重な「売り物」であったし、〝監獄〟炭鉱などはそれを見込んで労働者を酷使している。だが、多量の売血は、厳しい労働と相まって、労働者の健康を損ねていく。その結果、血液が薄くなって売れなくなる。先のS炭鉱で働いてい

9――敗戦後、輸血対策を進めるためにGHQは厚生省および東京都と協議し、保存血液を供給するための血液銀行を設置することを指示した。日本赤十字社の献血によるものの他、供給量を確保するために民間の血液銀行が各地に設立された。これらの商業血液銀行は、血液を買い取っていたことに特徴がある。一九五一年の日本ブラッドバンク(のちミドリ十字)が日本初。

た労働者は、次のように言っている。

その日もわしは朝五時から歩いて八幡の厚生年金病院に血を売りにいった。ひどい、どしゃぶりの雨の日やった。ところが、断わられてしもうた。なにか水薬のうえに血を落して検査するとばってん、固まるはずの血がパーッと散ってしまうとたい。薄うて粘りがないとたい。急に体中の力がぬけてしもうて、たちあがることもできんやった。（上野 1960：32）

固まらない血は「黄色い血」と呼ばれて、「売り物」にすらならなかった[10]。

ここでの問題は、生活保護に至る過程で、売れるものは血液まで売ってしまっており、次世代による生活再建の芽も摘み取られているということである。こうした状況の果てに「陥没」した生活保護生活も、むろん余裕があったわけではない。だが一九六〇年代前半には、とりわけ九州北部の保護率が上がったことを根拠として、炭鉱失業者は「まじめに働こうとする意欲を失っている」「生活保護にアグラをかいている」といった批判を受けるようになる。また集団申請が団体圧力となったことに危機感を持った自治体は、北九州市のように、厚生省とともに、働けるはずの「重点指導ケース」の洗い出しなど、「適正化」の方途を模索しはじめていく（北九州社会福祉協議会 1996：17−46）。だが、上野は「意欲」について次のようにいう。

彼らが労働意欲を失っているという表現も正確ではない。失っているのではなくて、奪い去られているのだ。破壊されつくしているのだ。（略）／労働意欲だけではない。およそ「意欲」だとか「欲望」だとかという名をもって呼ばれるものの一切が、それこそ粉微塵に破壊されつくしているのだ。（上野英信『追われゆく坑夫たち』一八四頁）

「寄せ場」地区

一九九五年の夏、新宿西口の地下道で路上生活をしていたLさんに話を聞いたことがある（岩田2000：204−205）。

Lさんは長崎出身で、当時五〇代の男性。路上生活は三年に及んでいた。父親や兄たちは炭鉱夫で、Lさん自身も中学一年の頃より炭鉱で働いていたという。中学を卒業したのは、おそらく一九五八、九年頃であるが、閉山によって炭鉱夫の途は断たれ、中京のクリーニング店に集団就職した。隅谷の調査ではY炭鉱の女子三名の就職先として中京のクリーニング店（工場）が挙げられていたが、それと類似していたことには驚いた。だがそこは長く続かず、パン屋などへ転職

10――一九六四年、ライシャワー駐日アメリカ大使が暴漢に襲われ、手術の時の輸血が原因で肝炎を発症したことがきっかけとなり、「黄色い血追放キャンペーン」が展開された。六〇年代半ばには、献血制度へ切り替えられ、「最後の売り物」の途は断たれた。

した後、東京へ移動して建設日雇となっている。オリンピックを控えた東京には「建設の仕事はいっぱいあった。とびの手元（補助手伝い）なんかやってね。ずーっと続けてきた。泊まるところはドヤ。山谷から行ったこともあるよ。でもだいたいは馬場から行くことが多かったかな。万博の頃は大阪でも働いたし、青函トンネルの時は北海道にも行ったしね。レールを敷く仕事。あっちこっちね。もうわかんなくなっちゃったよ。いろいろ行ったから」（同）

Lさんが「山谷から行った」「馬場から行った」と言っているのは、「寄せ場」のことである。当時、Lさんはそこで建設日雇の仕事を見つけていた。「寄せ場」あるいは「寄り場」とは、日雇や臨時労働などの労働力を売買取引する場のことであり、職安の労働出張所での紹介のほか、その周辺の路上での、売り手と買い手による自由な（一部不法な）取引が行われる場をいう。Lさんの言う「馬場」とは東京・高田馬場の西戸山公園近くにあった労働出張所[11]（日雇専門の職安）周辺を指し、山谷は後述のように東京の代表的な「寄せ場」地区である。誰から聞いたのか分からないが、炭鉱労働から閉め出され、集団就職先にも馴染めなかったLさんのような単身の若者が移動した東京には、保証人も必要でなく、ポンと肩を叩かれて、その日から仕事にありつける、こうした「寄せ場」があちこちにあった。経済成長の波に乗った産業にとっては、必要なときだけ雇える安価な労働力を得るための不可欠な仕組みであった。

このような経路で、その時々の労働力を特に必要としたのは、港湾を中心とする運送業と土木建築産業である。この二つの産業は、成長する諸産業のインフラ整備において、あるいはオリンピックや万博、青函トンネルといった大型プロジェクトの遂行に際して大きな役割を担っていたが、基本的に需要の発生が不安定で、受注のある時期には多くの人手を必要とするが、それが終われば不要となるという特殊性があった。しかも、当時はまだ機械化が進んでおらず、いま以上に人手を要する仕事が多かった。たとえば港湾荷役作業の機械化が進むのは、六〇年代末以降である。こうしたことから、重層的な下請組織が発達し、その末端に日雇労働者とかれらを臨機応変に「現場」または「飯場《はんば》」(作業員宿舎)へ送り込む人夫出し業者や手配師が位置付くこととなった。ここでの日雇には、失対日雇も含まれるが、主に民間での日雇である。

三大「寄せ場」

「寄せ場」には、駅や港などでの手配師を介した取引もあるが、高度経済成長期に大きな発展を遂げたのは、多くの簡易宿泊所＝ドヤをその地区内に持つ「寄せ場」地区である。簡易宿泊所は旅館業法に規定されたヤドの一つで、戦前には安宿と規定されてきたものである。こうした簡易宿泊所を多数持つ「寄せ場」地区は、同時にドヤ街でもあった。ドヤは、日雇労働者にとっては、その日の賃金で簡単に泊まれ、翌朝早くからの求職の場がそのすぐ側にある点で便利であったし、雇主には、そこへ行きさえすれば豊富な労働力の調達が可能であるという利点があった。このよ

11――現在は新宿ハローワークへ統合されている。

うな、ドヤ街でもある「寄せ場」地区の典型は、日本三大「寄せ場」と呼ばれてきた大阪・釜ヶ崎（のち、あいりん地区）、東京・山谷、横浜・寿町《ことぶきちょう》である。

これらの地区は、それぞれ異なった歴史を持っている。その詳細を描く紙幅はないが、以下の二点だけは記しておきたい。第一に、横浜・寿町は、復興期から高度経済成長期にかけて港湾労働への需要が高まったのを背景に、まさに日雇労働者のプールを意図して形成された地区である。[12]第二に、釜ヶ崎と山谷は、戦前からの木賃宿街が戦災で焼失したのを、戦後再建したものである。このうち山谷は、敗戦直後の「浮浪者」の収容先に頭を悩ませていた東京都が、青壮年の「浮浪者」の収容を、山谷の旅館主たちに依頼すると同時にテント村を作ったのが、その始まりである。このテント村は復興期には、バラック建ての宿泊所に代わって、一時しのぎではない本格建築のドヤが立ち並ぶようになった（岩田 1995：68）。これが高度経済成長期の日雇労働者をプールする役割を果たすことになった。[13]

仕事を求めて「寄せ場」にやって来る人も、ドヤに宿泊する人も頻繁に入れ替わった。また地区の境界には日払いアパートやバラックなども存在していたので、高度経済成長期にどの程度の人びとがこれらの地区で寝泊まりしていたのか正確には把握できない。一九六五年五月の大阪・西成署の調査では、釜ヶ崎は〇・六二㎢の地区に二一四軒のドヤが存在し、ドヤだけで一万五八五一名、日払いアパート四〇軒（一八五五名）、バラック一五三軒（五三六名）を加えると、一万八二四二名ということになる（釜ヶ崎資料センター・釜ヶ崎年表）。横浜・寿町はさらに狭い〇・

○六ｋ㎡に、一九六一年当時でドヤ四九軒、宿泊者五一四一名（うち家族持ち二二・七％）、七一年時点では八六軒のドヤがあり、宿泊人は推定約八〇〇〇名である（神奈川県匡済会 1976 : 5, 62)。東京・山谷は一・五ｋ㎡（密集地域は〇・八四五ｋ㎡）の地区に六三年一〇月時点で二二二軒のドヤがあり、宿泊者数一万五〇八五名で、うち二人以上世帯一六八八世帯（三七八九名）であったという（東京都山谷福祉センター 1964 : 14–15, 17)。

図 3-4　山谷労働者の年齢分布

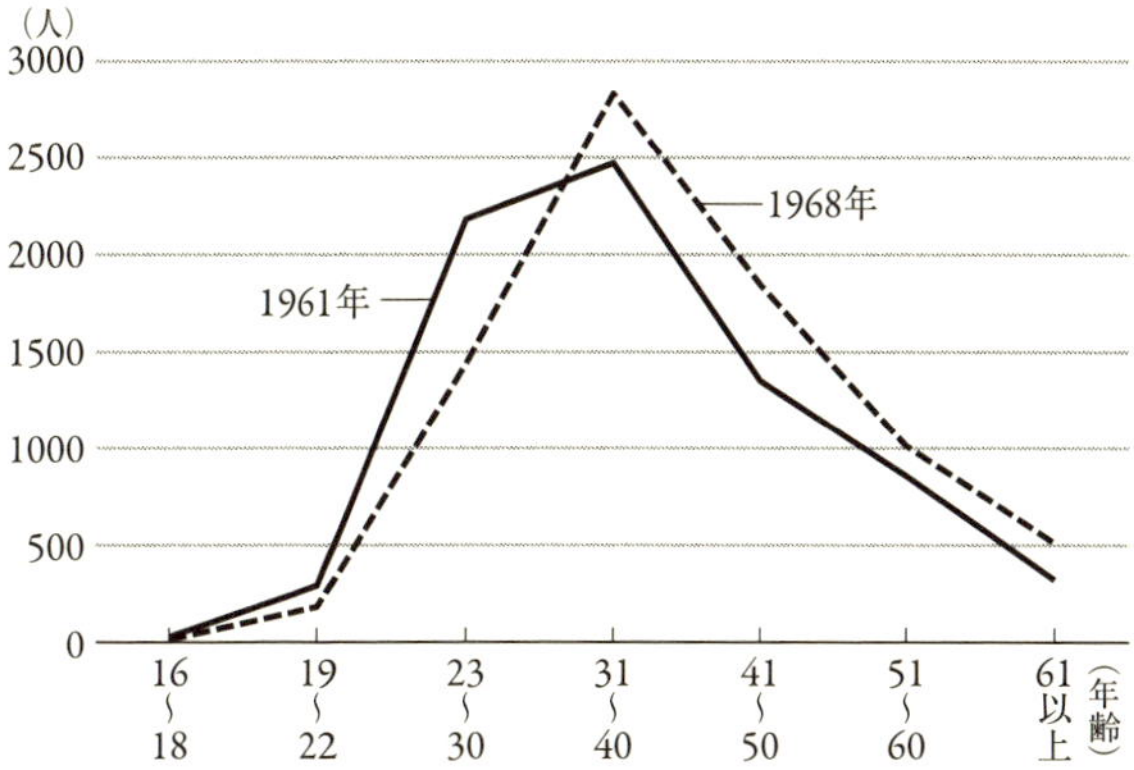

資料：東京都労働局（1969）「山谷地区の労働事情」.

　いずれの地域にも女性や家族持ちがいたが、その割合は小さい。ドヤ住まいの生活環境の悪さや、子どもの不就学、長期欠席問題などから、一九六〇年代半ば頃から家族世帯は公営住宅などへ誘導されるようになり、単身男性の街としての性格が次第に強まっていく。図３－４は山谷の労働者の年齢分布を見たものである。高度経済成長期の前半を示す六一年、後半を示す六八年のいずれにおいても、二〇～三〇歳代の若い労働力が中心であるが、六八年はやや三〇～四〇歳代へとズレている。居住年数でいうと、六一年時点で三年以上が五七％、六八年段階では六九・七％と、長く「寄せ場」で生活する人が増える傾向がある。
こうした動きは、オイルショック後の「寄せ場」の高齢化をすでに予兆しているが、ともあれ一九六〇年代の「寄せ場」には、若くて元気な男性単身労働者が集まっていた。では、これらの労働者はどのような経路で仕事を得ていたのだろうか。

「寄せ場」の労働と生活

不安定就業階層と貧困化を研究していた江口英一は、六〇年代後半には山谷の調査もしている。江口は、山谷での仕事の探し方を次のように描いている。

「山谷」の朝は、冬でも夏でも、おそくも平均五時には明ける。労働市場がひらかれる。いちばん早くひらかれる電車通りの第一の青空市場にあつまった若い日雇い労働者の群れは、手配師によって呼ばれたり、肩をたたかれたりしてつかまえられ、現場に向かわされる。しかし、思うような仕事にありつけなかったものは、六時三十分にひらかれる第二の市場としての「センター」に急いで向かう。そしてそこでも、壮年者で、賃金が安くからだにつらい現場しか見つからぬといったものは、ついで六時四十五分に窓口をひらく玉姫出張所に向かう。ただし、職安のカードをもつものだけではあるが。（略）／出張所では、まず、民間求人先の札が、人数と場所、賃金を書いて、馬券でも売るような求人窓口の上にぶらさげられる。輪番制により、百番単位ごとに柵の中に呼びこまれ（牛か馬のようである）、そして条件のよいところから順次に求人はみたされ、求人札ははずされていく。（略）／（略）朝、出張所前にあつまった人びとは、ぶらさげられた求人札を柵の外で遠くからながめながら、賃金、労働強度、場所、仕事の内容、つまりよごれなどや自分のからだのことを考え、「適当な仕事」がないと判断すると、「呼びこまれぬさきに」、ぼつぼつ帰ってしまう。（江口1969：44−45）

山谷や釜ヶ崎のような「寄せ場」には、職安労働出張所のほか、「寄せ場」専用の労働センター（労働福祉センター）が作られており、さらに路上での自由な取引があった。江口が描く第一の青空市場は手配師が活躍する自由な労働市場で、「職安とは対照的に、いわば山谷日雇労働者のクリーム（上澄み：引用者註）がここに集中してくる」（西岡1974：40）。そのいずれでも仕事に

12――もともとこの地区は埋地で、戦後はGHQに接収されていた。埋地は河川に囲まれた埋立地のことを指し、この言葉は主に横浜で使われている。当時、横浜の「寄せ場」は桜木町駅前（柳橋畔職安労働出張所）にあり、宿泊所不足で水上ホテルが多数生まれた。水上ホテルとは、艀《はしけ》を改造したものだが、定員超過での営業もなされていた。この水上ホテルは転覆事件もあって廃止の方向となり、陸地での宿泊所の建設が課題となった。一九五七年に接収されていた埋地が返還され、ここに二軒の簡易宿泊所が建設され、さらに職安労働出張所が埋地寿町へ移転することによって、寿、松影、扇、長者の各町にまたがるドヤ街が成長していった（神奈川県社会福祉協議会1965：4−5）。

13――元民生局の久保田陽氏へのヒヤリングでは、山谷は民生局が作ったと述べている。

ありつけなかった労働者が最後に覗く職安労働出張所は、職安の登録日雇であり、既に述べた失対労働のほか、民間日雇、港湾登録日雇がある。やや中高年齢者が多く、職種にもよるが、賃金も相対的に低い。第二の労働センター（労働福祉センター）は、第一と第三の中間の役割を果たしているという。この他、「直行」とか「顔づけ」といわれる、親方や友人のつてで特定の工場や現場へ長期間、通うケースがある。ただし、日雇であることに変わりはない。

以上のように、労働市場を移動しながら得る仕事には、その日限りの仕事もあれば、「出張」と称して、「飯場」「現場」へ入る長期の仕事もある。江口は、西成労働福祉センターの一九六七年事業概要から、「飯場」求人のあった事業所の位置を推測しているが、京都、奈良、和歌山、神戸まで近畿一円に広がっている（江口 1969：38）。「飯場」から「飯場」への移動もあることを考えると、「寄せ場」はたんに日雇労働力の供給源であるというより、そうした「飯場」や「事業所」を転々と移動する労働者の「中継地」、つまり巨大な駅であり、働けなくなった時にはここに帰ってくる「終着駅」ではないか、と江口は述べている（同：39）。

ドヤ街での生活に移ろう。

当時のドヤは、ベッド式、個室、大部屋があり、またそれらの併用があった。ベッド式は蚕棚《かいこだな》式のもので、一九六八年当時の山谷では一泊一七〇～二五〇円である。個室は三畳で、一泊三五〇～四五〇円。三畳以上になると、かならずしも一人で利用するとは限らず、相部屋として使うこともあったという。大部屋はすでに少なくなっていたが、一五畳ほどの部屋へ入れ込み（共用）で一〇〇〜一五〇円である。コイン式ガス台などを備えている場合、家族持ちなどは自炊することもあったようだが、通常は地区の食堂や屋台などを利用する。

図 3-5　日雇労働の日賃金（1968）

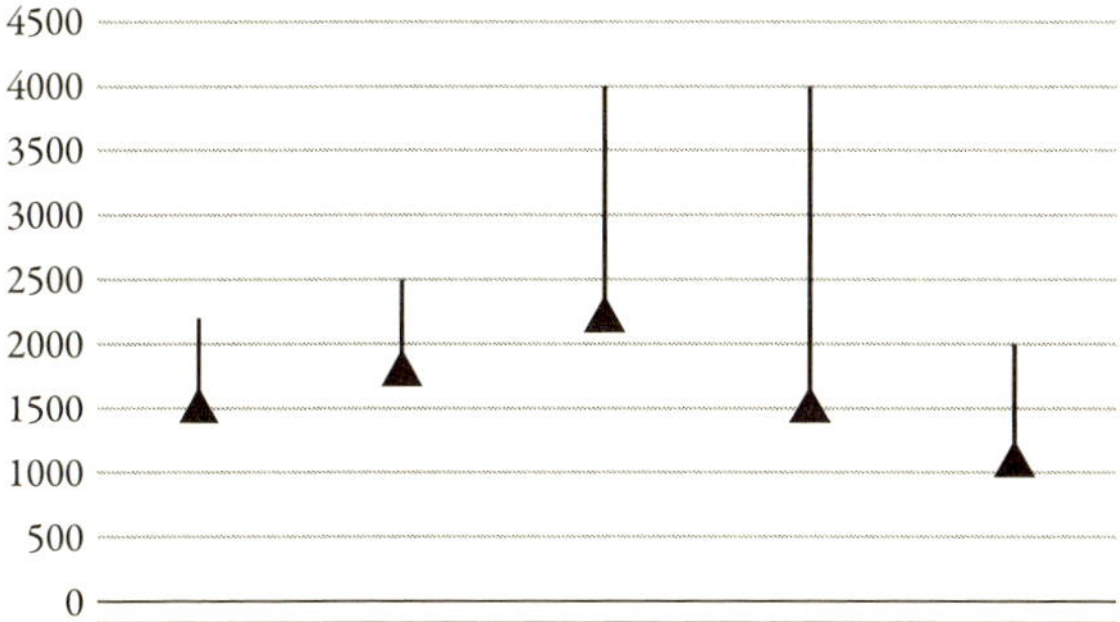

	軽作業人夫	重作業人夫	とび工	港湾荷役	陸上運輸
最　高	2200	2500	4000	4000	2000
最頻値	2000	2200	3500	2000	1800
▲最低値	1500	1800	2300	1500	1200

注：「港湾荷役」は労働センター経由，それ以外は手配師、「とび工」はその他.
資料：専修大学（1974）「社会科学年報」より加工.

地区には、食堂、屋台、酒屋、古着屋、喫茶店、パチンコ店、屑物商、銭湯などが軒を並べており、労働者の生活を支えた。当時の寿町などはドヤのトイレが少なかったので、公衆便所が不可欠だったという。その意味でドヤ暮らしは、ドヤ内で完結せず、「寄せ場」地区全体を基盤としたものであった。「あおかん」と称する野宿も、当時は「寄せ場」内で行われていた。こうした次第で労働者は、身の回り品を最低限持っていれば生活できるようになっていた。

図３－５は、専修大学社会科学研究所が実施した山谷労働者実態調査（一九六七〜七三年）が明らかにした日雇賃金である。もとの資料は紹介経路別になっているが、ここでは手配師から仕事を得た場合に限定し、そこにおいて最低

表3-1　山谷労働者の1カ月収支（1970年39歳男性単身事例）

	就労日	不就労日	月合計
就労収入	38,868		38,868
借金		1,500	1,500
貸し金戻る	1,150		1,150
血液銀行（売血）		1,300	1,300
収入小計	40,018	2,800	42,818
消費支出	25,484	10,750	36,234
食費	8,714	4,725	13,439
ドヤ代	8,780	1,900	10,680
衣料費	135	0	135
交通費	990	260	1,250
娯楽・文化	2,170	1,000	3,170
嗜好品	2,385	2,745	5,130
その他	2,310	120	2,430
借金返済	2,400		2,400
支出小計	2400	10,750	38,634

資料：専修大学（1974）「社会科学研究」p.100-106を再計算.

額と最高額のほか、最も頻繁に出現する額（最頻値）が分かるようグラフにしてみた。最も賃金が高いのはとび工と港湾荷役の四〇〇〇円であるが、港湾荷役はオールナイト（徹夜作業）の金額である。したがって、とび工が最も高く、「一種の「貴族層」を形成しているようにみえる」（西岡 1974：46）。他の職種も、最頻値で見ると、都内平均の日雇賃金より若干高くなっている。

ここから、「寄せ場」の賃金は高いという結論が導かれるかもしれない。実際、そのことが知られるようになって、若い人びとに「山谷に行けばなんとかなる」と思わせてきたところもある。とはいえ、これは青空市場の最高額または、多くの人が得ている金額の話で、最低額を見れば、一二〇〇～一五〇〇円である。しかも、月に何日働けるかで収入はだいぶ違ってくる。港湾荷役をオールナイトでやると、翌日は休まなければ体がもたない。さらに貧困との関係でいえば、ドヤと「寄せ場」地区での物価の問題がある。専修大学の調査では、二人の労働者の家計状況が取り上げられている。表3―1は、そのうち一九七〇年六月のある単身男性（三九歳）の例を私が再計算して一カ月にまとめたものである。

月単位で見た山谷労働者の生活

この男性は、主に職安労働出張所を利用して陸上運輸や建設雑役をやっている。最低で二〇三三円（トラック助手）、最高で三五〇〇円（運輸、残業含む）の賃金を得ているが、当時の相場からすると、特に低いわけではない。ただ、六月は梅雨時ということもあり、仕事に就けたのは一五日で、不就労もそれと同じ一五日だった。収入は月四万円に満たないが、もし二〇日分働けていれば、五万円程度の稼ぎはある。だが、実際はそこまで働けていない。一カ月当たりの消費支出は就労収入をやや下回っており、借金返済を含めても、わずかだが、残金が出る。家計の消費のうち、食費が占める割合（エンゲル係数）は三七・一％、ドヤ代が占める割合は二九・五％、合わせて六六・六％になる。娯楽・文化費としては新聞と雑誌ぐらいのもので、嗜好品はコーヒーである。ギャンブルはやらない。こうした消費のあり方はいかにもドヤ街のそれであり、一五日の就労にしては、なんとかこの一カ月を乗り切っているように見える。だが、この家計を一日ずつ追っていくと、興味深い点が多々ある。

まず、仕事があった日の消費額はそうでない日の二倍以上であるが、これは仕事のない日にはドヤ代が払えないので、労賃を得た日に二日分とか三日分まとめて支払っていることによる。また、仕事がなかった日は、食事を抜いてコーヒーだけで喫茶店で過ごすことがあり、友人から一〇〇円、二〇〇円の単位で借金をしてもいる。その友人たちには、お金を貸してもいる。そうした、わずかな金額のやり取りは、あたかも貯金のように、互いの一日単位の生活の破綻を食い止めている。その上、ある日は血液銀行へ行って血液を売り、一三〇〇円の収入を得ている。炭鉱労働者と同じように、「寄せ場」の労働者も、売血を収入源の一つとすることが少なくない。

このように、月単位で見れば、なんとかやり繰りできているように見える家計も、日々の状況を見ると、まさに綱渡りである。こうした綱渡りがかろうじて続いている間、「寄せ場」の貧困は表面化しにくい。表面化させまいと、労働者たちは仕事を求めて移動して回る。わずかな残金を預金に回す人もいる。当時、山谷の貯蓄組合[14]では四分の一の人びとの利用があった。それは、仕事のない時の生活費を確保しておく必要があるからである。なかには、家に仕送りをしている労働者もいる。専修大学調査では、「ドヤに泊る出稼ぎ農民」のケースがそれである。「オールナイトなどの過酷な労働に好んで就労し、生活費を切り詰めて郷里へ送金している」のである（西岡 1974：86）。青森の農家から出稼ぎに来ている三五歳の男性の場合、センターを通して目いっぱい働いて月に九万の収入。生活費は一日一〇〇〇円程度に切り詰め、五万円を郷里に送金しているという（同）。後に鎌田慧は、こうした出稼ぎ労働者の働き方を「賃労働の思想がない」と述べたことがある（鎌田 1976：34）。つまり、基本賃金がいくらか、何時間働くのか、自分の体はもつのかなど、ほとんど気にかけず、最終的にいくら入るかだけで、目いっぱい働いてしまうのである。

だが病気や怪我をした場合は、日々の綱渡りも、出稼ぎ労働者のギリギリの働き方も、破綻する。いくら若くても、労働が過ぎれば死亡する場合もある。病気が深刻な場合は生活保護を利用せざるをえない。[15] 一九六八年の荒川区の調査では、「寄せ場」地区では、青壮年の肺結核と精神疾患（アルコール依存症）による短期保護が多いと報告されている（荒川区福祉事務所 1968）。

「寄せ場」の暴動

このように貧困が表面化しにくい「寄せ場」地区が社会的に注目されたのは、一九六〇年に山

14――山谷地区に一九六六年に設立された東京都城北貯蓄組合のこと。地区労働者に貯蓄を奨励した。同様のものとして釜ヶ崎には「あいりん貯蓄組合」があった。両者とも現在は解散している。

15――東京都城北福祉センターの「山谷――現況と歴史」（一九七二）によれば、山谷地区の保護率は三・六％、台東区全体の一・七％、荒川区全体の二％を上回っている。なかでも母子世帯、老齢者と子ども世帯の七五％が生活保護を利用している。だが、母集団としての人口が流動的で、住民登録者がきわめて少ない山谷地区で保護率をどう計算したのか疑問は残る。他方で一九七〇年の城北福祉センター事業概要に掲載された「簡易宿泊所宿泊者の生活調査」では、生活保護を利用している人は一〇・六％となっている。これは調査対象となった計八六四四名のうち、利用しているると回答した九一六名の割合である。

谷で、翌年には釜ヶ崎で生じた、いわゆる「暴動」によってである。
山谷の場合、初めは正月のパチンコ台をめぐる争い、二回目は七月末の窃盗容疑の少年の連行、三回目は八月の労働者同士のけんかへの警察の対応の仕方がきっかけとなって投石騒ぎが起きた。一九六一年の釜ヶ崎の場合は、日雇労働者がタクシーにひかれた際の、警察の対応の仕方をめぐって「暴動」が発生した。この二つの地区では、その後も何度か「暴動」が発生している。こうした背景には、不安定な就労で綱わたりの生活を送らざるを得ない日雇労働者の「不満」があるとの見方が生まれ、いわゆる「寄せ場対策」の必要性が叫ばれることとなった。売血や子どもの不就学なども、その中で問題になっていく。しかし、釜ヶ崎で港湾日雇に従事した平井正治は、その不満は、単に経済的な理由だけでなく、「寄せ場」労働者を人間扱いしていないことに起因すると言う。彼は、釜ヶ崎の最初の「暴動」の様子を次のように述べている。

第一次暴動の発端になった交通事故、六二歳の労働者がタクシーにはねられて、体がケイレンしてるのにムシロかけて、死体扱いした。そのことから騒ぎが起きたんやけどね。その時に西成署から来た警部補が、「おまえら、税金払わんと文句ぬかすな」と。「税金泥棒」と、巡査にはみなそない言うた。税金泥棒言うてる相手に、おまえら税金払うてない言われて、爆発したんやね。それが今度は、ヤクザが石持ってけしかけてくる。／（略）ヤクザがあおるのは、自分らの事務所に労働者の矛先が向かってくるのをおそれたんです。（平井正治『無

縁声』一三五－一三七頁）

平井が「ヤクザ」と言っているのは、手配師を束ねている暴力団の組のことである。手配師にいいように搾取されていることへの不満は、専修大学の先の調査からも窺える。次のような、山谷の労働者の「意見」があったという。

手配師については、「くたばれ！」「廃止」「あくどいのがまだ居る。とくにモグリの手配師がそうだ」など、労働センターについては、「雇主のいいなりになっており、俺達の声には耳を貸さない」「センターは、俺達が一人前に働けないものと頭から決めてかかっている」「職員のなかには、腹の中では俺達を軽蔑しているものがいる。とにかく、職員の言葉遣いが戦前のポリ公なみだ」といった不満を述べる。ドヤについても、「シーツの洗濯がひどい。二週間以上もとりかえてくれない」「番頭が威張っている。持ち物など留守中に勝手に調べる」と、客扱いされていないことへの鬱憤がある。

一見すると「高賃金」で、簡単に仕事に就け、ドヤに泊まれば生活できると思って、「寄せ場」へやって来た人びとであるが、実際にはどうにか食いつないでいる状態だけでなく、まっとうな人間として扱われていないと感じることも少なくない。それは地区内だけのことではない。むしろ、これら「寄せ場」地区を安価な労働力の供給源として必要とした高度経済成長期の日本社会が、自分たちとは関係のない病理現象としてこの地区の人びとを扱っていたのである。だから、「好奇心で俺達を眺めないでほしい。（略）山谷を労働者の街として正当に評価してほしい」と、願わずにはいられない（西岡 1974：54–57）。

「暴動」のときの投石は、そうした不条理を社会へ投げかえしたものといえるかもしれない。むろん当時の「寄せ場」でも、労働組合による地道な「現場闘争」（平井 1997：191–198、343–347）はいくつもなされており、互助活動、文化活動[16]なども存在した。だが、失対労働者と異なって、出入りが激しく、単身男性の多い「寄せ場」では、なかなかそれらが実を結びにくく、手配師に妨害されたり、多様な運動体同士の対立が続いていくのである。

3　スラム総点検と生活保護の集中地区

スラム問題と住宅地区改良法

被保護層やボーダーライン層、あるいは日雇労働者などが住む地域は、スラムと称されることが少なくない。ドヤ街もスラムに分類されることがある。スラムの定義は必ずしも明確ではないが、「外観的には不良住宅であり、内面的には困窮者の密住地区であり、その地区があるために都市悪の温床となり、全市民の負担となる地区という概念」（新海 1962：3）が一般的だと新海《しんかい》吾郎は述べている。つまり、貧困が空間的に集中しているので、「都市悪」になるというのである。

この定義から言えば、すでに見た仮小屋集落もむろんスラムであったが、不法占拠によって形作られた仮小屋集落の場合、早期の強制撤去が企てられた。だが、その全面的な解決には長い時間を要し、高度経済成長期を通して、いくつかの集落が存在し続けていた。この問題に加えて、「戦後の住宅の質の低下――特に終戦直後に建設された応急簡易住宅や、旧軍用施設を応急的に転用した住宅等は、約一〇年を経過した今日、荒廃、危険な状態になっているもの」（建設省住宅局 1954：13）があった。こうして高度経済成長期には、戦前から続くスラムも含めて、スラム一般に対する社会的な関心が高まっていった。

スラム問題を解消するために一九六〇年に制定されたのが、住宅地区改良法である。基町などの仮小屋集落の撤去にもこれが使われたことは、前章ですでに述べた。建設省住宅局は、それ以前からスラムの判定基準の策定や実情の把握に努めていた。まず一九五〇年に、人口二〇万人以上の二〇都市を対象に、不良住宅地区概況調査を行い、一八七地区、戸数三万六〇〇〇戸、世帯数四万六〇〇〇、人口一八万一〇〇〇人という結果を得ている（建設省住宅局 1954）。五一年には、東京、大阪、京都、名古屋、神戸の五大都市二四地区について調査し、アメリカで行われていた

16――山谷の住民運動については、竹内善徳「戦後における山谷の住民運動史」に詳しい（東京都城北福祉センター 1972）。子供会、炊き出しのスタート、城北福祉センターへの要求、「月曜話す会」など学習会も開かれていた。

「住宅採点評価法」[17]による不良地区の判定基準の合理性を測ろうとした（建設省住宅局1952：7–40）。さらに五三年には、市制が実施されていた二八六市について、概況を得るための調査を行っている。

各自治体や福祉機関、研究者によるスラム調査も盛んになった。東京都民生局が一九五七年一一月に実施した「東京都地区環境調査―都内不良環境地区の現況―」[18]（一九五九）では、すべての街区ごとの詳細な調査が行われている。六六年には、雑誌『住宅』が「スラム特集――住宅の底辺」を掲載している。スラム問題に対する東京都の関心の高さは、首都として都市計画を進めなければならないことに加えて、日本が五一年に国際オリンピック委員会に復帰後、六〇年のオリンピック大会に立候補したこととも関連していよう。その実現は六四年の大会に持ち越されたが、五五年の段階で都議会は六四年大会招致の決議をしており、首都から「都市悪」を一掃しようという機運がみなぎっていたのかもしれない。他方で雑誌『住宅』の特集は、六〇年代の「底辺」ブーム[19]とも言うべき現象の一つとも思われるが、「スラム研究グループ」がスラム研究の方法論を問うという、やや理屈っぽい内容である。

スラムの分類

東京都民生局の調査も、雑誌『住宅』の特集も、まずスラムの分類を行っている。

東京都民生局調査の場合、①戦前からのスラムを含んだ一般老朽住宅、②戦災によるバラック集団、③戦後になって応急的に作られた極めて低質な都営仕宅群　④政府が建てた低質な引揚者定着寮、⑤その他（簡易宿泊所、船舶など）の五つ。②はすでに述べた「仮小屋」集落のことで、⑤の一部に「寄せ場＝ドヤ街」が含まれる。この分類の仕方は、建て方と質に着目したものであり、「外観」を重視している。一般老朽住宅と仮小屋との区別は難しいが、本建築で建てられていれば前者、それ以外の素人が作ったバラックや壕舎は後者と考えられている（東京都 1959：51）。

雑誌『住宅』の場合、①同和型スラム、②バタヤ型スラム、③ドヤ型スラム、④老朽型スラム、⑤朝鮮部落型、⑥災害型（応急転用）スラム、⑦木造密集型スラム、⑧農山漁村型スラム——の

17——採点評価法とは、住居の質を評価するのに適当な項目を選び、各項目についてその重要度に応じて減点していき、その合計の多少によって判定しようとするもので、一九五一年八月に千葉県市川市でまず試みられている。
18——区部、市部、郡部の全部にわたり、福祉事務所を調査主体として、「不良環境地区」の概況票と住居および世帯調査票により街区の細部にわたってほぼ全てを把握し、不良環境度の判定を行っている。ここで「不良環境地区」とは、「区市町村全般の居住水準よりみて一段と低い水準にあると思われる住居が、悪い環境のもとに密集し、低額所得者または要保護者が集り住み、衛生、風紀、公安、火災等の有害または危険のおそれのある地区をいう」と定義され、その選定は、民生局より配られた資料に基づき、地区調査班長が行うものとされた。調査は実地踏査と面接調査である。
19——溝上泰子『日本の底辺——山陰農村婦人の生活』（未来社、1958）が嚆矢とも言われ、他に『現代日本の底辺』全四巻（三一書房、一九六〇）、『日本の貧困地帯（上下）』（新日本新書、一九六九）、『日本残酷物語』全五部（平凡社、一九五九－六〇）などがある。

八つに分類している（スラム研究グループ1966：63）。この分類は全国を視野に入れているので、①同和型が区分され、農山漁村型スラムへの言及がある。これは、それぞれのスラムがいかなる歴史性を背景に形成されたかを重視したためだという。ただし、『住宅』の特集にしても、東京都民生局の調査にしても、どの地域がどのカテゴリーに該当するかの整理には問題なしとしない。特に『住宅』の場合、ある地区は複数の型の複合として示されている。たとえば前章で取り上げた基町は、①②③④⑤⑥の複合とされているが、これは地区というより居住者の特徴を全て入れ込んだ観がある。

なお、「同和型スラム」については、一九六五年の同和対策審議会の答申に見られるように、その対策として総合的事業が提起され、六九年に公布された「同和対策事業特別措置法」の下で対応がなされることとなった。また「ドヤ型スラム」も、山谷と釜ヶ崎では「暴動」がきっかけとなって特別対策の対象となっている。このため、この二つの型は、政策的には他の「貧困の空間的集中＝都市悪」とは別枠に位置づけられることになった。

本木「バタヤ部落」

「東京都地区環境調査」によれば、一九五七年時点の東京のスラムの総地区数は二七三で、街区数は五八一、棟数は七六二〇、住居数は一万七九六〇戸であった。その多くは区部に存在していた。図3－6に示したように、一般老朽住宅地区が五四％と過半数を占め、次いで仮小屋集団地区が二五%、引揚者定着寮が一〇%、応急都営住宅が八%、その他三%となっている。

その規模としては半数強が五〇戸未満であり、後に述べるように、建設省の不良住宅地区の定義に合致していない。そのうち三〇〇戸以上の大規模スラムは三カ所あり、三河島（三二五）、世田谷郷（七九九）、本木（二カ所計二二九五戸）がそれである。

三河島の場合、戦前から続くスラムの代表格で、千軒長屋でも知られていたが、戦災で大半が焼失し、長屋六棟が焼け残った。焼け跡には戦災者用応急住宅や不良住宅改良事業で建てられたアパートがあり、それらも含めてこの調査の対象となった。

図 3-6　東京都不良環境地区の類型

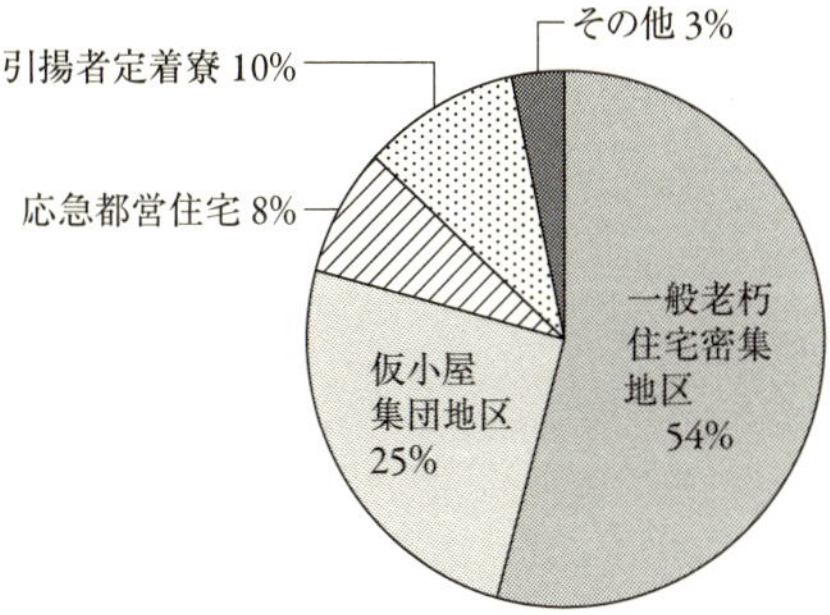

資料：東京都（1959）『地区環境調査』.

世田谷郷は引揚者定着寮の代表的なものである。本木は、雑誌『住宅』でも取り上げられた、戦前から続く「バタヤ部落」の典型例である。関東大震災後の都市改造の中で、一九二七年には日暮里、三河島地区のバタ建場業者が、荒川放水路以北へ退去するよう警視庁に命じられ、二八年には足立区本木町に「建場百数十軒、拾集人約四千人を収容する一大部落が形成された」（東京都資源回収事業協同組合 1970：32）。東京都の分類では老朽一般住宅地区ないしは仮小屋地区とされるが、前章で取り上げた「蟻の街」など戦後の仮小屋バタヤとは異なり、伝統的なバタ建場業者が拾い人を丸抱えする

「バタヤ部落」である。
足立福祉事務所は、都の一九五七年調査を担当したことをきっかけに、地域の内情に最も詳しい福祉事務所相談員の共同作業によって、『バタヤ部落――本木町スラム』（一九五八）という報告書を作成している。その中で、バタヤの生活は以下のように描かれている。

本木町バタヤの大部分は他のスラムにおけるバタヤと同様に仕切屋によって建てられた長屋（バタ部屋と呼ぶ）の一室に居住し、同じく仕切屋によって貸与された車（バタ車と呼ぶ）をひいて資源回収即ち屑拾いを行い、回収した屑を仕切屋に買上げてもらい、（仕切るという）それによって得た収入で生計を維持している。（略）／バタ車一台に荷を満載するには、バタ籠で十八杯から二十杯の屑を必要とする。バタ籠一杯に屑を拾うには二時間かかるとのことである。従って、車に荷を満載するには、四十時間から六十時間かかることになる。警視庁のとりきめによりバタヤの屑拾いができる時間は日の出から日没までということになっているから、とても一日単位の仕事というわけにはゆかない。そこで、どうしても車の中や、神社、仏閣等に野宿しなければならなくなる。野宿は冬に多い。これは冬の季節は日の出から日没までの時間が短かく、屑物の拾集がはかどらないという理由によるものであろう。（略）／仕事にでかける時は、一人で行く時もあるし、夫婦で行く時もあり、また子供を一緒に連れて行くこともある。写真11（省略）は子供を連れて行って仕事から帰ってきたところである。この写真では車の中に子供がいる。この子供は学令児であり、学校が休暇になっていない時であったから学校を休んで仕事に一緒に行ったことになる。このような子供はバタヤでは決して珍らしいことではない。／車に荷が一杯になると、自分の所属する仕切場に帰り、その荷を品目別に選分して仕切って（買上げること）もらうわけである。（東京都足立福祉事務所 1958：29−31）

本木町スラムの建物はすべて木造で、五坪以下が約七割、二坪以下が三二％と、狭い。その多くは借地である。拾い人だけでなく、失対労働者などが仕切場の部屋を借りることもある。仕切場の部屋は典型的な棟割長屋で、普通は三〜四戸の建長屋が密集している。これについて報告書は、「洗濯物を干してある竿が屋根から屋根にかけられている」（同：10）と表現している。子どもの遊び場はない。仕切場の部屋には押し入れがなく、ほとんど窓もない。入り口を入ると半間ほどの土間があり、寝室・食堂・居間兼用の二〜三畳の部屋が続く。家族の人数にかかわらず、多くはこの一室だけの生活である。天井はなく、屋根裏がむき出しになっており、裸電球一つがついている。もともと本木町は低湿地で、排水設備もなく、雨が降ると「一面の泥海と化し、長靴以外では歩行することができなくなる」（同：14）。水道は一応あるが、八四・七％が共同水道で、五〇世帯に蛇口が一つということも珍しくない。台所もないので、戸外で七輪をならべて炊事をする。トイレは戸外共用が六割強で、日当たりも悪いため、衛生状態が悪い。では、家計の状態はどうか。

このバタヤは五〇過ぎた単身者で今年二月六日出発し、翌日帰って仕切ったものである。どちらかというと真面目な働きものである。二日がかりで四五二円の収入であるから、一日に直せば二二六円となる。この調子で一カ月まるまる働いたとしても六、七八〇円である。一カ月のうちには雨の日もあろう。病に臥すこともあろう。おまけにこのバタヤは平均以上の働きをしているそうだから、（普通の）バタヤの月収はおよそ五、六千円位であると考えられる。（同：34）

この五、六千円程度の月収から、まず部屋代など仕切屋への支払いがある。最も多いのは六〇〇円で、日額二〇円。その内訳は部屋代が一〇円、バタ車の借り賃が一〇円である。その他の出費としては汲み取り料（トイレ）として大人が一〇円、子どもは五円、三人家族であれば計二五円、布団の賃料が一カ月で一五〇円、バタ籠を一つ借りるとその使用料が一カ月で五〇円、合計すると約八〇〇円となる。衛生費として石けんや風呂代を入れると、約一〇〇〇円となる。衣類や履き物は、屑の中から調達する。つまり、五〇〇〇―一〇〇〇＝四〇〇〇円が食費に回せることになる。エンゲル係数にして八三％である。この驚異的なエンゲル係数でも、本木地区のバタヤ世帯の平均人数である三人が四〇〇〇円の食費で暮らすのは厳しい。一カ月を三〇日として一人当たり一日分の食費は約四四円である。こうした中で医療費が必要になると、福祉事務所に相談せざるを得なくなる。「人工妊娠中絶の費用がなく、その目的だけで生活保護の申請がなされるのは、他の地域社会ではみられないことであろう」（同：37）。ちなみに、足立福祉事務所によるこの調査では、一〇・五％の世帯が生活保護の適用を受けている。

本木町スラムは戦前からの歴史を持つが、この調査によれば、拾い人が本木へ来た時期は、圧倒的に戦後が多い。先述したように、東京都は「仮小屋」生活者の収容を東資協およびその荒川支部支部長へ依頼しているが、それがきっかけで本木へ来た人もいるかもしれない。バタヤの場合、一見、人の出入りはあまりないように見えるが、そうではない。仕切場から仕切場への移動は多く、六割以上がそうした経験を持っている。特に単身者では、「今日居住していたからといって明日またいるとは限らない」という。家族持ちであっても、家族関係が不安定で、子どもを学校へ行かせないケースも多い。出生届が出ていない、その親の戸籍もはっきりしない、ということもあるという。極端な例ではあるが、「最近、十八になる女が内縁関係の結果、子どもを生んだので出生届をだそうとしたら、その女自身の出生届が十八年間も出されていなかった」というような「幽霊人口」があると報告書は指摘している。

こうしたバタヤの問題について、報告書は拾い人たちの向上心の欠如や、「性格の異常性」にその原因を求めている。知能の低さも挙げられているが、これは「浮浪児」「闇の女」と同様に、極貧の理由を語る際の決まり文句である。だがそれは、その人をめぐる諸環境によって後天的に形成されるのであって、この報告書にしても、世帯主の学歴が低く、小学校中退と無就学を合わせると四分の一に達すると指摘している。「妻などの学歴は想像もできぬくらい低いと考えられる。事実、生活保護を申請にくるバタヤの妻のほとんどは字が書けない。極端な者などは自分の生年月日も分らないくらいである」（同：39）。

「スラム改良」事業

一九六〇年の住宅地区改良法は、不良住宅という「外観」の改良を目指したものであった。東京都住宅局は六〇年から不良住宅地区の調査を行っている。表3－2は、その調査結果から六八年、七〇年の区部の状況を五七年の民生局調査と比較して示したものである。六八年、七〇年の不良住宅地区数は、五七年調査の時と比べて半分以下になっている。だが七〇年でも九九地区が残っていた。なかには足立区のように増えているところもあった。住宅地区改良法では、住宅地区改良事業の対象を、一団地の面積が〇・一五ha以上、不良住宅戸数五〇戸以上、不良住宅戸数割合八〇％以上などとしたため、五七年調査では約半分を占めていた五〇戸未満の地区が対象に含まれなかったことが影響している。東京都で六五年までに不良住宅地区の指定を受けたのは三三地区であった。大規模スラムの一つである世田谷郷は、六五年までに五八五戸の改良住宅に変わり、三河島のスラムの長屋は鉄筋の都営住宅になった。六四年の東京オリンピックへ向けて、特に都心の公共用地にあったスラムが「改良」の対象となりやすかった。

足立区にあった本木町スラムの場合、一九六一年から六八年にかけて、本木町民生アパート、本木町アパートなどが建てられた。本木隣保館も建設されている。だが、七〇年の調査でも本木バタヤ地区には一六五戸の「不良住宅」が残っており、スラムの解消には至っていない。また、都営住宅ではバタヤはやれないと、入居希望者は多くなかったと言われている（篭山 1981：178）。

だが、以下に述べる三つの要因によって、本木スラムは早晩、消滅するほかなかった。第一の要因は、道路の開通による立ち退きである。一九七一年には補助一〇〇号線といわれる道路が、西新井橋北詰めから環状七号線まで開通し、道路予定地にあった建場の立ち退きがあった。

第二の要因は、バタヤという産業それ自体の衰退である。ゴミ問題に頭を悩ませていた東京都は、オリンピックの二年前に道路のゴミ箱を撤去した。その後、六六年には台所ゴミ以外も都が回収する「雑物改修計画」を公表している。他方で、ちり紙交換のような軽トラックによる回収や、町内会や学校による自主回収の動きもあった。このため業者の転廃業が続き、バタヤの長屋はアパートに建て替えられた。

第三は、子どもの独立である。本木では、戦前から愛恵学園などキリスト教団体による地域改善への取り組みがあったが、戦後

表 3-2　東京都区部不良（環境）住宅地区数の推移

	1957 年	1968 年	1970 年
区部全体	231	107	99
足立区	8	13	14
台東区	11	11	10
荒川区	28	14	11
文京区	23	10	10

資料：1957 年は東京都民生局（1959）「東京都地区環境調査」，1968 年と 1970 年は東京都住宅局（1970）「不良住宅地区概要書」．

も大学セツルメント[20]などが医療活動や不就学児童解消運動などを行った。バタヤ内にも「みのり会」という親睦団体ができ、不就学児童の世話を親身になって行った。篭山京はその経緯を記録に残している。それによれば、不就学児童解消運動は、バタヤの子どもたちが小・中学校の課程を修了する際に支えとなっただけでなく、子どもたちが一人前の工員となって巣立つ際にも力になったという。中卒後の子どもたちは、近くの日立製作所亀有工場などに引っ張られ、その寮に入ることになる。中卒でも工場労働者の賃金は、バタヤの月収と比較にならないほど高かった。こうして、「後に残された親達は年老いて病弱になり、――長いどん底生活で、年よりも老け、体の弱い人が多い――生活保護を受給しながら、仕切屋の貸間に、居残っている」（篭山 1981：175）。

そして何が残ったか――生活保護からみた「問題地区」

厚生白書が「戦後は終わった」と宣言したのは一九六九年のことである。同じ年に、生活保護監査結果報告「六大都市における生活保護の現況と諸問題」（厚生省社会局 1969）がまとめられている。当時、生活保護を利用する世帯は、全国的には減少傾向にあったが、それに対して大都市では「特異な傾向」が見られ、その実態と背景を把握するために、この監査は行われた。つまり、この監査を実施した厚生省は、六大都市において、生活保護受給者が増えていることを「問題」視し、その状況を把握しようとしたのである。

対象となったのは、東京都、横浜市、名古屋市、京都市、大阪市、神戸市である。これらの地域の一九六五年から六八年までの三年間の動向から「問題地区」の特定、六八年の半年間の新規開始ケースの適確性の検討、六九年の「問題地区」のケース全体の適確性の検討が行われた。

ここで「問題地区」として特定されたのは①ドヤ街、②スラム街、③同和地区、④外国人地区、⑤公営住宅地区、⑥その他である。都市別に精査した結果、生活保護利用者が増える要因として、報告書は次の四つを挙げている。第一に、ドヤ街地区の不安定就労者と「浮浪者」の、生活保護利用者が増加したことによる影響、第二に、郊外型の公営住宅が大量に建設され、低所得層がそこに集住したことによる影響、第三に、集中または散在する同和地区での保護率の高さ（これはとくに西日本三都市）、第四に、「特定地区」に該当しないその他の地域で、低所得層が民間アパートへ流入し、高齢単身者で生活保護を利用する人が増えたことによる影響──である。

この報告は、「不良住宅」ではなく、人口に対する生活保護を利用する人口の割合＝保護率が高い地区という観点から「問題地区」を捉えている。言い換えれば、不良住宅という外観でもなければ、低消費水準でもなく、保護率の集中それ自体を正面から問題にしたという点で、新しい。語弊を恐れずにいえば、ここでは貧困＝保護率であり、その比率の高い地区が、財政負担の観点から「問題」とされたわけである。

20──大学セツルメント活動は、学生が直接地区に出向いて地区改善に取り組む活動。

ところがこの報告でも、「ドヤ街」と「スラム」は問題があるとされ、「浮浪者」という言葉がいまだに何度も使われている。また、伝統的な被差別地区として位置づけられた「同和地区」が、生活保護利用者が増加する大きな要因として取り上げられている。なお、六大都市には含まれなかったが、旧産炭地域の保護率の高さも、相変わらず「問題」視されている。

他方で、郊外の公営住宅への低所得層の集住、および「特定地区」以外の民間アパートなどで単身で暮らす高齢者などの、新たな貧困の「かたち」が、保護率との関係で浮かび上がらせられている。スラム地区の「改良」にとっても、ドヤ街の家族を対象とする対策としても、公営住宅の建設は切り札として期待されたが、この報告を読むと、実際にはそこに貧困者を「囲い込んだ」だけで、貧困それ自体は解消されていなかったことが見て取れる。「特定地区」以外の地域で生活保護受給者が増加し、特に民間アパートで生活保護を利用する高齢単身者が顕在化してきたことは、豊かな社会の中で貧困が不可視化されていくという、新たな貧困の「かたち」を暗示していたのである。

第四章

「一億総中流社会」と貧困

七三年のオイル・ショックの時はすさまじかった。石油がなくなり、製鉄が不能になるとの心配で、鉄の値は上がり続け、朝と晩で値が違うようになり、手がつけられなくなった。当時五万三〇〇〇円やったC型鋼が、翌年二月には一五万円になった。鉄はいつも、官公庁の落札の関係で一月から五月まで下がり、八月から上がり始める。その年の冬は上がり始めたらそのまま止まらなかった。次には鉄の入手すらむずかしくなった。その後も、一〇万円を切ることはない。注文もなくなり、まったく不況でどうしようもなくなった。（野田正彰『日本カネ意識』一八九－一九〇頁）

このように語るのは、鉄骨建築の専門工場を夫と共に営んでいた四二歳の女性である。伝統的な鍛造業《たんぞう》（鍛冶屋《かじ》）の跡継ぎであった夫が建築の免許を取って一九六五年に鉄骨建築に転業し、妻が経理を担当していた。注文に追いつかないほど繁盛していたという。だがオイルショック以降の景気低迷と、その少し前からの夫の女性関係で、経営も家族関係もうまくいかなくなる。女性は鉄工所を辞め、外の仕事につくが、三年ほど前から難病が悪化し、追突事故にもあって働けなくなっている。離婚訴訟を考え、弁護士への手付け金のために、はじめて大手サラ金会社から一五万円借りた。

頭さげなくってすむし。離婚でいくらかの金は入るし、また父の財産わけを（翌年の）三月にすることになっていたので、ちょっとの借金ならまとめて返せると思っていた。（略）／ともかく金利だけは払おうと思って、借りているうちに多くなった。いくら借りているのかよくわからない。（同、一九一頁）

この女性の話の背景として、伝統産業から建設業へうまく転換を果たしたものの、高度経済成長期のリーディング産業のひとつであった鉄鋼業も、七〇年代には「鉄冷え」と呼ばれる不況に陥ったこと、この時期に、サラ金など消費者信用が大きく成長したことが読み取れる。むろん不況に陥ったのは鉄鋼業だけではない。輸出用自動車を除く製造業は軒並み成長率を鈍化させた。一九六五年から五年近く続いた「いざなぎ景気」も、急速に不況にとって代わられ、「狂乱物価」の中で高度経済成長は幕を閉じていくことになる。

一九七〇年代から八〇年代にかけて、先進資本主義諸国は、苦難の時代を迎えていた。各国は景気停滞とインフレの同時進行という新たな事態＝スタグフレーションに頭を悩ませ、長期化する高失業率に手を焼いた。他方で、いわゆるドルショック（米ドルの金との兌換停止）とそれに端を発した為替レートの変動相場制への移行を契機にグローバルな金融システムが急速に発達し、かつてないほど金融危機が起きる可能性が高まった。先の女性はオイルショックが原因と考えているが、七〇年代の二度のオイルショックは、こうした新たな困難に拍車をかけただけであって、問題はそれとは別のところにあった。製造業から金融、情報、サービスなどへの産業転換が顕著となり、「規制緩和」と「民営化」を合言葉として下請け化が進み、臨時雇やパートタイマーなど短期契約の労働者が増えていく。長期失業や労働市場の「二重構造化」がもたらす問題は、福祉国家化を進めてきたヨーロッパ各国に新たな対応を求めるものであったが、福祉財政の圧縮を迫られる中では、たやすいことではなかった。

この苦難の時期を、日本は欧米に比べて、かなり「軽傷で」乗り切ったという評価がある。賃上げ圧力が弱く、パートタイマーなどによる雇用調整で済んだこと、物価上昇の抑制、第三次産業への転換がスムーズになされたからだという（猪木 2009：243）。いいかえれば、労働組合の力が欧米より弱く、高度経済成長にしても、労働者を都合よく切り捨てていく労働市場の「二重構造」を前提としたものであったために、かなり「軽傷」ですんだということであろうか。むろん、先の女性のように、人びとの生活史の中で見れば、誰にとっても「軽傷」であったわけではない。また、それは危機の先延ばしでしかなく、日本は八〇年代後半にバブル景気を享受した後、九二年以降、長期経済停滞に突入することになる。

本章では、このグローバルな岐路の時代に、高度経済成長の余韻をひきずった挙げ句、ジャパン・アズ・ナンバーワンと持ち上げられ、「一億総中流」の幻想に酔った日本社会における貧困の「かたち」を追ってみたい。

1　大衆消費社会と多重債務者

七〇年代と「一億総中流化」

先に述べたように、先進諸国にとって一九七〇年代は苦難の時代であったが、当時の日本では「一億総中流化」という言葉が流行った。この言葉は、総理府の「国民生活に関する世論調査」で、生活程度について、「上」「中の上」「中の中」「中の下」「下」のどれに該当するか質問したところ、高度経済成長はすでに終わっていたにもかかわらず、七三年以降、「中の上」「中の中」「中の下」を合わせた回答が約九割となったことから来ている。これを受けてマスメディア等が、「一億総中流化」だとはやし立てたのである（図４－１）。もちろん、これは意識調査であり、すぐ気がつくように、「中」だけが三分割されているので「中」の回答数が多くなりやすい。

この生活程度についての調査項目が入ったのは一九五四年の第三回調査からであるが、この時の「中」の合計は五五・四％であった。七〇年代以降、九割前後に達する。この間に中流意識の増大があったことは確かであろう。村上泰亮が「新中間大衆」と呼んだゆえんである。図４－１で八〇年代をみると、八三年に若干減少するが、八〇年代後半にまた増大している。ただし八〇

図 4-1　国民中流意識の変遷

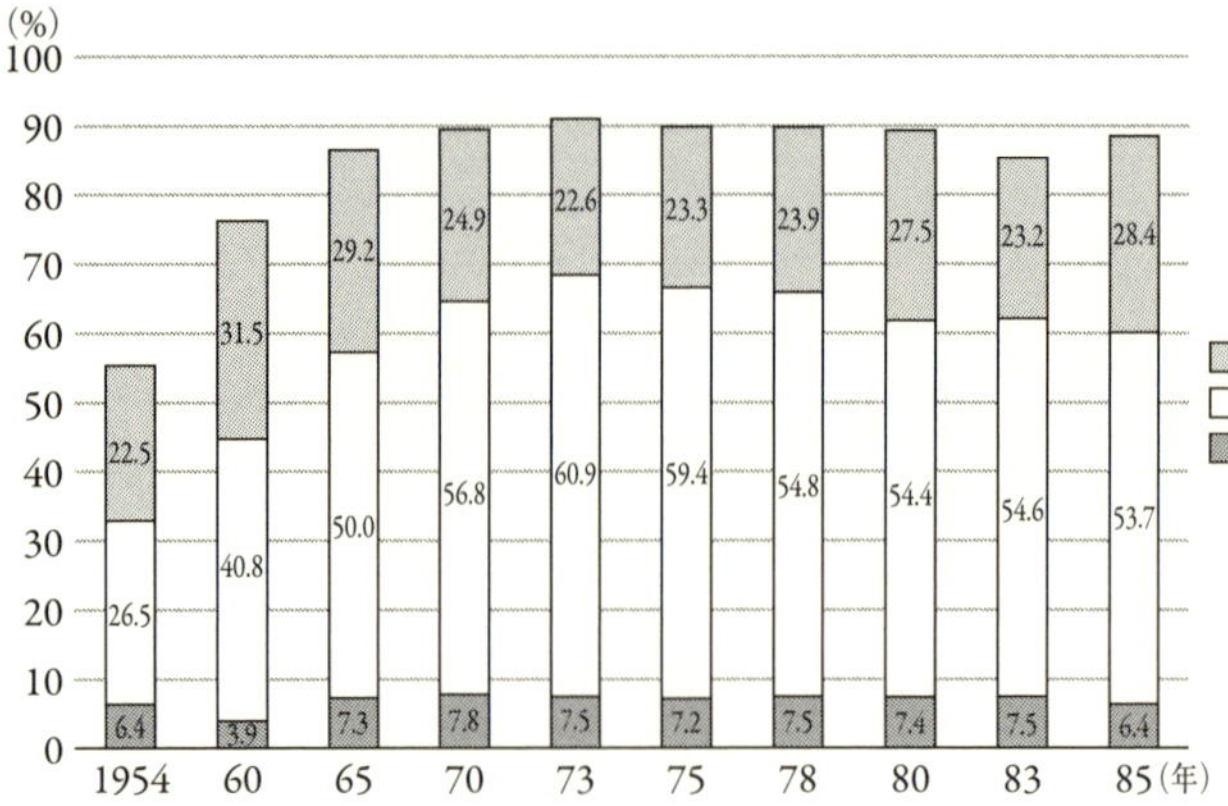

資料：「国民生活に関する世論調査」.

年代を通して「中の中」が減少し、「中の下」が上がっていく傾向がみられる。つまり「中の中」の増加傾向は、高度経済成長から八〇年代半ば頃までと考えられる。

この「一億層中流化」や「新中間層」については研究者の間で論争があった。特に社会学においては、一九五五年から一〇年おきに実施されている「社会階層と社会移動調査：Social Stratification and Social Mobility（以下ＳＳＭ調査と略）」を使った検証がなされた。たとえば原純輔は、①高度経済成長によって不平等は減少したが、平等になったのは耐久消費財や高等学校進学等の「基礎財」の平等化＝「基礎的平等化」であり、②社会的資源（学歴、収入、職業威信）の配分からみると、学歴、収入、職業威信の全てが高いというより、収入が高くても学歴は低いなど「非一貫」型が増大している、という（原 2000：30－32, 33－34）。つまり、単純に生活様式や意識が均一になったのではなく、「多様な中流層」が増加したというわけである。

同じSSM調査を用いて『「格差」の戦後史』を著した橋本健二は、「多様な中間層」も「新中間大衆」も、結局は全体として中間層が拡大したことを言っているにすぎないとした上で、一九七〇年代はブルーカラーとホワイトカラーの間の賃金格差、地域別賃金格差が縮まり、世帯収入から見ても農家を含めて格差が縮小し、「おそらく日本の近現代史を通じて、学歴による経済格差がもっとも小さくなった時期」（橋本2009：147）だとしている。ただし橋本は、農民層の一部と小規模企業の労働者は取り残されてしまったこと、また、学歴格差が縮小する一方で、学歴をより重視する傾向が浸透していったことに注意を促している。

興味深いのは、経済白書である。すでに見てきたように、一九五六年度の経済白書は、戦前水準への経済の回復は終わったが（「もはや「戦後」ではない」）、それ以上の成長は、単なる「浮揚力」ではなく、近代化を成し遂げなければ難しいと述べていた。「浮揚力」以上の成長は、いってみれば「欲しいものがなかったら、欲しくなるようなものを生産・供給する」ことで実現する。そのためには、より均一な消費者としての国民の創出が必要であり、そのためにこそ、二重構造の解消＝近代化が求められたわけである。だが、七〇年代の白書は「一億層中流化」や「中流化」には言及していない。

一九七〇年度の経済白書では「貧しさの解消」として、白書独自に「低所得世帯」の推計を行い、「昭和三五年には約三五一万世帯で全世帯中一五・六％もの比率を占めていたが、四〇年には二三一万世帯、八・九％と低下し、さらに四二年には一七七万世帯、六・三％と減少した。こうした貧困世帯の減少は、成長が失業をへらし、低所得層の賃金や所得を急速にひき上げてきたことによるところが大きい」（一九七〇年度経済白書）とした。だが、「いぜん貧困世帯は残っている」とも指摘する。この白書によれば、貧困世帯とは「老齢化や肉体的、精神的障害によって変化の激しい成長社会に適応できない階層」や「事故や災害による母子世帯」など、「成長から取り残された階層」のことである。つまり、「働く人々の間の所得は平準化した」が、こうした人びとと働けない人びととの格差が残ったのである。言い換えると「低所得層」のうち、ワーキングプアは解消されたが、「ハンディキャップ層」の貧困が残った、という見立てである。ハンディキャップ層の貧困とは、J・K・ガルブレイスのいう「ゆたかな社会」の中での「個人的貧困 case poverty」にあたる（ガルブレイス＝鈴木哲太郎訳、2006：375-376）。老人をハンディキャップとするのは、今から考えれば無理があるが、日本の場合、老人も含めたハンディキャップ層の貧困の強調が、年金をはじめとする社会保障の充実が必要だとの提言につながっていくことになる。その背景には、少子高齢化への不安と、老人医療無料化などを開始して政府を批判した「革新自治体」の存在があった。

高度経済成長期には国民皆保険・皆年金体制（一九六一年）が確立し、老人福祉法の制定などによって、社会福祉の六法体制も整えられた。だが社会保険は、労働市場の二重構造に規定されて、いくつかの制度に分立されていた。また、長期間の保険料支払いが前提となる老齢年金の場合、給付までには時間がかかるため、年金受給権を持てない高齢者が多数生まれた。そこで、税金を財源とする「福祉年金」制度が発足し、皆年金体制を補うこととなった。福祉年金の金額は低いものであったが、一九六八年時点で七〇歳以上の高齢者の七割が福祉年金を受給していた。保険料支払いのある国民年金の受給権者数が老齢福祉年金のそれを上回るのは七七年である。つまり、社会保障は実質的には遅れており、それゆえ革新自治体などの先取り政策が支持を広げていたことになる。政府は、この遅れを取り戻す必要から、七一年に児童手当制度を創設し、七三年には老人医療費の無料化、医療保険における高額療養費制度、年金の物価スライド制などの導入を図る。このため七三年は「福祉元年」と呼ばれた。だが「福祉元年」は、財政問題のために、すぐに「福祉見直し」に取って代わられることになる。

「豊かさ」の追求と家族の縮小

先に述べたように、一九七〇年代から八〇年代にかけて、製造業からサービス業や情報産業への転換が進み、経済のグローバル化が進展するという大きな変化の中で、日本政府もそれへの対応を迫られていた。本章の冒頭で紹介した女性のように、生活に困窮する人びとも少なくなかった。

にもかかわらず、全体としてみると、人びとの生活は、「豊かな様相」を呈していたのである。豊かな様相とは、消費の面での豊かさであり、溢れかえった多様な消費財に囲まれて、それを享受したいと欲する点では、程度の差はあれ、人びとの生活は似通ってきていた。かつて江口らが批判した「すべての住民は、消費者という面で等質であるという前提」が、この時代になって、ようやく現実のものとなったのかもしれない。大量生産によって安価な消費財が市場に大量に出回ることによって、多くの人びとが消費者として経済成長を左右する力（消費者パワー）を持つようになり、同時に、より多くの人びとの欲望を喚起していくような仕掛け（マーケティング）を持つ社会、消費に高い価値が置かれた社会が生み出されていく。G・カトーナは、それを「大衆消費社会」と呼び（カトーナ 1966）、先のガルブレイスは「ゆたかな社会」と位置づけた。ではなぜこの時期の日本で、高度な消費社会の出現が可能であったのだろうか。

むろん、その大きな要因の一つは、所得の上昇である。この所得の上昇が、農民やその他自営業者の雇用労働者への転換や都市化とともに進み、都市型生活様式を一般化させていったことによって、欲しいものを買うための所得のさらなる拡大へ向かうという循環が生まれた。

だが、所得や生活様式という外的条件だけが高度消費社会を出現させたわけではない。中川清は、戦後の大きな社会変動に関して、貧困から脱出したいという意欲と、今の生活を変革するという「生活革新」の志向が生活者の中に内面化され、生活者自らが「豊かさ」にむかって不断に生活構造を変化させていく過程が出現したことに注目する（中川 2007：270−271）。つまり、生活者自らが中流化を志向し、豊かさの享受を可能にする生活選択をするようになった。その結果、たとえばブルーカラー層とホワイトカラー層の家計費の構造がほとんど変わらないものとなり、社会階層の同質化が起こったと中川は指摘する。これが七〇年代の生活意識における「中流社会」の基盤となった。この場合、重要なのは、高度経済成長が始まる直前に、「産児制限」（人工妊娠中絶を含む）による子どもの数の縮小がなされたことである。中川はこれを「家族の再生産規模の自己限定」と位置づける。つまり家族の規模を縮小するという自己の限定によって、貧困から脱出し、あるいは貧困へ陥ることを予防して、「豊かさ」の追求を実現していこうとした生活者の主体的な戦略があったと解釈する。この選び取られた自己限定が、社会的には出生率の低下をもたらし、さらには九〇年代以降の単身化世帯の増大につながった、と中川は述べている（中川 2000：22−23、78−81）。

人口学の「グランドセオリー」である人口転換論[1]に従えば、出生率の低下が始まったのは一九二〇年頃からであるから、出生率の低下＝少子化そのものはすでに避けられないものだったかもしれない。

だが金子隆一は、人口転換論だけでなく、人びとのライフコース選択、つまり人生設計の選択

1——河野稠果《しげみ》によれば、社会が近代化し、経済的に豊かになると、死亡率と出生率が低下するという現象を説明する「人口学のグランドセオリー」が人口転換 demographic transition 論である。典型的な人口転換図式を示したのがイギリスであり、多産多死、多産中死、中産少死、少産少死という四段階を経ている（河野 2007：107−110）。その後、合計特殊出生率は置き換え水準（人口が増加も減少もしない水準）から離れて、急激に低下していく。これは従来の人口転換理論になかったものであり、第二の人口転換と呼ばれている。

の観点から人口変化をみることの重要性を強調している（金子 2008）。日本では戦後のベビーブーム（一九四七〜四九年）が人口爆発につながらず、四七年の合計特殊出生率四・二三が五七年には二・〇四になるという「ジェットコースタのよう」（同：16）な収束をみせた。それは、子どもを持つことはコストがかかることだという認識が浸透し、産児制限によってそのコントロールが可能になったことから、出産・育児期を短縮させたライフコースを女性が選択しだしたからだという。この結果、一九六〇年代から二一世紀初頭までは軽微な増加が続く老年人口と、縮小した子ども人口、つまり「従属人口負担の少ない」状況を迎えた。金子はこれを「きわめて経済活動に有利な年齢構成、すなわち「人口ボーナス」を得た」（同：18）状態と表現している。これが高度経済成長から（八〇年代の）「世界有数の経済大国」（同）への変貌を可能にしたという。

ライフコース選択という視点は、中川の生活者の豊かさの追求＝貧困脱出意欲と似通っており、それが高度経済成長や、経済大国の基礎となったという点も類似している。二〇世紀初頭にイギリスの貧困研究者シーボーム・ラウントリーは、近代労働者のライフサイクルと貧困の関係を検討して、子どもの養育時期を貧困に陥りやすい時期としたが、戦後の日本社会は、子どもの数を減らすことによって貧困を回避するだけでなく、「豊かさ」の享受に向かったということになる。

「一億総クレジット社会」の出現

所得の上昇と家族サイズの縮小努力に加えて指摘しておかねばならないのが、消費者信用の発展である。伝統的な質屋や「講」などの組織を作り、相互に資金を融通しあう無尽などに代わって、高度経済成長期に登場したのが、電化製品などを購入する際に利用された割賦販売などの販売信用と、本章冒頭の引用にも出てくる「サラ金」などの金銭信用である。「サラ金」は、サラリーマン金融の略称であり、そのルーツとされるのは「団地金融」である。「団地」は都市近郊に建てられた集合住宅群を指し、その新しい生活様式が戦後家族の標準となっていく。そうした「団地」住まいの「信用ある」サラリーマンを対象とする、小口で無担保、短期かつ使途自由という、手軽な融資が登場したのである。これが「サラ金」と呼ばれるようになる。むろん「サラ金」は、小経営者や自営業者にも利用されている。

このように、各種の消費者信用は高度経済成長期にほぼ出そろうが、この業界が著しい成長を見せたのはオイルショック後のことであり、それは企業への金融機関の融資が縮小したため、だぶついた資金が消費者信用に流れ込んだことを示している。磯崎によれば、一九七七年度末のマルイト（後のアコム）、プロミス、レイク、武富士のサラ金大手四社の期末貸出額は六〇八億三四〇〇万円、利息収入は三九九億七四〇〇万円、経常利益は一八七億一六〇〇万円、対前期末比でそれぞれ六六・二％増、三五％増、四〇・七％増の好成績であったという（磯崎 1978：37）。

「サラ金」だけでなく、立て替え払いによるクレジットカードの普及も著しく、とりわけ一九八〇年代に大きく成長した。日本クレジット産業協会『日本の消費者信用統計』によると、クレジットカードの発行枚数は、八三年には五七〇五万枚であったのが、八九年には一億六六一二万枚に達している。消費者金融の新規信用供与額は七七年から八七年までの一〇年間で、約八・九倍、販売信用は約二・七倍で、全体で四四兆円を超える規模となった（日本割賦協会 1980，日本クレジット産業協会 1991）。これらは大都市だけでなく、地方都市にも及んでいる。たとえば釧路市でサラ金・クレジット関連の訴訟を数多く手がけてきた今瞭美《こんあけみ》弁護士によれば、人口二〇万余、周辺市町村を合わせても四〇万人前後という地方都市にもかかわらず、釧路市では「多数の大手クレジット会社が支店や営業所をおき、それに地元の会社が加わってまさに百花繚乱という趣を示している。／ある大手クレジット会社の釧路支店の一ヶ月の取扱高は、一〇億円であるという。また別の大手信販会社の釧路支店では、営業マン一人あたり一ヶ月の売り上げノルマは八千万円であるという」（今事務所 1987：106）。実際、この頃から日本は、どこに行っても大手クレジット会社の看板が目につくようになり、「一億総クレジット社会」の様相を高めていく。

こうして、消費者信用が急成長し、全国各地にその営業所が展開するようになると、多くの人びとにとって消費者金融やクレジットカードの使用は日常的なものとなり、その「中流的消費」を支えるようになった。「欲しい時に買って、後で払う」という生活スタイル、つまり、商品を購入しそれを使う時期と、その代金を支払う時期の乖離は、一般化していく。経済企画庁の国民経済計算に従えば、一九七七年以降、家計の年収に対する消費者信用返済総額の比率は貯蓄率を超えてしまった。八〇年代以降も、銀行による消費者ローン、銀行カードによるキャッシング、サラ金業者の銀行の子会社化などの変化を含みつつ、消費者信用の浸透は進行中である。

「サラ金・クレジット問題」の顕在化

消費者信用は、生活者にとって便利なものであるが、将来、確実に返済できるかどうかという不安がつきまとう。無担保で信用供与している業者の側にとってもそれは同じである。そこで業者のほうは、①高金利、②過剰融資（利用者の返済能力を超えた額の融資をすること）、③厳しい取り立て――という「サラ金三悪」と呼ばれる手法をここに持ち込み、経営を安定させようとした（国民生活センター 1987：8）。

八〇年代後半には、この三悪はさらに発展を遂げ、今弁護士が「クレジット七つの原罪」と呼ぶまでになる。七つの原罪とは、「過剰融資の罪」「高金利の罪」「一家ぐるみ、会社ぐるみなど「ぐるみ被害」に巻き込む罪」「「空売り」「名義借り被害」に巻き込む罪」「不要、不急なものを購入させる罪」「保証人など他人を債務奴隷に追い込む罪」「（ノルマに追われて、自分名義でクレジット契約を締結させられるなど）一生懸命仕事をすることによって借金地獄に追い込む罪」である（今法律事務所 1987：126–127）。

経済成長が鈍化した一九七〇年代に消費者信用業界が急成長を遂げた背後には、このような「三悪」や「七つの原罪」に示されたような問題があり、ここから「サラ金・クレジット問題」が社会的な問題として認知されるようになった。表面上これは、消費者保護の問題であり、八三年にいわゆる「サラ金規制二法[2]」（一九八三年）による業者規制が、翌年には割賦販売法の改正によるクレジット規制が実施され、消費者保護が強化されることとなった。

多重債務が作り出す貧困の「かたち」

多重債務者の全国的な統計は存在していないし、多重債務者の厳密な定義もない。一九七〇年代には多額債務者という表現もあった。もともとサラ金などは小口融資であるが、多重債務者という言葉は、複数の債務を抱えた人びとを指して使われてきた。小口融資でも、債務が重なると、その利息が高いだけに、多額債務となる。つまり、多重債務=多額債務である。この多重・多額債務の中には、債務返済のための債務も含まれ、また税金や公共料金、家賃の滞納が含まれることも少なくない。

こうした多重債務者を救済しようとする動きは一九七〇年代後半に活発になる。七七年には、弁護士グループによるサラ金問題研究会が大阪で発足し、同じ年に被害者の会(大阪)も結成され、社会的な関心を喚起した。先に述べたように、この問題は当初、消費者保護の問題として捉えられていたが、多重・多額の債務は、最低限の生活の維持すら困難な状況に利用者を追い込む。この問題を、「大衆消費社会」に特有の貧困の「かたち」として捉えなおすと、次の特徴をもつと考えられる。

一つは、多重債務者の貧困は、必ずしも低所得としては現れない。それは日々の生活のために必要なお金がないという形の貧困である。返済を優先すれば、生活費に回せるお金がなくなるという意味で、「マイナスを抱えた貧困」ということもできる。したがって、債務者が仕事を持ち、一定の収入があっても、高額な利息も含めた債務支払いや過酷な督促が、それらの職業生活や家庭生活の維持を困難にし、その結果、急速に貧困に陥る人びとを少なからず生み出す。

第二に、もともと支払い能力の低い人びとに、その能力以上の融資をすれば、必ず多重債務問題に行き着く。多くの人が消費者信用を利用するようになって、貧困層もしくはボーダーライン層の消費機会が拡大し、一見、「中流化」が進んでいるように見えても、結果的には、もともとの貧困もしくはそのリスクが、より複雑かつ増幅した「かたち」で現れる。生活保護の受給者が消費者金融を利用するケースは、その極端な例である。

第三に、多重債務は、返済できない人びとの能力もしくは責任の欠如のせいだと見なされるので、本人も多重債務に陥っていることを隠したがる。このため、問題が表面化しにくい。それで

2――「貸金業規制法」は登録制の導入、業者団体の育成等、「出資の受入、預かり金及び金利等の取締に関する法律の改正」は出資法上の刑罰を科せられる金利の引き下げを図った。だが、利息制限法に定める上限金利は超えるものの、出資法に定める上限金利には満たない、いわゆるグレーゾーン金利が生まれた。

こうした消費者保護策が実施されたにもかかわらず、借金を返せない・支払いができない人びとが増え続けていく。「サラ金」市場では、ある貸し手のリスクを、他の業者の融資で繰り延べする、たらい回しがよく行われる。そこで、ある支払いが滞ると、業者から別の契約を紹介され、あるいは自ら他の借金を重ねていく「借金地獄」が生み出されていく。こうして、本章冒頭の引用にあるように、「ともかく金利だけは払おうと思って、借りているうちに多くなった。いくら借りているのかよくわからない」事態に、多くの多重債務者が陥るのである。金額だけでなく、どのような理由で最初に借りたのか、今、どことどこに借金があるのかすら答えられない人も少なくない。

言うと、「被害者の会」結成は思い切った決断であり、画期的な出来事であった。もっとも、多重債務者を「被害者」と捉えることに抵抗のある人は多く、むしろ「自業自得」とされることが少なくない。後でもふれるが、一九七八年に「サラ金、これでいいのか」「サラ金」などを連載した朝日新聞社は、それらをまとめた単行本『サラ金』を刊行しているが、そのあとがきで、連載スタート間もなく、どの執筆者の記事からも「被害者」という表現が消えていったと述べている。連載中、「身勝手で甘ったれた内容」だとの読者からの指摘もあり、「サラ金」は反社会的存在ではあるが、かといって多重債務者を「被害者」としては描けなかったという（朝日新聞社1979：235）。つまり、多重債務による貧困は、まさに「個人的貧困」と見なされやすいのである。

多重債務者の特徴

こうしたことから、多重債務者の貧困を扱うのは簡単ではないが、まず一九八〇年代の先駆的調査から多重債務者の特徴を確認しておきたい。ここでは、自らの借金をあえてさらけ出したという意味で、多重・多額債務者の代表格ともいえる「被害者の会」を対象とした二つの調査[3]を取り上げる。①岩田・室住調査（一九八二年）と、②国民生活センター調査（一九八五年）である。

図4－2は、この二つの調査対象者が相談に訪れた時の年齢を示している。①は四〇歳代にピークがある鋭い山型を描き、②はそれよりやや三〇歳代、五〇歳代にも広がった形となっているが、いずれも中高年が中心である。男女比でいうと、男性約七に対して女性三である。比較のた

めに、日本消費者金融協会の「消費者金融白書」（一九八三年度版）から、消費者金融利用者の年齢をみると、二〇代の割合が八一年では三一・七%、八二年でも二二%存在しているので、多重債務の相談者は、明らかに中高年に多いことが確かめられる。家族形態を見ると、①で三～四人家族、②では夫婦と子世帯が半数を超える。つまり、先に経済白書が強調した「ハンディキャップ層」ではなく、働き手のいる「標準」家族世帯が多重債務問題の担い手となっているのである。

相談時の借金件数は、②では平均一人あたり一二・四件、金額にして平均四一三万円である。債務の組み合わせとしては、「サラ金＋販売信用クレジット＋金銭クレジット＋その他」が最も多い。借金残高は三〇〇万円となっている。①ではすでに負債整理した経験を聞いているが、経験ありが五九・三%で、その際の金額は一〇〇万～二九九

図4-2　多重債務者の相談時の年齢

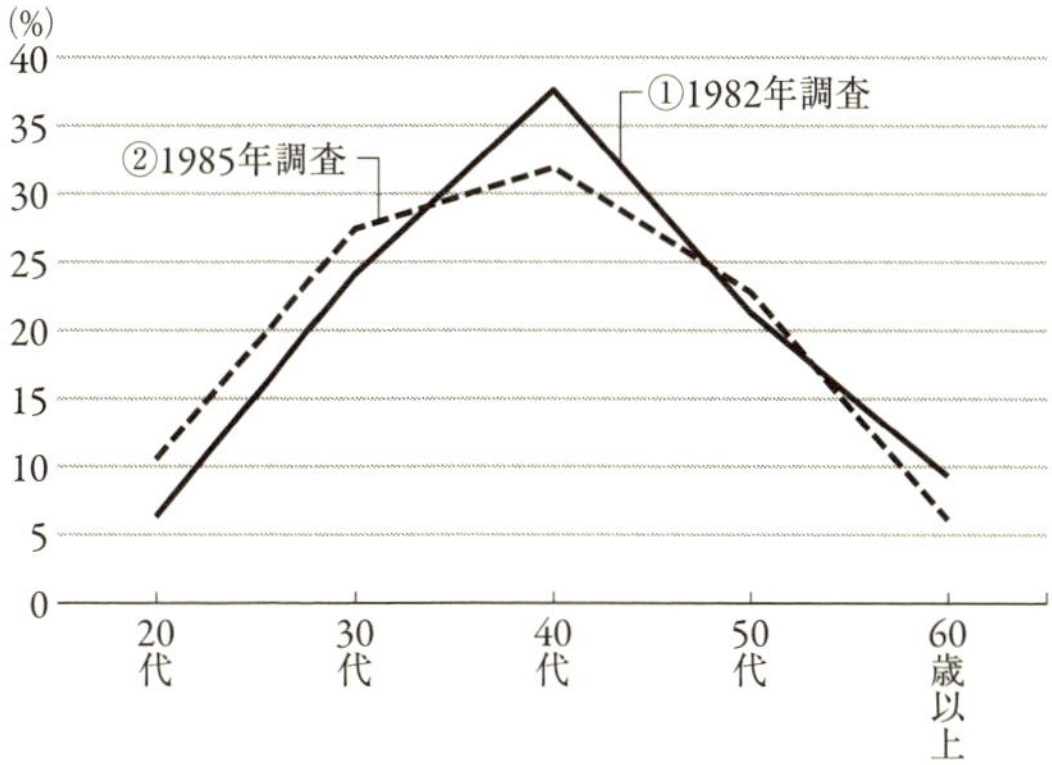

資料：①岩田正美・室住真麻子（1983）「サラ金窓口から見た多額債務者の生活実態」，②国民生活センター（1986）「クレジット・サラ金債務に関する調査研究」．

3――①は、一九八二年実施。サラ金被害者の会全国七カ所、一四四ケース。②は八五年実施。全国クレジット・サラ金問題対策協議会および全国サラ金被害者連絡協議会の一三一一ケース。

図4-3　初めてのサラ金利用の主な目的（複数回答）

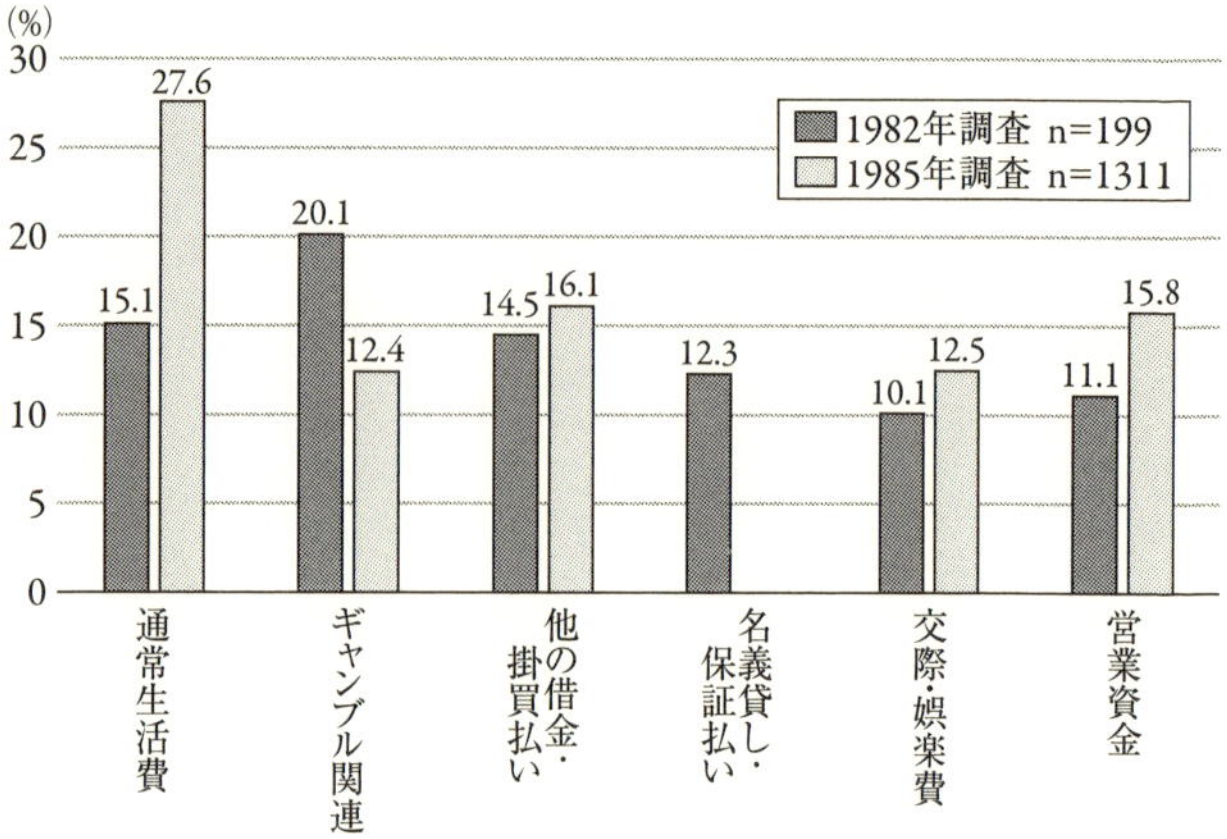

資料：図4－2に同じ.

万、その方法は知人や親戚からの援助が主となっている。

はじめてサラ金を借りたときの理由としては、「通常の生活費」「他の借金・掛け買いの返済」「ギャンブル関連」「営業資金」「交際・娯楽費」などが上位に挙がっている（図4－3）。掛け買いとは、代金後払いの約束で商品を買うことである。「通常の生活費」とは、交際・娯楽、療養費、教育費、旅行費などを除いた、日々の生活費である。はじめてサラ金を借りた理由として、一五％ほどの人びとは「他の借金・掛け買いの返済」に当てるためと答えている。「ギャンブル関連」は、ギャンブル資金だけでなく、ギャンブルによる生活費や仕事の費用の使い込みの補填のための借金が含まれている。

相談時の職業は、①②とも雇用されて働く人が最も多く、次いで自営業者である。主婦や無職は少ない。職種として、①では「販売」「運輸」の二つで四割を超え、ここに「技能・単純労働」を含めると、五五％強になる。職種とサラ金利用理由には一定の関連があり、①では、賃金が歩合制をとることが多い販売職、運輸職などが、「交際費」「ギャンブル関連」「他の借金・掛け買いの返済」のためにサラ金を利用することが多い。

では、収入はどうか。①では最初にサラ金を利用した時の世帯収入と、同じ年の家計調査の全国勤労世帯の平均月収を比較しているが、平均月収より上回っている世帯が二七％、下回っている世帯が七三％であった。また相談時の住宅の種類を見ると、民間賃貸住宅が四五・八％、持ち家が二三・六％であり、一九八五年の国勢調査の持ち家率六一・二％と比較すると、多重債務に陥る人びとは民間賃貸住宅で暮らす比率が高い。②でも、相談時の年収平均三六五万円（家計調査勤労者世帯平均四八六万円）、住宅種類は民間アパートが三四・四％、持ち家が二五・三％である。ここからも、所得が低く、資産もあまりない人びとが、支払い能力以上の借金をして、多重債務に陥っていることが見て取れよう。

借金の返済が困難になると、他の生活困難がそこに重なることがある。①と②のいずれの調査でも、転職・離職、転居、離婚を経験したとする人の割合は高い。これは借金返済そのものというよりは、その取り立てが職場や住居に押し寄せてくるためと考えられる。②で厳しい取り立てを受けた者は、八七・七％に上るという。また行方不明、蒸発が①で一三・六％にのぼり、②では入院、その他の割合も高い。借金返済が、その取り立て手法なども含めて、家族や職業の維持それ自体を困難にさせているといえる。

多重債務世帯の生活レベル

　多重責務に陥った人は、こうして厳しい環境に置かれるわけだが、そうなったのは「自業自得」であり、特に「ギャンブル関連」で多重債務に陥った人については、個人の性格の問題だと、切って捨てられそうである。そもそもサラ金は、主に「手続き簡単」「他に借りるところがない」という二つの理由で利用されている（国民生活センター 1986：30–31）。つまり、本章冒頭の例のように「頭を下げなくてもよい」からである。だが、そうした「簡単で迅速」な消費者信用の発達が、多重債務者になりやすい低所得層にまで及んでいるところに、この問題の根の深さがある。

「自業自得」にせよ「個人の性格」にせよ、多重債務世帯の実際の生活レベルが貧困状態にあれば、それはやはり問題である。では、多重債務に陥った世帯の生活レベルは、実際にどの程度なのだろうか。多重債務世帯の生活レベルやその家計内容についての調査はほとんどないが、私たちが一九九三年から九四年にかけて六カ月間の家計を分析したものがある。すでにバブル崩壊後の時期ではあるが、ここではそれを参照してみよう（東京都立大学岩田正美研究室 1996）。

　これは、ある弁護士事務所に債務整理を依頼した人びとのうち、家計簿を提供してくれた一〇七名[4]の家計分析である。この家計簿から、一つ一つの世帯の月平均支出額に、生活保護の保護基準をものさしとして当てはめ、その倍率を測ってみた[5]。前章で、被保護世帯の消費水準をものさしとした低消費水準世帯の測定について述べたが、ここでは生活保護基準を直接用いて、基準の倍率で生活レベルを区分してみたのである。すなわち、①保護基準の〇・六倍未満、②〇・六〜一・〇倍未満、③一〜一・四倍未満、④一・四倍以上の四つの区分である。一・〇倍未満は保護基準以下であるが、①はその六割未満の水準であるから極貧、②は、ちょうど保護基準程度の貧困、③は保護基準以上であるが低所得に相当、④が一般と判断できる。

この家計簿を作成した世帯のうち、定期的に借金返済（一定額を弁護士に預けている世帯も含めて）している世帯は三三、不定期返済が四九、家計簿から返済が把握できなかったケースが二五である。借金返済が把握できなかった世帯を除けば、家計の支出は、借金返済を含む支出と、含まない支出＝生活費に充てられる部分に分けて、そのレベルを見ることができる。図4－4は、借金返済も含んだ支出と、借金返済を除いた部分の支出の二つを分けて、それぞれの支出が、保

4――この家計簿を記帳した人びとは、先に述べた八〇年代の二つの調査の場合と大きく違わないが、債務者の年齢は二〇〜四〇代までと幅広く、世帯内に複数の債務者がいる世帯が三分の一を占める点が特徴的である。夫婦と子ども世帯が中心で、クレジットやサラ金利用の理由は、「通常の生活費」が最も多い。職業は営業販売が二二％、労務が二二％と、これまでの調査と似た傾向にある。全債務平均一三件、六八五万円で、この中には親類・知人からの借り入れのほか、税、家賃、公共料金の滞納などもわずかながら含まれている。

5――具体的には、生活保護基準のうち、中心となる生活扶助基準をものさしとして利用した。生活扶助基準は各世帯の構成員の年齢や世帯人数と地域によって異なる。そこで各世帯の生活扶助基準を、当該弁護士事務所のある級地で算定し、それを1として、各世帯の支出額（非消費支出、住居費、保健医療費を除く全支出＝ほぼ生活扶助に相当）にあてはめ、その倍率で生活水準を階層化した。

図 4-4　保護基準倍率による多重債務世帯の生活水準分布

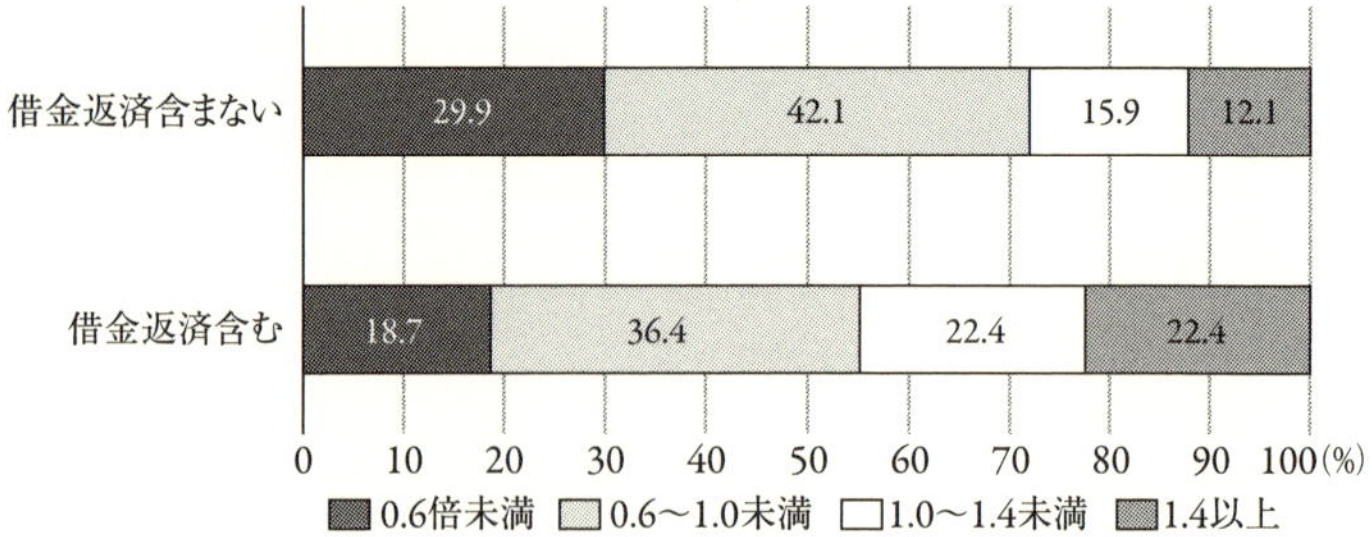

資料：東京都立大学・岩田正美研究室（1996）「多重債務世帯の生活水準と生活構造」.

護基準の倍率の、どの区分に当てはまるかを割合で示している。借金返済を含んだ支出では、保護基準一・〇未満の貧困層が五五・一%、うち極貧が一八・七%になる。借金返済を除いて、生活に使える部分だけの水準を見ると、保護基準一・〇倍未満がさらに増えて七二%、一・四倍までの低所得層も含めると八七・九%に上る。ちなみに、多くが保護基準を下回る生活レベルにありながら、実際に生活保護を受給しているのはわずかに五世帯、申請中が三世帯であった。なぜ少ないのか不明であるが、いちおう仕事からの収入があること、借金返済は保護の要件としてカウントされない、借金整理のことで弁護士に相談している、などの理由が考えられる。

　以上のように、多重債務世帯の多くは、実質的には保護基準を下回った生活レベルにある。それは①借金返済部分の支出の圧力で生活水準が引き下げられる、②もともと収入が低い、③多重債務による転職などで収入が減った、④世帯員による補充収入が期待できない、等の異なった要因によると考えられる。借金返済部分を入れなくとも、生活レベルが低いケースが多いのは、①ではなく②以降の要因が大きい。つまり、もともと低所得層であった人びとが無理な借金をしたか、多重債務によって収入が減った結果である。他方、借金返済部分を除いた水準で七割以上が保護基準以下になるのは、借金返済による圧力のせいであろう。ちなみに、この分析対象となった世帯のうち、保護基準以下の貧困、極貧層では、収入が低いために定期返済ができない世帯が多く、それゆえ返済による生活水準切り下げの圧力は免れているが、生活レベルは保護基準以下である。他方で、保護基準以上の層では、定期返済による生活水準の実質的な切り下げが生じており、家計に余裕がない。

多重債務と生活保護

他方で、一九八〇年代には、被保護世帯が抱える多重債務問題も取り上げられている。八三年一月から六月までの、大阪府N市の生活保護面接相談票を分析したところ、何らかの借金があると記載されていた世帯は全体の四割で、特に母子世帯に多く、借金にからんで夫が蒸発したり離婚したりして、生活保護を申請するに至った事例が少なくなかった(岩田・室住 1984)。それだけでなく、被保護世帯への過剰な貸し付けもあった。先に述べた朝日新聞社の『サラ金』には、福岡県田川のある旧産炭地区の、次のような事例が紹介されている。

午前八時半。町役場前庭につくられた支払い窓口に、早くも二百人の受給者が並んだ。大部分が中年の女性で、どの手も印鑑をくくりつけた保護カード[6]を握りしめている。行列の周辺には、カバンを抱えた身なりのいい男女が二十五人ほど。保護費支払い開始と同時に、業者の集金が始まった。生活保護者の方から業者に「なんぼ？」と声をかけ、封筒から現金を抜き出す。業者は領収証を渡すでもなく、黙ってノートに数字を書き込むだけだ。一家五人で集金に来た業者が持っているブリキ缶の中には、三十枚近い生活保護カードが入っていた。カードが借金の担保だ。生活保護者はその場でカードを業者からもらい、保護費を受け取ると、カードとともに返済金を業者に渡す。そのうえで、改めて借金を申し込む。（略）／「中学の子が修学旅行に行くとき、上から下まで新しく買いそろえてやろうと思って、二万円くらい借りたのが最初。いまは五十万円くらいになっとろうね。保護費は十二万円だけど利子を五万円払ってきた。私はただの受け取り機械だよね」（三十三歳の主婦）／「十万円もらって六万円払ってきた。これから、役場へ来なかった業者のところへ行き、あと四万円ほど払わにゃならん。二、三日したら、また借りに行かにゃ暮らせん」と七人家族を抱える主婦（三〇）。／病気がちの祖父と同居している主婦（三三）は、児童福祉《ママ》手当証書と保護カードを担保にとられた。「夜逃げできんようにするためよね。病院へ連れていくのに保護カードがいるんで、そのたびに金貸しに頭下げてカードをもらわんならん」（朝日新聞社会部編『サラ金』九四－九五頁）

第三章で取り上げた閉山前後の炭鉱とは異なって、今やこの町の四分の一の世帯が生活保護を利用している。ところがこの被保護世帯をねらって、町内だけでも一二〇軒もの業者が開業届を出しているという。きっかけは「子どもの修学旅行」のような、ありふれた小額の金策のためである。それでも、生活保護を利用するような貧困層に対しては、「夜逃げされないよう」、社会保障のカードや証書を担保として取り上げた上で融資がなされ、支払日には念のために集金に来るという、手の込んだやり方をしている。このような担保は違法であるが、彼らはそれを知らないし、こうしたことを福祉事務所へ相談するわけでもない。

一九八七年一月には、札幌の市営住宅の一室で、三人の子どもを育てていた母子世帯の母親が餓死した事件があった。「豊かな社会」での餓死に世間は驚き、これを題材としたTV番組が放映され、本が出版された。水島宏明、寺久保光良の著作によれば（寺久保 1988、水島 1994）、この母親の生活にも、カードやサラ金が入り込んでいる。

母親は病院の雑役で手取り約七万五〇〇〇円の収入があり、このほか児童扶養手当が三万九七〇〇円、児童手当が二万一〇〇〇円、合計一三万五七〇〇円で、四人暮らしを賄っていたが、生活に困ると、母子寮[7]時代の親しい友人が持っていた札幌専門店会カードを借りて、買い物をする

6——現在は銀行振り込み等で、このようなカード方式ではない。
7——母子寮は児童福祉法に基づく福祉施設。現在は「母子生活支援施設」と名称変更されている。

ことがあった。支払いは二回まで無利子で、翌月払いなので、支払いまでのこの「時差」が、彼女の助けになった。初めは、借りると翌月末までに必ず返すという了解ができていたという。ところが三男が小学校に入学した頃から返済が遅れだし、友人との関係も気まずくなった。その頃から、この母親はサラ金業者から借金をするようになる。その返済に追われ、夜もアルバイトをするが体調を崩し、病院での仕事もアルバイトも辞めざるをえなくなる。収入が途絶えて、光熱水費の滞納、家賃の滞納が続く。生活保護は母子寮時代に利用しており、その後も相談に行っているが、受け付けてもらえなかった。母親は次第に寝ていることが多くなり、食べ物もとらず、声も出せなくなる。ある朝、子どもが母親の異変に気がついた――。

2 「島の貧困」の諸相

餓死した母子世帯の貧困は、消費社会の消費者信用と奇妙に結びつきつつ、個人的なものとして隠されていたが、「豊かな社会」にもあいかわらず貧困の集合地域がある。ガルブレイスはそれを「島の貧困 insular poverty」と名づけた。アメリカでは都市のゲットーと田舎の貧困地区がそれにあたるという。

日本でいえば、旧産炭地域をはじめ、「寄せ場」＝ドヤ街、公営住宅、同和地区などにおける貧困が、保護率の高さという意味で残された課題となっていたことは、前章で述べた。これらは大都市の中に浮かぶ「島」であるが、このほか、戦後に引揚者が開拓事業で入植した地区を含めた「へき地」での生活もまた、「豊かな社会」から取り残されていた。田中角栄の日本列島改造論や新全国総合計画などは、それら不可視化された「へき地」の現実をあぶり出す役割も担った。

「寄せ場」の日雇労働者にとって、オイルショックは決して小さな出来事ではなかった。もともと日雇労働は、景気の調整弁として使われてきたので、好景気であれば求人も多く、不景気であればば仕事にあぶれるのが常態である。また、求人数は季節によって変動がある。特に公共事業が拡大する中で、建設産業では、その受注時期と端境期とで求人数に大きな違いが生じることとなり、仕事のない四月から六月にかけてと年末年始をどう乗り切っていくかは、労働者にとって重大問題であり続けた。

山谷「正月騒動」

一九七三年の大晦日から七四年正月にかけて、山谷では「止月騒動」と呼ばれる出来事があった。このネーミングは朝日新聞によるものである。朝日新聞は七四年一月五日から一六日まで、山谷のこの「騒動」を熱心に報道している（一三日を除く）。一月五日付の記事では、一月二日から四日にかけて民家や駐車中の自動車などへ投石があったことを紹介した上で、不況への不安があること等を理由に、この騒動はまだ続くと見ているが、一方で、「現場で騒ぐのはほんの一部。

過激派もはいり込んで山谷から革命をといって騒ぎ、一般労務者を巻き込もうとしている。だがねらい通りについてくる人は少ないからいまのところ被害は最小限にくいとめている」という浅草署の談話も載せている。ここで言う過激派とは、「悪質業者追放現場闘争委員会」（略称「現闘」）のことである。六日の紙面では台東区福祉事務所が五日から、仕事にあぶれた労働者への生活保護の支給を始めたことを報じ、それ以降、支給が終了した一六日、そして翌一七日まで連日、山谷の労働者への生活保護支給を取り上げている。だが、この報道では、不況下の「寄せ場」の労働者が直面する貧困問題は取り上げられず、いかなる理由で生活保護の支給が始まり、そして打ち切られたのかも、全く触れられていない。

朝日新聞の記事では、「騒動」を長引かせる要因として「不況への不安」が挙げられていた。この「不安」の実態について、データを用いて見てみよう。図4－5は、一九六九年から九二年までの山谷地区の求人数（月間）を、ドヤへの宿泊者数（一二月）、東京都城北福祉センターへの相談者数（年間）と対比してみたものである。城北福祉センター[8]というのは、前章で述べた「暴動」事件を契機に導入された「寄せ場」への「総合対策」の第一線機関であり、生活相談、医療相談などを行っている。釜ヶ崎や寿町でも、六〇年代にそれと同様の「総合」対策が打ち出されている。図4－5の求人数は、山谷対策の一つとして六五年に設置された山谷労働センターのものであるため、職安や路上での求人数は反映されていないが、全体の流れはつかめる。

この図を見ると、一九六九年には四万八九四七件あった月求人数は、七三年には一万八四八〇

図 4-5　山谷地区の求人数、相談者数、宿泊数の動き

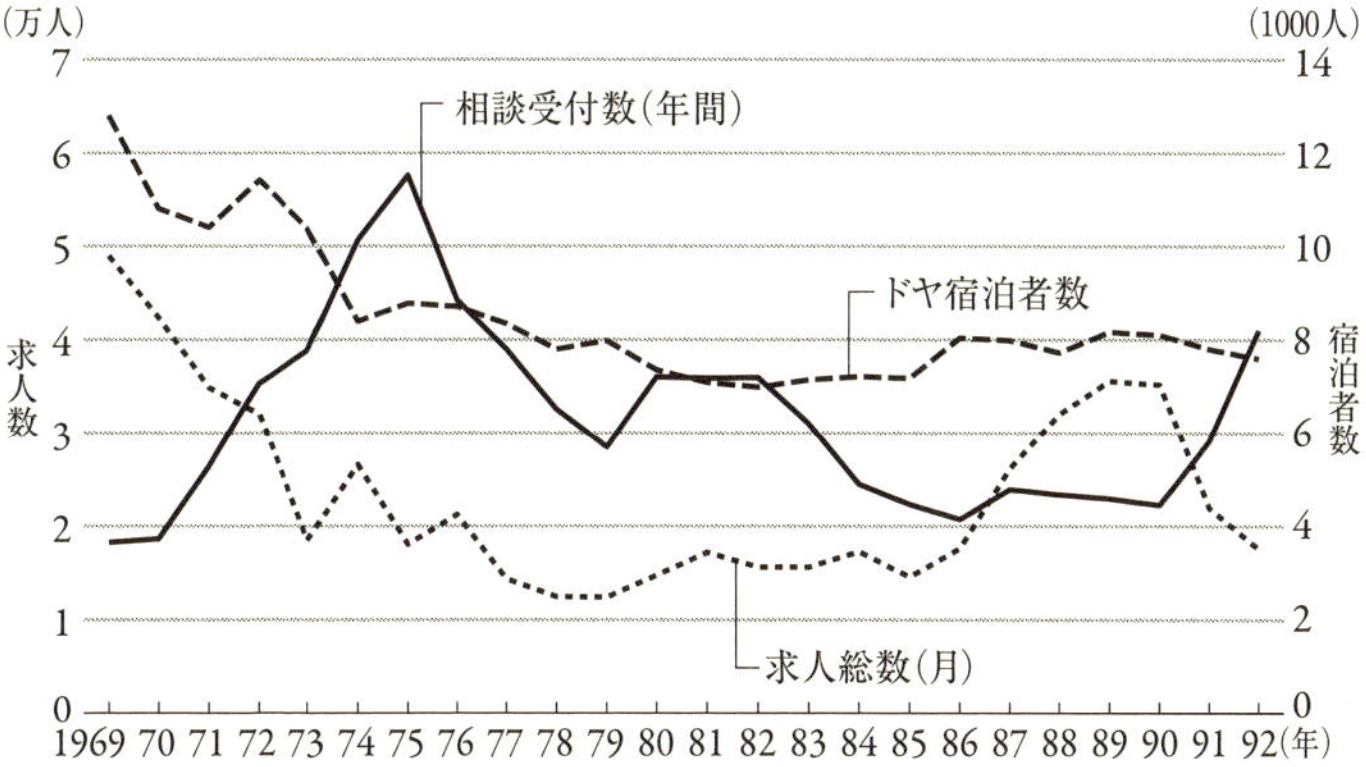

注：相談受付件数は東京都城北福祉センターの年間受付件数．求人総数は東京都山谷労働センターの求人総数．宿泊者数は各年 12 月の数．

資料：東京都城北福祉センター，東京都山谷労働センター事業概要．

件まで落ち込み、それ以降、多少の増減はあるものの、第二次オイルショックの時期に約一万二〇〇〇件と底を打ち、バブル景気の時期である八六年から九一年には反転し、二万六〇〇〇〜三万件程度まで上昇し、バブル崩壊により一気に縮小したことが分かる。なお、オイルショック時には、港湾労働における荷役作業の近代化が進み、そのことが求人数の減少を招いてもいる。

それに対して、城北福祉センターへの相談者数は、二つのオイルショックとバブルが崩壊した時期に増加し、オイルショック以前とバブル期では減少している。ドヤの居住者は、一九六九年には一万二八〇〇人であったのが七〇〇〇人前後まで落ち込み、それ以降、ほぼ同水準で推移している。

8——一九六〇年に最初の「山谷事件」があり、この年、「玉姫生活相談所」が開設され、六二年に山谷福祉センターに変わり、六五年に東京都城北福祉センターとなった。

以上のことから分かるように、七〇年代からバブル直前まで、山谷の日雇労働者が直面していたのは「不安」ではなく、「仕事がない」という現実であった。

越年対策という「法外援護」

ところで、東京都の「山谷対策」の一つに、越年対策がある。日雇仕事がなくなる年末年始に生活相談および宿泊援護を行う対策で、一九六二年以降毎年実施されている。これは一般的な貧困対策としての生活保護制度ではなく、その生活保護制度の枠外で、臨時的・一時的になされる「法外援護」の一つとして、山谷だけを対象に実施されてきた特別な対策である。生活保護制度は、山谷地区を管轄する台東区、荒川区の福祉事務所が行わなければならない福祉行政の一つだが、この法外援護としての越年対策は、東京都山谷対策室と城北福祉センターが担当していた。

七三年には、不況に対応して、山谷地区特別就労対策も実施された。この七三年の越年対策の最中に「事件」が起こった。一二月三一日午後三時、越年対策の受付けも終了し、山谷城北福祉センターのシャッターが降りかかった時のことである。「現闘」の活動家たちがセンターに飛び込んできた。たちまちセンターは「現闘」に占拠され、居合わせたセンター所長、福祉課長、山谷対策室の管理職らに対して、年末年始にセンター業務を休むことについて糾弾が始まった。さらに糾弾の場は山谷内の玉姫公園に移り、炊き出しに集まった労働者たちの前で、山谷対策全般についての要望を突きつけた。

糾弾は、一九六八年から六九年にかけて激化した大学紛争などで用いられた手法で、「現闘」が学生運動の過激派であったことを示唆している。「現闘」は玉姫公園にテントを張り、ドヤに泊まれない労働者を「収容」していた。この「事件」を受けて、東京都とセンターは、まず正月三カ日の借り上げベッドの確保に奔走することになった。山谷城北福祉センターの職員の視点からこの顛末を追ったのが山村柊午《やまむらとうご》『冬の街―山谷の窓口日記―』（一九九六）である。その記述によれば、一月四日から事態は次のように推移した。

四日の仕事始めで、センターは多くの相談者の対応に翻弄されている。センター業務が限界に達していたため、センター長は電話で台東区役所へ法外援護として現金給付（六〇〇〇円程度）の実施を依頼している。一泊のドヤ代と食費程度が賄える現金の支給である。「現闘」に率いられた労働者たちは、夕方に台東福祉事務所へ現れ、生活保護の申請をしたいと意思表示している。台東区福祉事務所長は、センターから依頼された法外援護は、法的根拠を持たないことから、生活保護制度として、四日分の保護費を支給することを決定した。普通、保護費は一カ月単位で支給されるが、場合によっては短い期間で支給されることがある。四日分の保護費とは、一カ月の保護費を四日分に分割して、その分だけ支払うというものであった。これは「寄せ場」の労働者に対する特別対策としての「法外援護」ではなく、一般的な貧困対策としての生活保護制度で対応しようとした点において画期的な決定であった。

おそらく台東区も東京都も、混乱の原因は不況下の労働問題にあるという認識は持っていただろうが、仕事が入ってこなければ、日雇失業保険に加入していてもその保障は限られる。だとすれば、国民全体に開かれている一般扶助としての生活保護を使っていけないわけはない。台東区福祉事務所の判断はそこにあった。むろん、生活保護の申請の場合、年齢、職業、居住地、本籍地、扶養義務者の有無、所持金、生活歴など、生活保護適用の可否を判定するために必要な事項を聞き取る手続きがいる。この場合も、四日分ではあるが、その手続きは踏んだ上で、即決で現金給付をしようとしたわけである。

一月四日の保護決定者は四三名、翌五日の土曜日が一三六名で、七日月曜日には五〇〇名を超える騒ぎとなった。『冬の街』によれば、朝日新聞の記事がきっかけで、この措置にあずかろうと便乗する者が全国から集まってきたからだという。[9] 申請者が減らないので、台東区福祉事務所は四日分を二日分へ縮小し、さらに一六日からは中止することを決めた。想定以上の労働者が押し寄せ、職員体制が限界に来ていたことがその理由である。また、申請カードに書かれた名前を呼び上げると「清水次郎長」などふざけた名前が出てきたことなどもやる気を失わせる一因となったかもしれない。

だが中止は、新聞に書かれたように、生活保護の適用が違法だったからではない。台東区も東京都もその点は確信しており、厚生省からの保護費返還要求には応じていない。生活保護は全ての国民の生活困窮に開かれた制度であり、フォーマルな貧困対策であるから、山谷労働者も、当然その困窮に応じてその対象になる。だが、その生活保護制度を使っての四日分の「現金給付」

は、想定外の人を呼び寄せる結果となり、実際上その実施が困難になったのである。

「寄せ場」総合対策の矛盾

しかし、生活保護の中止は、城北福祉センターの相談者が再び増えることを意味した。なぜなら、労働者の失業も貧困も解決していないからである。「寄せ場」を対象とした特別対策と一般的な貧困対策は、いわば天秤棒のように、どちらかの端の荷が減れば、反対側の荷が増える。東京都は、特別就労対策および越年施設の閉鎖を一カ月ほど延長している。

こうして、「正月騒動」の顚末をたどってみると、たしかに「現闘」に振り回されて、生活保護の緊急支給に至ったようにみえる。だがその根底には、もっと深い矛盾があった。一九六〇年代の高度経済成長期に「捨て駒」とされた、「寄せ場」日雇労働者の不満は、しばしば「暴動」事件となったが、これをその地区内に囲い込み、その地区のみを対象とした「総合対策」で乗り切ろうとしてきた。だが、オイルショックを契機に、「寄せ場」総合対策の矛盾が露わになってきた。本質的に労働問題が解決できていないところで、「法外援護」を続けても、何の解決にもならなかった。

9――『冬の街』には、センターにも関西弁の相談者が訪れたという記述があるが、生活保護支給によって釜ヶ崎から多数が上京したとは考えにくい。なぜなら、四日分の約二六五〇円程度の金額を得るために、交通費（新幹線代であればほぼ同額）を支払うとは思えないからである。

台東区の生活保護支給は、一般的な貧困対策としての生活保護制度による対応でこの矛盾を切り抜けようとするものであった。しかし、この試みはマスメディアの表層的な報道もあいまって失敗し、「寄せ場」労働者の失業問題は、再び「法外援護」の拡大に依拠せざるを得なくなる。越年施設だけではなく、越冬施設も開設され、これらの施策が、一九九二年以降のホームレス対策の基本となっていくのである。注意しておきたいのは、すでにこの頃から、日雇労働をはじめとする不安定就労市場は、求人情報誌など新たなルートを介するようになり、「寄せ場」機能そのものが縮小しはじめていたこと、および日雇労働者の高齢化が進んだことである。

開拓農家の窮状と開拓行政

一九七三年五月三〇日の衆議院農林水産委員会の議題は「開拓融資保証法の廃止に関する法律案」であった。この提案は、「最近における開拓者の営農は酪農等を中心に著しい進展を見せ、その生産の伸びも顕著であり、また、農家所得も一般農家に急速に接近しつつあ」るという認識のもと、一般の農業信用保証保険法の改正案を今国会に提出する予定なので、「この際、開拓融資保証制度を農業信用保証保険制度に統合すること」を目的としたものである。分かりやすく言うと、戦後の開拓者への支援を担った開拓行政を一般農政へ統合させるということであった。開拓融資保証制度は五三年に創設されたもので、開拓農家への資金融通を円滑にすることを目的としていた。農林省の説明によれば、戦後に入植した開拓農家は二一万戸あったが、七二年二月一日段階で九万六〇〇〇戸と半分以下に減少し、協同組合も減少している。この委員会で、中川利三郎委員は次のような質問をしている。

岩手県に奥中山開拓というところがございます。ここは五八五戸でございまして、四八年の二月一三日現在、借金の総額が五億七三〇〇万円ですね。そうすると、一戸当たりたった百万円くらいの負債だということにしかなりません。ところが、この中身が問題だと思うんですね。どういうふうに問題なのかと言いますと、政府の営農指導の中で、酪農の規模拡大だとしりをたたかれてきた方々は、一千万円以上の借金がざらなんです。政府の言い方を聞かないで高冷地野菜づくりをした人たちは、全くあずましく[10]営農をやっているという状況が生まれているんですね。こういうことについて、あなたは今後の展開のために云々ということを言いますけれども、それでは済まされない問題だというふうに思うんですけれども、どうですか。（衆議院農林水産委員会会議録第二五号昭和四八年五月三〇日、一八頁）

中川が取り上げた奥中山地区は、岩手県北部の高冷山間地で、もともとは陸軍の軍馬補充部（軍馬の購買、育成、補充、資源調査を行う軍機関）があったところである。戦後の緊急開拓事業の

10――「安定して」の意。

ために、この地も開放され、農業経験のない旧軍人、海外引揚者に地元農家の二、三男らを加えて五六七戸が入植を許可されている。火山灰地で冷害が多く、開拓は容易ではなかった。自給自足で精いっぱいの状況が長く続き、一九七三年時点で二七六戸まで減少している。国や県の指導の下、乳牛の数を増やしていったが、その際、省力化のための大型機械が必要で、その導入のために借金をせざるを得なくなった。

中川の質問は、国や県の指導した酪農では借金も返済できず、むしろレタスなどの野菜を、農家が独力で栽培したほうが経営が安定するという状況は、政府の指導の失敗であって、それなのに一般農政に統合するとは何事か、ということである。中川は具体的に、次のような酪農家の事例を挙げている。乳牛三五頭、育成牛一五頭、計五〇頭、畑二五町歩の大規模農家のMさんのケースである。Mさんは負債が一八〇〇万円、その返済額は毎年、約一〇〇〇万円である。

この程度の金は返せるだろうと皆さん思うでしょう。ところが、この方の営農状況ですね、昨年度の収支を調べてみました。そうしたら、こういうことです。牛乳の売り上げ代金五八六万四九一五円、子牛の売り上げ一〇九万六〇〇〇円、雑収入、つまりトラクターの賃耕料や減反奨励金です、これが六二万円、合わせまして農業粗収入が七六九万円です。これに対しまして支出がどうなっているかということを見ますと、濃厚飼料が二六〇万円、肥料代が六七万円、修理代を含む農機具費が五三万円、その燃料費が二〇万円、牛の、ベコが病気になったというので、獣医にかかった費用が一〇万円、育成費が一六万円、その他を含めて支出が五三三万円です。そうすると、七六九万円から五三三万円を引きますと二三六万円ということになります。このうちから一〇〇万円の返還をすることになりますと、手元に残るのは一三六万円ですね。この中から別のルートで借りた借金あるいは生活、子供を養育する、学校へ入れる。（略）この中で一切まかなっていかなければならない。この程度に規模の大きい農家でさえ一〇〇万円の負担ということがどんなものだかということですね。（同会議録、二二二頁）

開拓事業が作り出した貧困の「かたち」

高度経済成長の恩恵は、奥中山地区に届いていたのだろうか。この地区の開拓の歴史を綴った『夢・人・大地――奥中山開拓四〇周年記念誌』（一九八八年）には、一九六四年時点での奥中山地区の生活ニード調査の結果が一部紹介されている。これによれば、五人強の世帯で、ひと月当たりの収入が一万〜三万円未満が六一・八％、一万円未満が一一・三％となっている。参考のため、同じ年の家計調査（二人以上世帯・勤労世帯）を見ると、平均月収は世帯人員四・一六人で約六万円、実支出は約五万円である。中川の質問内容からすると、七三年時点でもそう変わっていない。むろん、高度経済成長の影響として、出稼ぎに行く農家が八割に拡大している。その収入は生活費の補充（五四％）のほか、借金返済（二四％）に充てられている。出稼ぎは専業酪農家には容易でなく、このため酪農をやめたり、地区から去っていく人びとも少なくなかった。[11]

開拓政策を進めた政府にしても、一九六〇年には、入植先で酪農を営むのが立ち行かなくなった人びとを対象に開拓者離農助成金を出して離農を促し、その土地を、残った人びとが規模を拡大するのに利用できるよう、方針を転換していた。だが、酪農の規模を拡大しても、また借金が増えるだけで、生活費に回せる余裕ができたわけではない。ところが、当時三一六戸あった地区の中で生活保護世帯はたったの二世帯にすぎなかったという。

「皮肉なことに入植者の大半が広大な土地の地主であり、土地は債権者の抵当となっており、借金返済の途上であれば売却もできず、現実的には生活保護以下の生活を強いられながらもその対象にさえされないという現実がありました」（記念誌 1988：105）。

生活保護制度は、資産を使い尽くしてからの救済制度なので、奥中山地区のような、土地・家畜を持ちながら借金漬けになっているというタイプの貧困は、その対象にならない。つまり、戦後の貧困救済策の一つであった開拓事業の作りだしたこの特殊な貧困の「かたち」は、最低生活保障からはこぼれ落ちて、この山間地区に沈下していったのである。[12]

なお、この記念誌には書かれていないが、奥中山地区では一九六四年に一一戸、計五一名の南米パラグアイへの海外集団移住がなされている（岩手県拓殖農業協同組合連合会 1964）。推進主体は奥中山開拓畜産農業協同組合であるが、離農を進める政府や岩手県も、その推進に積極的であった。しかし、移住を決めた一一戸も債務を抱えていたから、債務も含めた財産処理をどうするかが大きな問題となった。このうち、四戸の財産は、出発までに引き受け手を得られなかった。家畜や畜舎、家屋を適正な価格で売却できた人もいたが、それが叶わなかった人もいた。当座をしのぐための資金として、国や県からの移住・離農資金があったが、これを受け取れたのは五戸のみで、他はつなぎ融資や餞別などでなんとか資金を工面し、渡航している。この海外移住は成功例とされ、岩手県知事も視察に行き、さらに推進したい意向を示していたが、これ以降、海外移住が進んだという記録はない。

北上山地と新全総

ところで、奥中山地区を含む北上山地は、一九六九年に策定された新全国総合開発計画（新全総）の対象に選ばれている。これまでこうした開発計画からは一顧だにされず、「日本のチベット」とさえ呼ばれてきたこの「へき地」で、畜産、観光、林業を柱とした大事業を行おうという

11——もともと入植者のうち、軍人など農業経験のない人びとは脱落しやすく、それに代わって周辺農家の二、三男が入植し、彼らがこの地区の中心となっていったという。

12——むろん、開拓農家の借金漬けは奥中山地区に限らない。第七一回衆議院農林水産委員会の答弁で、政府委員は戦後の開拓地に入植した農家は二一万戸、一九七二年時点で九万六〇〇〇戸、負債は全体で約一〇〇〇億円、うち約一八億円が固定化していると述べている。一戸あたり一一八万六〇〇〇円の負債である。

計画である。先の中川は、質問の中で、奥中山では農地を観光資本に売ろうという話が出ていると述べているが、それはこの新全総によって北上山地がにわかに脚光を浴びた影響である。

河北新報盛岡支社編集部は北上山地の状況を取材し、一九七一年元旦から一一月までシリーズ企画「北上山地」というタイトルで河北新報岩手版に連載した。その一部を『北上山地に生きる――日本の底辺からの報告』（一九七三）にまとめている。この企画は、「あまりにも貧しすぎる北上山地には開発がぜひとも必要」であるが、新全総が個々の世帯の生産所得の格差の解消を目指すのではなく、交通網の整備と大規模酪農の育成・保護を目指しており、「底辺の人々」は切り捨てられてしまうのではないか、という危惧の念から始まったという（同：9−13）。

「北上山地」で奥中山地区は、「借金部落」として登場する。先に中川が述べたような、酪農経営と借金漬けの問題がここでも指摘されている。だが、それは奥中山地区に限ったことではない。どの地区も、借金と出稼ぎの話である。その結果、山間に一人暮らしの高齢者世帯が増えていく。

一九七一年二月、一人暮らしの六八歳の男性が死んでいるところを、隣の集落に住む次女によって発見された。亡くなって五日目のことだった。都会の団地や、災害時の応急仮設住宅などで社会問題となる孤独死が顕在化するのは九〇年代半ば以降のことだが、この山間地では七〇年代の段階で、問題となっていた。東磐井《ひがしいわい》福祉事務所長の推計では、一人暮らし高齢者は「東磐井郡下で二〇〇人以上はいるという。このうち生活保護者は二〇人たらずで、みんな「人の面倒にはならない」と気が強い」（同：89）。子どもからの送金はアテにできず、老齢福祉年金だけで暮らしているような老人も、「もうだれもあてにしない」と、頑なになっている（同：88-89）こうした姿勢に加えて、これらの人びとが土地も家屋も所有しているということが、生活保護の受給を難しくしていた。

こうした中で、県も市町村も協同組合も、新全総が謳《うた》う酪農王国を実現させようと牛ばかりを見て、人を見ていないと、この書は指摘している。少しでも牛を増やす方法として、「『隣の人間が離農すればいい。五人で共同経営していれば、仲間の四人が脱落することを願っているのが農民だ』。一人、二人ではない。一〇人近い農協や町村の指導者が真顔でそう教えてくれた」（同：172）。つまり一人のために四人の離農を奨励することが、酪農王国への途であった。奥中山地区での海外移住の推進も、その一環なのであった。

とはいえ、自ら離農を希望する人もいた。蛇塚開拓地のFさん一家は、雑穀作りからはじまり、県の奨励するビート、米、肉牛生産のいずれにも失敗し、借金ばかりが増えた。一九六五年からは長期出稼ぎで生活を支えていたが、見切りをつけて町へ出ようと話をしていたところに、新全総構想の影響で不動産業者が開拓地に目をつけた。「百姓やっても一銭にもならず、みんなせっぱつまっていた。不動産屋に助けられなかったら、開拓地を出られず、苦しい生活が続いていただろう。地獄で仏に会ったようだった」とFさんは語るが、Fさんが二〇〇円足らずで売った土地は、いまや一万円に跳ね上がっていると「北上山地」は結んでいる（同：282）。

付言すれば、奥中山地区の酪農経営が上向くのは一九八〇年代半ば以降である。記念誌は、

「五〇年には酪農戸数は四〇戸も減って一五四戸。逆に飼養頭数は一一五〇頭から三〇〇〇頭に倍増し、（略）五八年には牛乳生産出荷一万トンを達成した」とある。つまり、経営規模の拡大、裏を返せば零細小経営者の脱落こそが、開拓の夢を実現させたのである。

改良住宅地区の再「スラム」化

一九六〇年に制定された住宅地区改良法が、不良住宅という貧困の「外観」の改良を目指したことは、第二章で述べた。この法律には、小規模地区への適用が難しい等の難点があったが、小規模住宅地区等改良事業なども実施され、住宅や街区の改良は引き続き行われた。また、六九年に国会で成立した同和対策事業特別措置法（通称「同和立法」）による地区改良も進められた。

とはいえ、こうした住宅や地域の改良は「外観」の改良であって、貧困の解消とイコールではない。しかも、年月が経つにつれて「外観」それ自体も劣化していき、改良住宅の再「スラム」化が進むことがある。改良住宅ばかりでなく、低所得層向けの公営住宅でも同様なことが起こる。特に、そうした地域での貧困が改善されない中で、住居の経年劣化に応じたメンテナンスや、地域環境の整備について、行政も住民も関心を失ってしまった場合、再「スラム」化は必至である。高度経済成長期に、改良あるいは建設されたそれら住宅群のいくつかは、「一億総中流社会」の中で老朽化が進み、周囲からも放置され、生活保護の集中に象徴されるような貧困の「島」の様相を呈し始めていた。

むろん、広島市基町相生通りの「原爆スラム」のように、ようやくこの時期、その「改良」が完了した例もある。一九七八年に完成した基町高層・中層アパートと長寿園高層アパート群は、その斬新なデザインと商店や公共施設を巧みに織り込んだ設計で、建築界から高い評価を得ていた。だが、この地区の高層アパート群も、住民の高齢化・単身化が進み、商店街が衰退し、治安上の理由から屋上庭園が閉鎖されるなどし、いかにして再生させるか、こんにち議論がなされている。

再「スラム」化と再生計画

一九六〇年代に「不良住宅地」を改良したにもかかわらず、その再「スラム」化に直面し、八〇年代末にその再生計画が提言された例として、和歌山県御坊市のx団地を紹介しておきたい。御坊市には当時一〇〇一戸の公営住宅があり、人口約三万人の地方都市としては、公営住宅の比率が高い。なかでもx団地は、御坊市最大規模の公営住宅団地である。耐火中層の四階建が八棟、同じく三階建が一棟、簡易耐火低層二階建が一棟、計二二六戸であった。

この住宅団地は、戦後になってこの地を連続して襲った台風、日高川氾濫、団地の大火災などの災害の際に、応急仮設または公営住宅として建設されたものを、一九五九年から六九年にかけて、改良事業で造り替えたものであった。七〇年代には、老朽化もさほど目立っていなかったようであるが、八三年に実施された和歌山県同和地区産業職業実態調査では「部落問題にスラム化が重なっている」地区とされた（御坊市 1991：138）。このスラム化に加えて、被保護世帯の多さ、長期欠席児童の存在、家賃滞納や契約更新の不履行、ごみ放棄などの「問題」が重なっている地区としても認識されるようになる。

一九八九年になって、市は行政内部にx団地自立援助担当者会議を発足させ、これらの「問題」への具体的対策を開始した。翌九〇年には、市から委託を受けた神戸大学の平山洋介らによって、団地の生活実態調査が実施され、再生計画の提言が行われている（御坊市 1991）。平山らの調査報告は、九〇年当時のx団地について、①生活の混乱、②居住空間の混乱（住まい方の混乱）、③自律性の喪失、④（制度対応の）抽象化された断片、という四つのキーワードで整理している。キーワードだけでは分かりにくいので、それぞれを報告書に沿って説明しておこう。

生活と住まい方の混乱

まず①は、被保護世帯やボーダーライン層がこの団地へ集住することで、貧困が深刻化していることを意味している。居住世帯の四八％は、誰も働いていない非稼働世帯である。働いている人のいる稼働世帯は、ブルーカラーの職種で、雇用形態は、日雇・臨時・失対就労が多く、常雇いでも社会保険なしの零細規模事業所勤務であった。多くの世帯が無職である理由は疾病であり、疾病は働いている人のいる世帯にも広がっていると、報告書は指摘している。

生活保護の利用世帯は四七・六％ときわめて高い。これに過去の利用経験を合わせると六三・

五％となるという。つまり半分以上の世帯が、生活保護を利用した経験を持っている。しかも二回以上の利用経験が五七・七％で、二〇年以上利用している世帯は二三・一％にも上っている。御坊市全体の世帯保護率は約五％、御坊市の公営住宅全体の世帯保護率はこれの約六倍、平均は約三〇％と高いが、当時のｘ団地の世帯保護率はこの公営住宅の保護率の一・五倍以上と、際だって高かった。御坊市の世帯保護率も全国平均に比べると高いが、市全体の動向は全国の動向と同じように、八〇年から九〇年にかけて低下している。ところがｘ団地は異なる。無業と疾病による「島の貧困」に対しては、豊かな社会の恩恵はこの団地には届かなかったといえよう。

ｘ団地の世帯の特徴は、単身世帯と一人親世帯が市全体に比べて多く、多人数世帯はきわめて少ないことである。これは住宅規模が三〇・二から三九・六㎡と狭小であることとも関連している。標準的には二部屋にキッチン、風呂なしという間取りである。また世帯主年齢をみると、三〇歳代が少なく、二九歳以下と四〇歳以上に二極化している。一九九五年に御坊市の公共住宅世帯を一般世帯との対比で行った市民生活実態調査（御坊市 1997）では、御坊市の公共住宅群の居住世帯は、一〇代を含む若年層と四〇代以上の層に二分され、子どもを産み・育てる世代の世帯は少なかった。これは戦前のスラム居住層の年齢構成と類似しており、ｘ団地などの改良住宅が、単身または少人数世帯の長期貧困の「器」となっていたことが推測される。

団地建設時に入居したと考えられる世帯は三五・四％で、八〇年以降に入居した世帯は三八・四％と、やはり二極化している。新たな入居者は、結婚や生活保護制度による「世帯分離」が多く、市内公営住宅からの転居が中心である。その中には、空き室へ子どもが移動する、といった分離ケースもある。これが正当な手続きに基づくものかどうかは分からない。中には賃貸住宅の居室が「売買」されていたこともあったという。[13]大阪などへ就職した若者が病気などを理由としてUターンし、団地内で一人暮らしを始めることもある。遠方から移動してきた一人親世帯が空き室に住み着いたことが発覚した事例もある。九〇年調査では市管財課の把握した家賃滞納世帯は一一〇戸あったという。

このように、x団地への貧困の集積は、伝統的スラムとも共通する特徴を示していた。一九九〇年に実施された調査は、子どもの長期欠席（怠学）、低学力、非行等と、その背景にある貧困の再生産にも注目している。児童センター（児童相談所）では、援助が必要なx団地の六人の中学生の在学中の課題と卒業後の進路を調べている。それによれば、在学中の課題は、長多欠、怠学、不安定のいくつかの組み合わせであり、また父服役、母子世帯など家庭に問題があることを指摘している。卒業後の進路は、スーパー店員、親戚のスナック、訓練校、訓練校退学、転職、無職であったという。

②の居住空間もしくは住まい方の混乱というのは、建物の劣化が進み、外装も居室内部も傷み具合が激しい上、狭く、収納や浴室もない間取りで、蚊や蝿だけでなく、シロアリの発生にも悩まされるなど、居住者の不満は高いが、それに対して住民が無秩序に対応しているために、かえって事態が悪化していることを意味している。目で見て分かるx団地の「再スラム」化そのもの

である。たとえば一階居住者の大半は、もともと十分でない共用地スペースへ「張り出す」かたちで一部屋を増築してしまったり、専用庭を確保して、倉庫などを置いてしまう。ベランダの全面改装や部分改装は各戸で行われている。これは主に浴室の設置である。このため、日当たりも風通しも悪くなり、災害時の避難通路の確保も難しくなっていた。こうした勝手な増改築に加えて、団地全体の共有空間に、廃品、廃車などが捨てられ、雑多なごみが放置され、清掃も行き届いていなかった。

自律性の喪失と、制度への依存

③は、①のような貧困がこの団地に集積された結果、x団地の被保護者は、公的住宅と生活保護という公的制度への依存を深め、いわゆるスティグマ（否定的なレッテル）から「解放され」、「保護慣れ」「制度依存」といわれるような傾向を強めているという意味である。九〇年代半ば過ぎのx団地内でのインタビュー[14]であるが、ある保護世帯の妻は次のように述べている（東京都立大学・岩田正美 1997）。

13——こうしたケースの背後には暴力団の存在があったことが示唆されている。また、御坊市は一九八〇年に暴力団の不正保護受給事件があり、その後、保護適正化につとめていたという。
14——インタビューは宮寺由佳（当時都立大学大学院）によるものである。インタビュー全体については、宮寺由佳『貧困地区における若年世帯の結婚・出産・育児—生活運営プロセスの視点から』（東京都立大学大学院修士論文）参照。

はじめは恥ずかしくて、人のいないときに福祉事務所へ行っていたが、妹にも「ええなあ。お前のところはもろうてて。医者でもただやろ」といわれるし、団地の中でも「うちは3人でこれだけやで、うちは5人でこれだけや」ってよう話しとる。

まさに「保護慣れ」であろう。この妻の話のように居住者の多くは、x団地内または御坊市内の公営住宅に居住する親族とのネットワークを持つが、親族もまた同じような貧困状況にあり、相互援助があるというより、妹も保護受給をうらやむし、団地内でも受給を隠さない状況が生まれる。このように、劣化しているとはいえ勝手に増改築した公営住宅への安住と生活保護への依存状況が、報告書の言う「自律性の喪失」である。行政現場の言葉で言うと、依存ばかりで「意欲がない」ということになる。前章で産炭地の生活保護受給者たちにむけて言われる言葉＝「労働意欲を失っている」を聞いた上野英信の反応が思い起こされる。すなわち、「失っているのではなくて、奪い去られているのだ。破壊されつくしているのだ」と。長く貧困と差別の中で暮らしてきたx団地居住者にも、この言葉が当てはまらないわけがない。

しかし、この地区の住民が自律性をまったく失っているという判断は正確ではない。一九九〇年調査でも指摘しているように、勝手な増改築や不法占拠は、狭小な住宅の改善を目指す主体的な行為であり、「保護慣れ」でさえ地区住民の積極的な選択という見方もありうる。彼らは自分たちの生活の現実をよく理解しており、その生活を根本的に改善することがいかに難しいかも、よく分かっている。だからこそ、その根本的改善から遠のくような、生活保護や公的扶助などの制度へ断片的に依存しがちなのだ。[15] また多くの居住者は団地の改善を希望しているが、滞納や不法居住などの問題も絡んでいるので、その要求は具体化しにくい面がある。子どもたちの進路の不確かさも含めて、そこには選択肢がごく限られているという現実的な問題があり、公営住宅と生活保護だけが突出して有利な選択肢として浮き上がってしまうのである。

④の「抽象化された断片」は、ややわかりにくいが、同和対策も含め、手厚い公的援助がなされてきたにもかかわらず、x団地でスラム化が進んでしまうのは、それぞれの援助が、全体的な視野のもとで相互に関連づけられて実施されておらず、断片化された、縦割りの対応に終始してきたことを指している。x団地の貧困は、「へき地」の土地持ち農家の借金まみれの貧困とも異なるし、札幌の餓死事件、あるいは近年の孤独死のように、そこでの貧困が覆い隠され、生活保護などの公的扶助を得る機会から遠ざけられている貧困とも全く異なる。戦前のスラムときわめて似ていながら、公的援助が多様になされている、という点でやはり違う。つまり複数の公的援

15――これは、『ハマータウンの野郎ども』でポール・ウィリスが解釈した、学校の「落ちこぼれ」の取った対応と基本的には同じである。

助がありながら、さほど効果的に機能していなかったところに、一九九〇年のx団地の貧困の「かたち」があった。

したがって、x団地の再スラム化を再生するには、単なる建て替えではなく、貧困を抱える各世帯への個別的な援助(ケースワーク・プログラム)、住宅・団地の改善・更新(ハウジング・プログラム)、住民自治会など地域活動の活性化と参加(コミュニティ・プログラム)という包括プログラムを、横断的な行政組織によって進めていく必要があるというのが、一九九一年報告書の提言である。驚くべきことに、この提言をもとに、x団地再生事業は、団地内にもうけられたx団地対策室を中心に、住民参加のワークショップ形式で実施され、平成不況期の一九九五年度から五期計画で近くの新敷地へ五棟一〇四戸が新設された。その後、二〇〇一年までに元の敷地に一〇四戸が建設され、既存建物が撤去され、事業を完了している。[16] また、その過程で住民の地域活動も活発化し、各棟に自治組織が形成されたことは、注目すべきであろう。

16——その意味で、x団地再生事業は成功例として、建築および福祉関係者からの熱い視線が注がれてきた。成功だとすれば、x団地地区内の「現場」に対策室を設置したこと、ワークショップによる住民参加、自治会活動の活発化などの要因が挙げられよう。だが、住民のすべてが新住宅へ移行できたわけではなく、入居要件を満たす世帯は次第に少なくなり、「困難ケース」だけが残された経緯も記録されている。また就労率や保護率の改善は、むろん容易ではない。

第五章

「失われた二〇年」と貧困

十月一日（月）午後。日興証券の株式トレーダー（三〇）は、わが目を疑った。さえなかったボードの数字がさらに下落、ついには彼の知るかぎり最低の値に下げたのだ。このトレーダーにしてみれば、日経平均株価二万円という数字は、時代錯誤もはなはだしい。一九八七年以来、東京証券取引所は二万円を割っていないのである。／だがこの日の午後、日経平均は二万円台を割り込んだ。売り注文の叫び声が飛び交うなかで、彼はこうつぶやいた。「ばかな。こんなことってあるはずない。（宮崎義一『複合不況』二〇五−二〇六頁）

宮崎義一の『複合不況』に引用されたこの文章は、一九九〇年一〇月一八日号の『ニューズウィーク』誌（日本版）に掲載された「トウキョウ・クラッシュ」という特集の冒頭部分である。この一〇月一日こそ、土地や株式などへの過剰な投資を生み出し、またこの投資を促進させる金融が拡大した、いわゆる「バブル」経済の崩壊と、日本の「失われた一〇年」あるいは「二〇年」とも呼ばれた長期経済低迷の開始の合図であった。その背景には八〇年代に進んだ金融の自由化があり、それが「モノの経済」から「カネの経済」への移行を決定的なものにし、それによって「金融部門がリードした新たな不況」が出現したと、宮崎は述べている。この「新たな不況」が、従来型の過剰生産＝有効需要不足による不況を呼び起こし、両者が複合した「複合不況」が生まれたと、宮崎は解釈した。

とはいえ、一九九〇年一〇月一日の段階では、実体経済はまだ好景気を持続させていた。このタイムラグも、宮崎の言う「複合不況」の特徴であった。それゆえ政府も当初は楽観的であり、一九九二年の経済白書では「『バブル』崩壊は、各企業の財務体質の健全化に時間を要するものの、景気への影響は限定的であると考えられます」と、今から思えば奇妙に明るい見通しを持っていた。

この不況が、従来の短期的な景気後退と異なることに気がつくのは、一九九三年頃である。「金融部門にリード」されたこの不況は、土地価格の下落、回収困難な貸付金（不良債権）を抱えた金融機関の大型倒産、金融機関から融資を制限された中小企業の破綻などを招き、出口の見えない長期低迷のトンネルに入り込んでしまった。

二〇〇一年度の経済財政白書は、長期化する不況の理由を次の三つの要因から説明している。①不動産、建設、卸小売の三業種を中心にバブル期に過大な土地等への投資と借入れが行われたが、バブル崩壊後、土地資産の価値が下落した。そこに長期の景気低迷や流通革命による競争激化が重なって、これら業種への貸出債権の一部も回収不能となった。②バブル崩壊の影響が少ない企業でも、長期の景気低迷と、それへ対処するための改革圧力が強まる中で、業種や規模によって、さらには企業によって業績の違いが拡大しており、いわゆる「負け組」企業への貸出が回収困難になった。③このため、金融機関が貸出の査定を厳格化している。①から③のいずれも実体経済への波及の大きさを示唆しており、「負け組」という官庁らしからぬ表現で、中小零細企業の経営難も指摘されている。戦後の産業構造の変化と景気変動について分析した吉川洋と宮川修子によれば、一九九〇年から九五年までの累積実績で見ると、建設業だけでなくほとんど全ての製造業でマイナス成長となり、九五年から二〇〇〇年にかけては、卸・小売業、不動産業の成長がマイナスとなるなど、「負け組」はほとんど全産業を覆っている（吉川・宮川 2009：9–10）。

この長期低迷を打開する方策として、新自由主義の路線が打ち出され、規制緩和が強力に推進されようとした。前章で私は、一九八〇年代の先進国を襲った危機を、日本はかなり「軽傷で」乗り切ったという指摘を紹介したが、そのとき必要とされた、ポスト工業社会やグローバリゼーションを前提とした制度枠組みの再編成を、この時期になって行うことになったともいえる。国境を越えたモノの取り引きだけでなく、国境を越えたカネの取り引きが、八〇年代に拡大しており、情報通信産業の技術革新がこの金融グローバリゼーションを後押しした。

金融や情報産業に加えて、多様なサービス業も発展した。製造業を中心とした工業社会は、大量生産・大量消費を追求し、それにふさわしい労働体制を発展させてきたが、やや硬直的なその体制を、新たな産業に見合った「柔軟な」ものにしなければならなかった。一部の中心的業務には、知識とスキルを持った労働者が配置されるが、それ以外の業務は断片化され、「柔軟な労働力」としての非正規雇用や、外部下請けの利用を拡大させていった。これが、ポスト工業社会と呼ばれる新しい段階である。企業も個人も、この新しい段階にふさわしく、「自己責任」と「勝ち組」化の方向で努力するよう求められた。

しかし、二一世紀になっても、トンネルの出口が見えたわけではなかった。むしろ、非正規労働者の増大が顕著になり、二〇〇八年のいわゆるリーマン・ブラザーズの破綻に端を発する世界金融恐慌が事態をさらに長引かせた。グローバリゼーションとポスト工業社会のプラスの側面よりもマイナスの側面が引き出されたといえる。そのうえ、少子高齢化の観点から社会保障の見直しが進められたため、「豊かな社会」「一億総中流社会」は一転して、「勝ち組と負け組」、あるいは「正規労働者と非正規労働者」のような格差が全面に現れるようになり、「格差社会」の様相を深めることになる。各種の格差論が流行する中で、貧困問題もあらためて注目されるようになった。では、その貧困はどのような「かたち」をとったのだろうか。

1　格差社会と貧困

当時の格差論は、学歴格差、所得格差、世代間格差、社会階層格差など、多様な角度からその格差の実態に迫ろうとしたが、いずれも統計データによって、それぞれの領域での格差の拡大を確認するところから出発している。むろん、格差の「実感」が経験されるからこそ、その統計分析が意味をもつわけだが、統計データに示された差異のどこまでが問題で、どこまでを是正すべきかの社会的合意の形成はなかなかに難しい。

ところが貧困は、出発点がそのような数字ではないことがしばしばある。そのような統計にさえ含まれない事態が、ある「かたち」を取って社会に表出するのである。また格差論では、格差が「大きくなった、小さくなった」ことと、その解釈に焦点がおかれるが、貧困は小さくなろうと大きくなろうと、社会に表出されたその「かたち」に意味があり、その「かたち」の除去が、社会にとっての課題となる。これまでの章で明らかにしてきたように、「浮浪者・浮浪児」、「仮小屋」やスラム、旧産炭地やへき地、「寄せ場」などの貧困は、統計数字ではなく、その貧しさの特定の「かたち」によって注目され、また、人びとの抵抗・反抗、あるいは社会の側からの差別的なまなざしによって、確認されてきたと言っていいだろう。

さて、「格差社会」の様相を深めるなかで、まず社会の関心を引いたのは、駅や公園、河川敷などで暮らす人びとの急増であった。のちにホームレスという言葉で把握されるようになった、貧困の「かたち」である。

路上の人びとの急増

追い出され浅草通りにフトン敷く
自転車がとび込んでくる枕元

ダンボール小屋覗き穴より目を突かれ
（大石太『句集　おらホームレス』一九九六年）

「寄せ場」での野宿生活は珍しいことではない。ドヤに泊まる金がなければ、「アオカン」と称して、公園や路上で一夜を過ごすのはよくあることであった。定住できる場所のない日雇労働者にとって、ドヤや飯場などでの寝泊まりと、公園などでの野宿は一続きのものであったといってよい。

しかし、「寄せ場」という空間を越えて、路上に敷物やテントなどをしつらえて生活する人びとが増えたのは、一九九二年の暮れ頃からである。政府はＧＤＰを見て楽観していたが、長期不況は、バブル経済を牽引した不動産業・建設産業へ甚大なダメージを与えたため、建設業に深く依存していた「寄せ場」の労働者たちは、誰よりも早くその影響を受けた。たとえば大阪では、釜ヶ崎・あいりん総合センターを中心に、同心円上に野宿をする人びとが広がっていき、東京では山谷から上野駅・上野公園、隅田川河岸へと野宿の場が拡大していった。前章で述べたように、建設業などの仕事を仲介する「寄せ場」が労働市場としての機能を弱めていたことも、失業者を「寄せ場」の外へ追いやる要因の一つであった。建設だけでなく多様な産業が不熟練労働者を求めていたが、そうした労働者は、アルバイト情報誌などを通じて確保するようになっていた。

さらに、路上の人びとは、ターミナル駅や公園などにも拡大していった。規模の小さな「寄せ場」があった地域はむろんのこと、それ以外の駅や公園、河川敷でも路上で暮らす人びとが増えてきたのである。たとえば大阪市の中心部を南北に走る御堂筋を軸にして、公園などでテントなどが広がり始め（森田編 2001：30–31）、東京では新宿や渋谷、池袋などのターミナル駅や公園、多摩川沿いなどにもブルーテントや仮小屋、ダンボールハウスができていった。なかでも一九九四年から九八年にかけて広がりをみせた新宿西口の地下道のダンボール村は、ある種の解放区のような様相さえ示した。新都庁舎へ向かう通路（四号街路）の柱の陰にできあがった数々のダンボールハウス、「動く歩道」の設置等を名目に強行された撤去作業をめぐる攻防、すぐ近くの地下広場へのダンボール村の再建、九八年二月七日未明に発生した火災によるその焼失（四名の犠牲者が出た）等は、まさにこの時代の混乱を象徴している。

路上の人びとの出現・拡大がいかに急速だったかは図5－1によく示されている。これは、新宿区福祉事務所が、「住所不定者」からの生活相談の件数を、一九九〇年度の一五五二件（年度累計）を1とした場合の倍率を示したものである。「住所不定者」とは、かつての「浮浪者」をマイルドに言い換えた行政用語だ。もともと新宿は、高田馬場に日雇専門の労働出張所があり、また簡易宿泊所も何軒かあった。日本一の乗降客数を誇る新宿駅が近くにあるほか、九一年の都庁移転を含めた副都心が発展するなかで、バブル崩壊前から常時一〇〇名程度の「住所不定者」がいると言われていた。

図5－1でみるように、「住所不定者」の相談件数は一九九二年度から増え始めているが、急

速に拡大したのは九四年度からで、倍率二八・四倍（年度累計四三二〇一件）であった。九五年度は六一・七倍（年度累計九三八九九六件）、九六年度は六四倍、九七年度は七〇・一倍とさらに膨らみ、九七年度の相談者数は計一〇万人を超えた。

図5-1　新宿区「住所不定者」相談倍率の推移

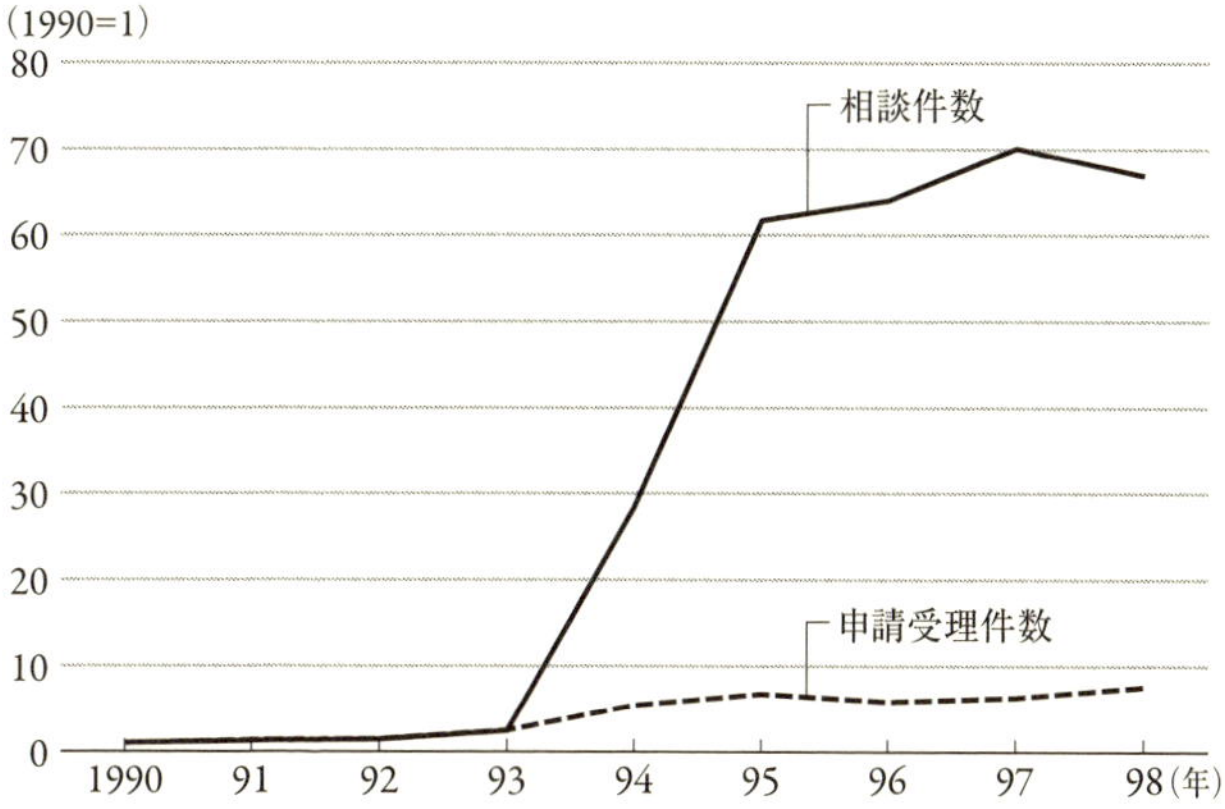

資料：新宿区福祉事務所調べ.

図５－１の申請受理件数というのは、生活保護の申請を受理した件数である。これも一九九四年度は五・四倍であったのが、九八年度には七・六倍と右肩上がりで伸びているが、相談件数に比べて圧倒的に少ない。では、相談件数とは何かというと、主としてカップ麺や乾パンなどの食糧や交通費の提供を意味する。というのも、バブル崩壊後に急増した「住所不定者」の多くは、生活保護制度ではなく、さしあたり「法外援護」の対象となったからだ。これは前章でも述べた、「寄せ場」対策の延長線上にある貧困対策である。

「住所不定者」は、二〇〇二年に成立したホームレス自立支援法（時限立法）によって、「ホームレス」という公式の用語に取って代わられた。その理由は、寄せ場対策などにおいて東京では「路上生活者」、大阪では「野宿者」、横浜では「屋外生活者」などと、路上の人びとの呼称がまちまちであったのを統一するためだと説明されている。

全国のホームレス数としては、目で見て数えた一時点の調査という限界はあるが、一九九九年に二万四五一人、二〇〇一年に二万四〇九〇人、〇三年に二万五二九六人と増えた後、次第に減少して一二年には九五七六人になったと厚生労働省は報告している(一九九九年、二〇〇一年はホームレスの多い都市のみ)。すぐ後で述べるように、ホームレスは五五~六四歳の中高年男性が中心で、二〇一二年頃までは大きく変化していない。つまり、人数は減っているが、同じ人が路上にいるだけでなく、新たにホームレスになった人がいる。調査員が視認した数も、延べ数としてみれば、二〇〇三年時点で一〇〇万人弱、一二年でも三五万人と考えることもできる。この全国調査と新宿区の相談件数を合わせ考えると、少なくとも一九九四年から二〇〇三年頃までの約一〇年の間、ホームレスは長期不況のシンボルとして、駅や公園で人びとが日常的に出会う存在であったといえるだろう。

ホームレスという貧困

ホームレスの定義は国によっても異なるが、家を失う(ハウスレス)ということだけでなく、ある人が社会の中で、そのメンバーとして生きていく定点(=ホーム)を失う側面が強調されることが少なくない。定職、定住などの「定」が、この定点(=ホーム)の意味である。人びとは、押しピンで留められるように、この定点に位置づけられ、また、その定点を介して社会のメンバーであることを証明する。実は一九九二年以降の日本でホームレスが増加する前に、欧米においても「新たなホームレス」が社会問題になっていた。特に一九八〇年代以降のヨーロッパでは、福祉国家の成熟にもかかわらず、ホームレスが増加していることが指摘され、社会的排除という新たな概念でこの現象を説明するようになっていた。社会的排除とは、ある人びとを、社会がそのメンバーから排除することを意味し、特定の人びとが、福祉国家による保障の網の目からこぼれ落ちている、という点に注目が集まりはじめていた。

先に述べたように、日本の場合は、二〇〇二年の「ホームレス自立支援法」以降、ホームレスという言葉が公式に使われるようになった。この法律でのホームレスの定義は、欧米よりかなり狭いもので、文字通りのホームレスである野宿生活者を主に意味している。この文字通りのホームレスは、従来の「住所不定者」と同様、社会のメンバーとしての資格に最も疑問符がつく存在である。しかも、これらの人びとの生活は、駅や公園など公共の場所を「不法占拠」することで成り立っていたので、社会のメンバーにとっては「迷惑な存在」として排除されがちである。一九八〇年代に青少年による「浮浪者狩り」が繰り返されたが、これは、当時まだ目立つほどの数ではなかったホームレスをターゲットにして暴力を加えたものである。定点を失ったホームレスは、彼らにとっては「ゴミ」のようにしか見えなかったのかもしれない。

一九九五年の阪神淡路大震災では、多くの人びとが住居を失ったが、次第に落ち着いてくると、避難所によっては、名簿やカードなどで避難生活者を管理するようになり、以前からその地域にいたホームレスは結果的に排除されたという。平井正治は『無縁声声』において、次のような体験を述べている。

被災前から公園にいたホームレスも、飯場の労働者も、被災者であったにもかかわらず、「配給物資をもらう行列のところで、「あんたどこの町会や」とおばさんが大声できいている。相手は野宿してた人やから、もぐもぐしてると「町会費をどこで払ってた」と、こういうふうに言っている。僕は「通りがかりの者やけど、この避難所は町会費がいるんか」と声かけた。そしたらパンチパーマのニイさんが「おまえどこから来た」と出て来た」（平井正治『無縁声声』二七〇頁）。

この話は、敗戦直後の「総飢餓状態」の中ですら、最もさげすまれ、まるで野犬のようにかりこみにあった「浮浪者」や、その後の「仮小屋生活者」に対する社会の態度を彷彿とさせる。実際、「浮浪者」とホームレスには本質的な違いはない。戦後五〇年を経て、「浮浪者」問題が再び現れたのである。欧米の新たなホームレス問題も、作家ディケンズが『オリバー・ツイスト』で描いたような一九世紀のアンダー・クラスの再現などと言われた。

むろん、敗戦直後と大きく異なるのは、現代のホームレスがそれなりの衣服や靴、毛布を所持し、場合によっては自転車すら持っていることである。そのほとんどは拾ったものか、貰ったものである。すぐ後で具体例を示すように、彼らの家はダンボールなどの廃材を再利用している。これを、ブラジルの都市計画学者マリア・セシーリア・ロスキアボ・ドス・サントスは「生命包装（life packaging）」と呼んだ（ドス・サントス、1999：8–9）。高度消費社会の多様な商品を包み込むために大量に生産され消費され捨てられた包装材が、今度はホームレスの命の包装材として再利用されているというのである。この意味でホームレスは、まさに高度消費社会における貧困の一つの「かたち」なのである。

ホームレスの人びとは、時としてカップ酒を飲んだり、昼間から寝ていたりする。そうしたことは公共の場で行うほかなく、これを見て、呑気で気ままな生活だと考える人も出てくる。新宿地下四号街路での強制撤去に踏み切った青島幸男都知事（当時）に言わせれば、ホームレスは「独特な哲学をおもちの方々」であったし、そうした「変わった」性向を指摘する人は少なくなかった。

収入ゼロのホームレス生活

しかし、一九九二年の暮れからのホームレスの急増を前提とすれば、そうした「独特な哲学」を持つ人が急に増えたことの説明のほうが困難であろう。第一、いくら豊かな社会とはいえ、「独特な哲学」で路上は生きていけない。路上のホームレスにとって、生きていくことは、食糧や仕事やダンボールなどを探すために、またその日の寝床を確保するために、公共用地の管理者が許容する範囲で、あちこち移動することであった。以下は、私が一九九五年八月にインタビューしたBさんの一日である。Bさんは新宿西口の地下道の、常設的なダンボール村からやや外れたところの階段上にいた（なお、以下で引用する別のホームレスの語りも、主に新宿と東京都の臨時施設で私がインタビューしたものである）。

ここのシャッターが開くのはだいたい朝六時だから、その時ここに来て、段ボールの小屋を作るのよ。そのあと寝る人が多いが、私の場合は、ヘンな話だけどね、サラリーマンの時の癖だね、やっぱり朝は新聞を読みたくなるのね。それで新聞を拾いに行って、それを周りにも配る。今はスポーツ新聞だけだけどね。その後夕方ぐらいまで寝る。（略）／えー？ここに夜はいられないよ。夜十一時頃シャッターが閉まるから、その前に別んとこへ移る。シャッターが閉まるのは十一時というけれど十時三〇分ごろには出なければいけないから、それから移動して西口の、ほれインフォメ（インフォメーションセンター）の裏ね、あそこにある喫茶店の前に行って小屋を作る。喫茶店のところなので、これが閉まってからしか小屋は作れないわけ。迷惑かけちゃいけないからね。（略）／小屋を作った後、食糧調達に出かける。今は二人、隣の体の不自由な人とね、二人で組んで阿佐ヶ谷の方まで行っている。（片道六・七kmぐらい）一時間二〇分ぐらいかかる。足が不自由だからね。／（食糧調達って？）阿佐ヶ谷のコンビニでお弁当を貰ってくるのよ。コンビニのお店の人は散らかさないようにとだけいって黙認してくれている。この頃はお弁当とパンを分けて出してくれている。このお店は今年の二月頃見つけた。それまでは新宿や中野を探して歩いたね。大変だった。

ほんとうに。二時半頃帰ってきて、弁当、弁当を仲間に配る。それで、食事して、また寝るの。疲れてるからね。ずいぶん歩くから。食べ物は、あと、炊き出しやあんたたちのようなボランティアのね、持ってきてくれるものかな。区役所のソバ（法外援助のカップ麵）ね。あれに行くこともあります。一日二食ぐらいかな。一食のこともあるし……。／洗濯やなんかは、公園に行きます。トイレはすぐそばにあるからね。／（今はここでの生活には慣れました？）やっぱり慣れないね。当初は足がいたくって歩けなくなっちゃった。つい最近まで毛布を二枚敷いていたのよ。新聞だけになったのは最近。夏場だしね。（略）／本当は、ここに来た当初は、明日どうやって食べていこうか、そればかり思ったね。今にして思えば人間ていうのは、やっぱりね、何ていうのかしぶといね。（略）何としても食わなくちゃと思うとなんでもするね。何としても生きていこうとするね。うん。（Bさん　五〇代　一九九五年八月：岩田 2000：100－102）

Bさんの生活は、収入ゼロのホームレスの典型的な「拾う・貰う」生活である。小屋を作るダンボール探し、食糧探し、新聞拾い、その他ゴミ箱などからの拾い、区役所やボランティアの食事提供への並び、公園での洗濯等々。そうした行為は、一般の人や管理者に「迷惑かけちゃいけない」ので、場所を移動しながら行われる。昼間寝ているのは、夜に食糧調達に行くためと、冬場の夜に寝るのは凍死する危険があるからである。当時の新宿では、教会ボランティアが提供する早朝のおにぎり、「クリシュナ」と彼らが呼んでいたインドの宗教者が作ったカレー、救世軍が配る弁当などが定期・不定期にあり、昼間は区役所が法外援護としてカップ麵、乾パンなどを配布していた。だが、それだけでは生きていけないので、Bさんのように、片道一時間以上もかけて、コンビニなどで廃棄される弁当やパンを「黙認」のもと、もらってくることになる。

新宿で私が聞いた話では、中央線の三鷹のコンビニまで毎晩行っている人もいたし（約一六キロ、徒歩三時間弱）、病気になると薬をもらいに山谷の福祉センターまで歩いて行った人もいた（約一三キロ、徒歩二時間半）。当時、新宿周辺では廃棄商品に水を入れたり煙草の吸い殻を入れたりして、ホームレスが寄ってこないようにしている店も少なくなかった。毛布や下着などは支援団体が配ることもあった。食糧をもらえる場所を開拓し、きれいなダンボールが拾える場所、ボランティアの来るところ、洗濯や身体を拭くことのできる場所や時間帯を頭に叩き込んでおくことが、呑気そうに見えるホームレス生活を生きていくということであった。

彼らにとって入浴できないことは、最もつらいことの一つで、ダニや皮膚病などで悩む人たちも少なくなかった。路上で暮らすホームレスの中には、Bさんの相棒のように、足や腰が悪かったりする人もいた。ホームレスになるきっかけの一つに怪我や病気があり、特に建設労働者にそうしたケースが多い。また、路上生活は多様な疾病の原因ともなる。治療するためには、生活保護制度の医療扶助単給（医療扶助だけ支給される）を利用することになる。路上から病院に通う人もおり、東京都の路上生活者の冬期臨時宿泊施設入所者の結核診断結果では、一九九五年度で七八七人の受診者のうち八〇人が、九六年度では七八六人の受診者のうち七八人が、治療を要するとされた。当時、東京都中央区保健所の予防課長をしていた中西良子は、この臨時宿泊施設と更生施設における健康状態の分析から、「治療を要する結核患者」の発見率は八・八％で、一般住民検診の約五〇〇倍、学校検診の約八〇〇倍にも上ると指摘している（冬期臨時宿泊事業検討会 1998, 岩田 2000：134-135）。実際、私は昨日退院したばかりという結核患者に路上で会ったことがある。本人も不安でしかたがないと言っていた。ホームレスの場合、結核のほか、アルコール依存症を含む精神疾患、脳血管障害、消化器疾患なども多いと中西は指摘している。六〇歳代のS・Kさんは、胃潰瘍で手術をした経験がある。三回入院したという。

前にね、入院したときは、胃潰瘍でね、腹切った。うーん。七〜八年前かな。三回入院した。そのあと調子が悪いんだな、ずっと。（略）前にね、熱海の近くだけど、どっかのおかさんが働かないかってね、声かけてくれたんだけど、漏らしたからね、辞めさせられた。腹痛いんだよね。しょうがないや。親父も腹悪くて、痛がって死んだしね。俺もこんなんで死ぬのかな、ってね。いつ死んでもいいよ。いつ死んでもいいと思う。この生活はつらいからね。（岩田 2000：138）

路上生活者と仕事

路上に寝泊まりしながら仕事をしている人びとも、もちろん存在していた。寄せ場で長く日雇をしていた人びとは路上生活になっても早朝には寄せ場へ通うと言っていたし、土木建築のほか引っ越しの手伝いなどの仕事が入ることもある。河川敷で小屋掛けする場合などでは、空き缶や銅線拾いなどの廃品回収が主な仕事となる。その場合、廃品を置いておけるスペースと、自転車やリヤカーなどの移動手段が必要であり、またかつての「バタヤ」と同様、仕切業者（寄せ屋）が近くに存在していることが条件になる。このほか、当時の収入源として、野球場などのチケットを入手するための「並び」、「本屋さん」と称する古本回収とその販売など、いわゆる都市雑業があった。こうした仕事によるいくばくかの収入は、ドヤやカプセルホテルでの宿泊代、銭湯代、食事代などに消えていく。当時の新宿で「本屋さん」をしていたWさんの場合は次のようであった。

うん、今の仕事はね、駅に入ってね、本拾って売る仕事です。西口にひとり親方がいてね、そのグループ。最初にやった頃はね、全部で三つぐらいしか本屋さんのグループはなかった。今はね、十五くらいあるんじゃないの。多くなったよね。これやるようになったのはね、偶然だね。元は建設の方の仕事やってたんだけど、身体悪いし、使ってくれないしね。最初はね、俺が一人ではじめて、そしたら入れてくれって仲間が来たんだよ。最初はだから、集めるだけ。週刊誌ね、漫画本とか、それで古本店に売るわけ。（略）／そのうちに、今の親方ね、Tさんていうんだけど、その人が刑務所から出てきて、これは俺の縄張りだって、いわれたわけ。それで謝ってね。それからTさんを親方にして、店もやれって。ちょっと店は大変なんだけどね。店番も必要だし（略）。（略）／まず、朝一カ所に集まる。そうね六時半から七時の間だね。打ち合わせね。それから駅に入って、俺の場合は中央線だね、八王子や高尾の方へ行くやつで、一日三回くらい回る。帰ってくるのが十時か十時半だな。（略）／一冊だいたい四十円ぐらいで売れるけど、これは本によるのね。売れ筋をつかまなくちゃダメなわけよ。なんでも拾ってくれればいいというわけでもない。（略）／一日の稼ぎ？　そうねー。その日によるけどね。だいたい二千円か三千円が平均かな。いいときは五千円ぐらいいくこともあるけど、まあふつうはそんなにはいかないね。収入は大したことないけどね、食べるもの買うぐらいだけどさ。仕事があるってことはいいやね。ここ（新宿地下）にきてぶらぶらしてるのは正直いってね、ほんとに辛かった。（Wさん五〇代、一九九六年：岩田2000：146−148）

路上は、戦後のヤミ市と同様、テキ屋や暴力団が支配する場所でもある。頭を下げてその支配下に入ることによってWさんは仕事を得た。その結果、Bさんのように夜中に食糧探しをする必要はなくなったわけだが、Wさんも早朝のおにぎり配給には並んでいる。区役所が支給するカップ麺も、時々食べにいっている。Wさんが仕事から得る収入は、自分で言うほど安定してはいないのだろう。だが、Wさんにとっては「仕事がある」ということに喜びがある。ぶらぶらしているのは、辛いのである。

誰がなぜホームレスになったのか

日本のホームレスについては、一九九〇年代半ばから今日まで、おびただしい数の調査が行われてきた。奇妙なことに、そのいずれの年の調査においても、またその調査対象となった、いずれの地域においても、ホームレスの中心は必ず中高年男性であった。

図５－２を見ていただきたい。一九九四年に行われた名古屋市笹島《ささしま》地区（寄せ場）調査、同じく東京と大阪での調査、二〇〇三、二〇〇七、二〇一一年の全国調査、いずれも五五～六四歳がもっとも多く、次いで四五～五四歳である。二〇一一年の全国調査は、笹島、東京、大阪での調査から一七年たっているが、その分、年齢幅がずれているわけではない。つまり、特定の世代がホームレスになっているのではなく、むしろ、中高年期という年齢段階と関係があるのである。[1]

このグラフで示された地域以外でホームレスの調査をしても、決まって五五～六四歳の男性がもっとも多く、四五～五四歳が次いで多い。他方で女性は路上には少なく、文字通りのホームレスは、中高年の「おじさん」たちなのであった。その約半分は未婚であり、残りは離死別している。

図5-2　ホームレスの年齢分布

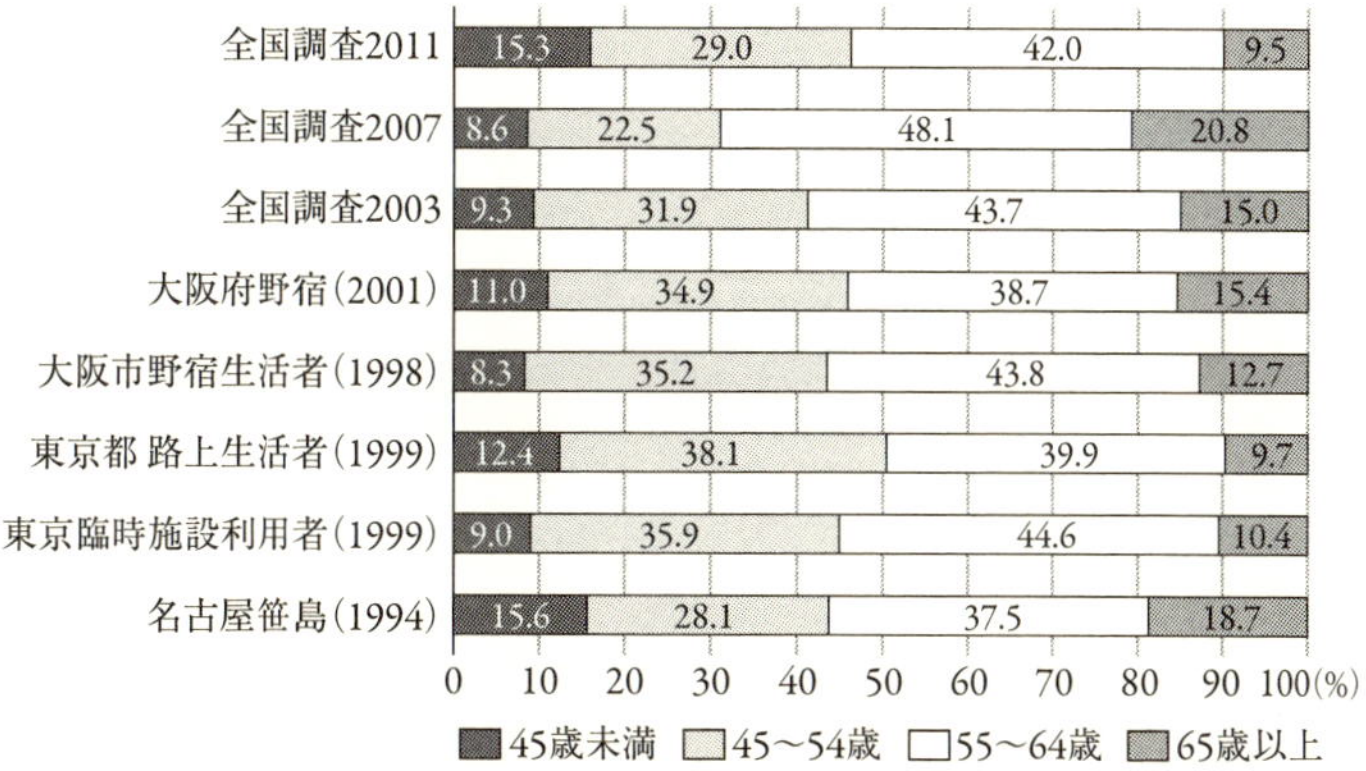

資料：全国調査は，厚生労働省（2003, 2007, 2011）「ホームレスの実態に関する全国調査」．東京都の二つの調査は都市生活研究会（2000）「平成11年度路上生活者実態調査」，大阪市調査は大阪市立大学都市環境問題研究会（2001）「野宿生活者（ホームレス）に関する総合的調査報告書」，大阪府調査は大阪府立大学社会福祉学部都市福祉研究会（2002）「大阪府野宿生活者実態調査報告」，名古屋調査は＜笹島＞の現状を明らかにする会（1995）「名古屋＜笹島＞野宿者聞き取り報告書」．

一体なぜ、こうした特定の人びとばかりがホームレスになっているのだろうか。

じつは高度経済成長が始まった当初から、中高年の労働力は余り気味であり、中高年の労働者は失業対策の中心であった。一九七〇年には中高年の労働者を対象とする雇用促進措置法が成立し、八五年に改正されている。これにより五五歳から年金支給が始まるまで雇用期間が延長されることになり、また、シルバー人材センターなどを活用することで「生きがい就労」の実現が目指された。他方で、

1——ごく最近公表された二〇一六年の全国調査では、初めて六五歳以上が四割を超え、平均年齢が六一・五歳となっている。これは長期野宿者が増え出したことを示唆しているかもしれない。

四五〜五四歳の雇用が安定していたわけでもない。七四年に改正された雇用保険法における雇用促進給付の対象＝「就職困難者」の一つが、「四五歳以上の受給資格者」であった。むろん、中高年層であってもその人が終身雇用の身分で、就労先の企業が成長産業なのであれば、この年代でもっとも賃金が高くなる。だが、バブルの崩壊は終身雇用の安定性を揺るがした。失業した中高年に再雇用のチャンスはそう多くはなく、その成否は、家族が働きに出るかどうか、当座をしのぐだけの預貯金があるかどうか、再就職斡旋の機会に恵まれるかどうかで決まってくる。こうした中、社会の最底辺で中高年層に対し避難所を提供してきたのは「寄せ場」であるが、バブル崩壊は日雇労働者を「寄せ場」から路上へ押し出してしまったのである。

どこから路上へやって来たのか？

では、この中高年男性を中心とするホームレスは、どこから路上にやって来たのだろうか。図5－3は、一九九九年に実施された東京都の路上生活者実態調査（都市生活研究会2000）の結果を利用して、ホームレスの人びとが路上へ至る経路を描いたものである。ここでは、定点の喪失という視点から、彼らが経験してきた職業と住宅の組み合わせを、もっとも長く就いていた職業の時期と、路上生活を始める直前の時期の二時点で確認してみた。職業と住宅の種類は多様だが、安定しているか、不安定かを基軸に単純化して、その組み合わせを確認した。職業は安定／不安定の二類型、住宅は、普通住宅（持ち家やアパートなど）／労働住宅（社宅、借り上げアパート、寮、住み込み、飯場など）／その他（ドヤなどの宿泊所、友人の家、施設や病院その他）の三類型である。職業の安定／不安定は、正規雇用かどうかだけでなく、社会保険への加入を一つの指標とした。

もっとも長く就いていた職業の時点では、およそ三つの組み合わせが見いだされた。まず、①職業は安定、普通住宅に居住という組み合わせで、この調査では四〇％の人びとが、これにあてはまった。②は職業安定と労働住宅の組み合わせで二五％、③は職業不安定の人びとで、住宅は三種類が混じっている。これが三五％となった。①や②と比べると、長期の職業不安定層といえる。

図 5-3　ホームレスの路上へ至る過程

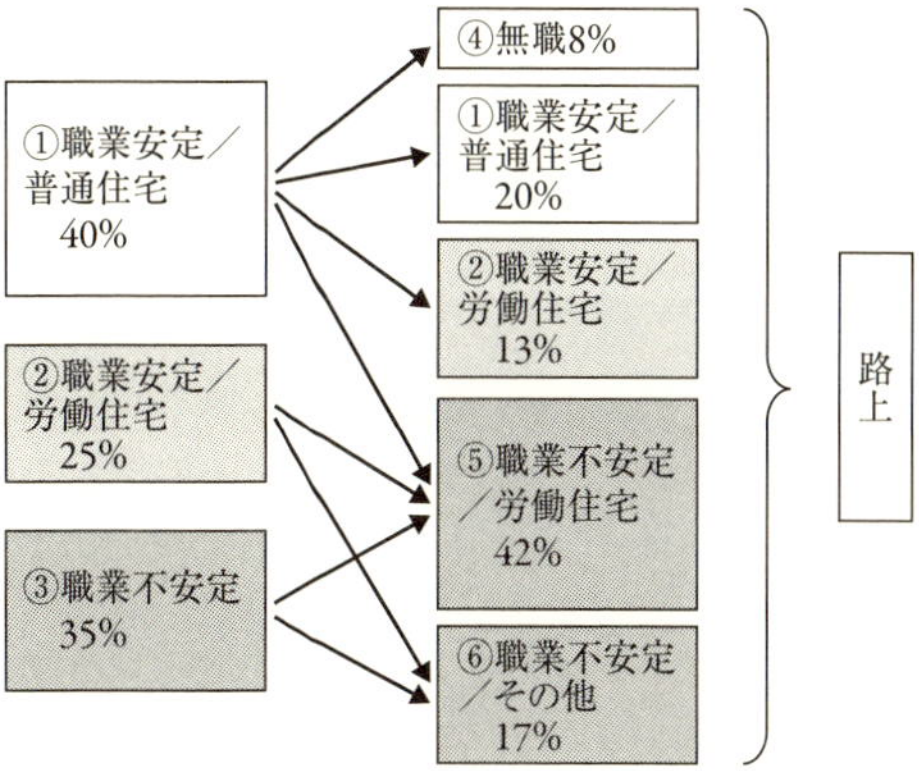

出所：都市生活研究会（2000）「平成 11 年度路上生活者実態調査」より作成.

路上生活をはじめる直前の時期になると、①が継続するのは二〇％、②が一三％と減り、これに対して⑤職業不安定／労働住宅の組み合わせが四二％を占めるようになる。また⑥職業不安定／その他の組み合わせも一七％になる。この時点ですでに無職が八％存在し、旅館や友人宅などを転々としたが、とうとう持ちこたえられなくなって路上へ至るという経路を辿ったことが分かる。

この図で示した割合は、あくまで一九九九年時点の東京の路上調査によるものなので、他の地域のホームレスもおしなべてこのような経路を辿るわけではない。だが、ここでは①のような、いったんは社会に定点をしっかり持っていた人びとの、いわば「転落」の経路と、③のように長期間、不安定就労の中にあった人びととの、その不安定性の極限としてのホームレス化の経路、さらに職業安定／不安定にかかわらず労働住宅への依存度が高く、路上に出る寸前で職業不安定／労働住宅の組み合わせが増大している点に注目したい。

①では失業や家賃滞納のほか、離死別、アルコール依存その他の疾病などが複雑に絡み合っていることが少なくない。③の場合、単純に仕事がなくなり、次の仕事が見つからないことが路上化をもたらす。路上直前の人びとの受け皿となっている労働住宅は、就労と住宅がセットになっているために、就業＝住宅の獲得であると同時に、失業＝住宅の喪失となる。労働住宅は労働法上、寄宿舎という規定が与えられているが、住み込みからアパート借り上げまで多様な形態があり、その全貌はほとんど明らかになっていない。バブル崩壊後は大企業が豪華な独身寮を手放した時期としても知られている。だが、ホームレス調査から見ると、労働住宅は大企業の独身寮というよりは、調理師や理髪師、大工など、手に技術を持った職人層のほか、さまざまなサービス業や飲食店、派遣労働者や期間工などが職場を転々とすることを可能にする場となっており、ホームレスへの中継点として重要な位置にあることが分かる。

調理師のKさん（五〇代）は、北海道から上京後、飲食店の寮を転々とした後解雇され、飯場の賄いや「土方」もやったが満期で出されたという。技能や資格を持っていたし「独り身」だから、それでもやっていけると思っていたが、そうはならなかった。寮に入る場合、住民票の提出を求められることはなかったため、住民票がどこにあるのか分からない（岩田 2000：235-236）。

大工のB・Tさん（六〇代）は、同郷の親方が経営する工務店に住み込みで働くようになって四〇年にもなる。都庁からも受注するような建設会社の下請けで順調にいっていたが、四年ほど前、会社が倒産して親方夫婦は夜逃げをした。その結果、職と住居を一気に失い、公園で暮らしはじめた。長年、家族同然に暮らしていた親方を信用して印鑑まで預けていたB・Tさんの積立預金の行方も不明、社会保険はたぶん掛けていなかったという（岩田 2000：301）。

フリーター・ニートから派遣労働者問題へ

路上のホームレスが中高年男性に集中していることを見てきたが、バブル崩壊前後に注目されたのは、「若者」の就業の仕方に関わることであった。

一九九一年版労働白書は女子労働者と並んで若年労働者問題を取り上げ、その失業率を職業意識の問題として提起した。「学生アルバイトとは別に、学校を卒業した後でも自らの意思で定職に就かずにアルバイト的な仕事を続ける、フリーアルバイターあるいはフリーターと呼ばれる若者も近年増加している」と指摘したのである。

この白書はフリーターを「仮に年齢は一五～三四歳と限定し、①現在就業している者については勤め先における呼称が「アルバイト」又は「パート」である雇用者で、男子については継続就業年数が五年未満の者、女子については未婚の者とし、②現在無業の者については家事も通学もしておらず「アルバイト・パート」の仕事を希望する者」と定義している。さらに、総務庁統計局「就業構造基本調査」の結果から、一九八二年には五二万一〇〇〇人だったフリーターが、八七年には八〇万九〇〇〇人となっており、この数はさらに増加していると述べている。まだバブル経済に沸く八〇年代半ば以降、アルバイトもしくは無業の若者が増加傾向にあることに着目したわけである。

フリーターという言葉は、アルバイト情報誌『フロム・エー』の当時の編集長が「フリー・アルバイター」を略して使い始めたのが最初である。当初は、「組織に縛られない生き方」というプラスの意味を帯びていたが、先の労働白書では、求人があるのに製造業や建設業へ行きたがらない若者（技能職離れ）、「自己都合」で離職したがる若者像が描かれている。二〇〇〇年前後には、学校を卒業した後、すみやかに就職して職業生活へ移行できないことに加えて、結婚しない、実家から自立できないという「大人になれない」若者の存在が強く意識され、「若者問題」がキーワードとして注目されるようになる。若者の自立の遅れや、とりわけ結婚の遅れは、少子化をさらに加速させるという意味で、日本社会にとって見逃せない問題であった。こうして、若者の「自立」「キャリア形成」「婚活」等が政策課題として登場することとなる。無業で「引きこもり的」な若者を、英国で使われていたニート（Not in Education, Employment or Training, NEET）という言葉で呼ぶようにもなっていく。

しかし、「若者問題」をめぐる議論では、統計による数の把握や、統計上のフリーター・ニートの定義をめぐる論争が先行した。また、職業生活へのすみやかな移行がうまくいかないのは、若者を取り巻く経済的な環境が豊かになって正社員志向が弱まったからだとか、仕事への目的意識が希薄なせいだとか、若者のライフスタイルの変化がその理由だといった議論が目立った。だが、たとえば技能職離れといわれても、すでに産業構造はサービス業や金融情報業への転換が進んでいたのだから、そのライフスタイルや「労働意欲」ばかりが問題視された若者こそ迷惑な話である。

他の先進諸国が一九八〇年代に苦労した、ポスト工業化と金融のグローバリゼーションへの政策的対応は、日本ではバブル期以降に多様な「規制緩和」として提案されていたが、「労働ビッグバン」といわれた規制緩和はバブル崩壊後に本格化した。八五年に導入された労働者派遣法は、九六年、九九年にそれぞれ改正されてその対象業務を拡大し、二〇〇三年の改正では、製造業もその対象に加わった。その間、職業紹介事業の規制緩和も進み、有料職業紹介が扱える範囲が拡大したほか、労働者派遣事業との兼業が認められることになった。二〇〇四年の派遣労働者実態調査では、約九五万人が派遣労働者で、うち一五〜三四歳が六割以上を占めることが指摘されている。若年者の失業率も高水準で推移し、一五〜二四歳の完全失業率は一九九九年から二〇〇四年まで九％を上回り、特に男性は一〇％を超えた。後のリーマン・ショック後の〇九、一〇年にも男性は一〇％を超えている。全年齢平均の失業率の約二倍である。

これらを背景に、派遣、契約、パートなどの非正規雇用全般への社会的関心が次第に高まり、既存の労働組合にはカバーされていなかったこれらの労働者が個人で加盟できる組合づくりが進む。また、フリーター・ニート論においても、低学歴など社会的に不利な状況にある若者こそがその問題の中心にあることが、ようやく明らかにされはじめた（小杉2005、堀2007）。

ネットカフェ難民――隠れたホームレス

札幌市の母親の餓死事件については第四章で触れたが、これをTVドキュメンタリーで取り上げた水島宏明は、「ネットカフェ難民」（日本テレビ）というTVドキュメンタリーを制作（二〇〇七年に放送）し、本も出版した（水島2007）。「ネットカフェ難民」とは水島の造語であるが、流行語となった。水島によれば、当時「もやい」というNPOで支援活動をしていた湯浅誠から、「ネットカフェに行ったら今の日本の貧困が分かるよ」と言われて、取材を始めたという（水島2007：214）。二〇〇六年にはNHKが「ワーキングプア」という番組を放映し、この言葉も一種の流行語となった。ただ、NHKの「ワーキングプア」では、年金を受給している高齢者から若者までを取り上げ、これらの人びとは働いていても貧困であることを強調したのに対し、水島が制作した「ネットカフェ難民」では、定点を失った若者や女性に光を当て、仕事と宿を求めて漂流する姿を浮かび上がらせていた点に違いがある。彼ら彼女らを「難民」になぞらえた水島からは、この時代の貧困の「かたち」を探ろうとする姿勢が窺える。

以下は、水島の本の冒頭に出てくるシュウジさん（二〇代）が、自身のブログに綴っていたネットカフェ生活である。

東京には様々なタイプのネットカフェがあります。／個室、シャワー、DVD、PS2（註：プレイステーション2）、マッサージチェアーなど、様々なタイプのサービスがあり、値段もビジネスホテル、カプセルホテルより断然安く（一時間一〇〇〜三八〇円、ナイトパック一〇〇〇円前後）、現在は用途に分けて五軒を利用して生活をしています。（略）／仕事は登録派遣日払い制の単純ワーク。（借金&家無しの為、ちゃんとした仕事に就けないので）／着替えはコインロッカーをタンスにして、毎日シャワー&着替えしてコインランドリーで洗濯。／食事は一日全部で一〇〇〇円程度に収めています。（牛丼屋、ハンバーガー、コンビニ、定食など）／ですので世間の見た目には一見ホームレスには見えない普通の若者です。／残り一ヶ月半この生活を続けてお金を貯めて、寮付きの仕事に就いて、自己破産or債務整理の相談を弁護士さんにたのんで、社会復帰を目指しています。／都内には僕と同じ生活スタイルをおくっている人が、おそらく数万〜数十万はいるとおもいます。／ですからひと目でわかるホームレス以外にも僕みたいな人たちをあわせると、実際は世間が認識している何倍も、ホームレスはいるんです。／僕が言うのもなんですが、日本はどうなってしまうのでしょうか……。（水島宏明『ネットカフェ難民と貧困ニッポン』（日本テレビ、四五–四六頁）

シュウジさんは、ネットカフェに泊まりながら、日雇派遣の仕事をしている。五軒のネットカフェを使い分けているのは、店によって料金体系やサービス内容が異なるからである。といっても、多くの場合、ブログを更新できて一時間一〇〇円の店と、シャワーを浴びて寝る店の二つを一日の中で往復している。この二つのタイプの店に加えて、タンス代わりのコインロッカーと、洗濯できるコインランドリーが、ネットカフェ生活を支える。定食屋や激安の日用品店も必須である。これは、第三章で取り上げたドヤ暮らしとよく似ている。ドヤ暮らしはドヤ内で完結せず、「寄せ場」地区の食堂、古着屋、酒屋、喫茶店、銭湯なども利用することで成り立っていた。ネットカフェ難民が新しいのは、「寄せ場」のように、その生存圏がある空間に閉じられておらず、都市全体へと広がりを持っている点である。したがって、一夜を明かす場所も、ネットカフェである必要はない。ファーストフード店、マンガ喫茶、ゲームセンターなど、どこでもよいのである。路上のホームレスも、時としてこれらを使うことがある。コインロッカーを利用するという話は、ホームレスの人からもよく聞いたが、日雇派遣で働いているシュウジさんと違ってお金が足りず、「流してしまう」ことが多いという。

「寄せ場」との類似性は、シュウジさんの仕事でも観察できる。彼の仕事の日雇派遣[2]とは、先に述べた派遣労働の一つであるが、労働契約が日々または三〇日未満のものをいう。シュウジさんは派遣会社に登録し、仕事の依頼があれば、仕事に出かけるという。このため、翌日の仕事について毎日、電話で問い合わせをし、仕事があればシュウジさんの携帯に確認メールが入る。シュウジさんは、その指示に従って、ネットカフェを出発する直前の朝五時半頃に、派遣会社へ携帯メールを送る。集合場所に着くと、到着のメールを送る。

シュウジさんの近くに数人の人たちが立ち並んでいた。誰も会話しようとはしない。隣の人との間によそよそしい距離がある。しゃがみこんでタバコを吸う若者。立って新聞を読んでいる女性。無関係を装っている空気のなかで、どの人がシュウジさんと同じ仕事で集められた人なのか判然としない。一様にときおり携帯画面に目を落とす。／見渡してみればこの辺りはどうも数多くの「集合場所」になっているらしい。あちこちの角に何かを待つような集団が出来上がっている。急にその集団が崩れて動き出す。そう思ったら目の前にワゴン車が止まった。ワゴン車に吸い込まれるように人々は足早に乗り込んでいく。わざわざ遠くで待っていたのか、離れた場所から駆け込んでくる女性もいた。（水島 2007：40）

「この景色は何かに似ていた」と水島は述べている。「山谷や釜ヶ崎などに見られた人足集め、人狩りの光景」と同じ。「舞台装置が現代的になっただけではないのか」（水島 2007：41）。そう

2——日雇派遣は二〇一二年になって原則禁止された。

なのである。日々の仕事と宿を求める人びとの「漂流」は、本書で見てきたように以前からあった。この時期、「寄せ場」では高齢化が進み、人も減り始めていたが、「寄せ場」が担っていた機能は都市全体に拡散し、手配師は派遣会社に代わり、ネットカフェや携帯メールといった要素が加わることで、漂流の「かたち」は現代的なものとなっていた。

「ネットカフェ難民」調査

「ネットカフェ難民」に対する社会的関心が高まる中で、厚生労働省職業安定局は二〇〇七年六月に、日雇派遣の調査と抱き合わせで、全国の二四時間営業のインターネットカフェ・漫画喫茶等全店舗（三二四六店舗）に対する調査と、東京、大阪でそれらの店舗を利用する人びとへのアンケート調査を行っている（以下、ネットカフェ調査[3]）。異例のスピード調査になったのは、厚生労働省が進めてきた派遣労働の拡大に関わっているという危機感からであろう。ここで「ネットカフェ難民」は、「住居喪失不安定就労者」という言葉で表現されている。「住居喪失」はホームレスであるが、この調査では、派遣労働者を含めた「不安定就労者」に力点がある。

この調査では、ネットカフェ等を平日の深夜から早朝まで通して利用するオールナイトの「住居喪失者[4]」は一日あたり全国で約四七〇〇人、そのうち雇用形態が非正規就労の「住居喪失非正規労働者」は約二二〇〇人と推計している。さらに、非正規労働者のうち日雇などの短期労働者は約一五〇〇人であるが、その中で日雇派遣労働者は約四〇〇〇人、約一〇〇〇〇人が派遣ではなく直接雇用される直用労働者であるとしている。ネットカフェなどを利用する人びとの雇用形態を細かく区分したのは、「ネットカフェ難民」＝日雇派遣ではなく、業者自ら募集する直接雇用の日雇のほうが多かったと言いたいわけである。ちなみに、失業・無業者は約一九〇〇人と推計されている。

図5－4は、この厚生労働省調査のネットカフェ「住居喪失者」、ネットカフェ「住居喪失非正規労働者」の年齢分布に、労働力調査の失業者年

図 5-4 「ネットカフェ」住居喪失者の年齢分布

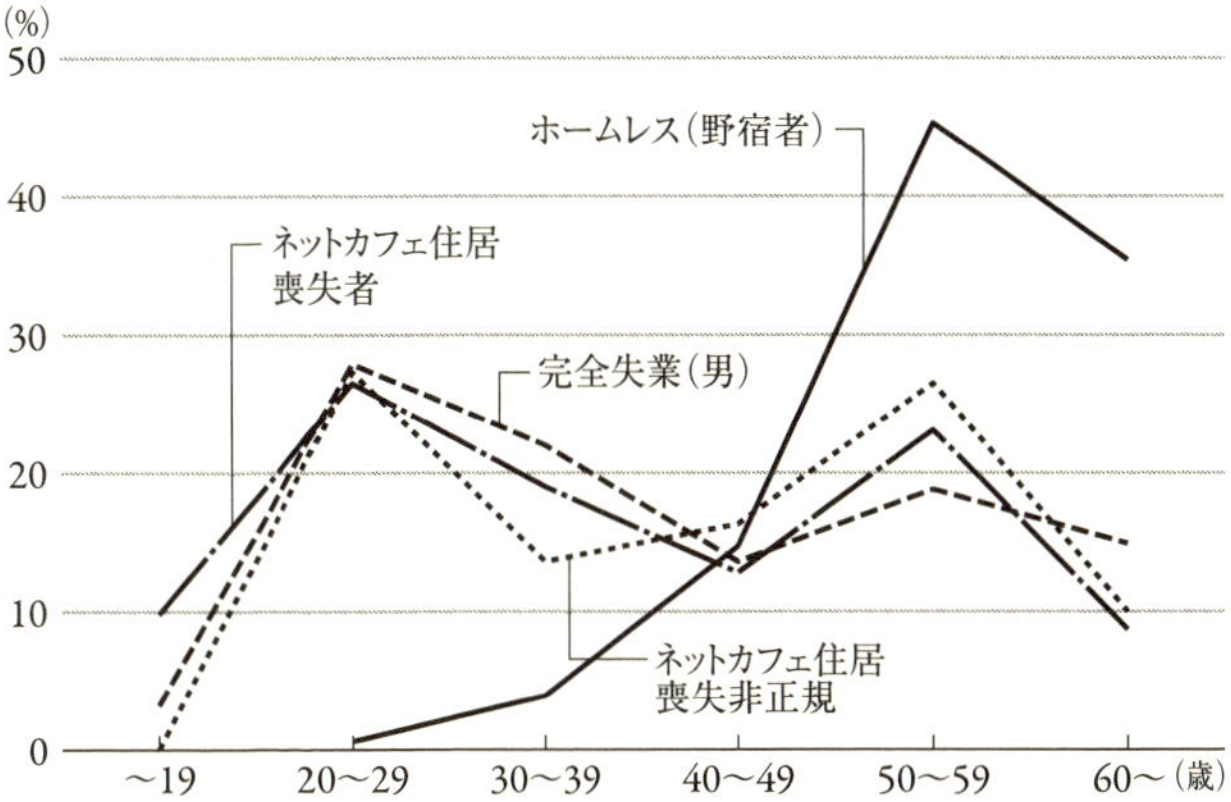

資料：厚生労働省（2007）「ホームレスの実態に関する全国調査，同（2007）「住居喪失不安定就労者等の実態調査」，総務省（2007）「労働力調査」.

3——この調査は、電話調査（一次調査）から抽出したオールナイト利用者へのアンケート調査（二次調査）一六六四ケース、東京と大阪での面接調査三六二ケースからなる。この推計は、アンケート調査から得られた就労情報をもとに、電話調査結果を使って算出したものである。なお、ネットカフェの全店舗を網羅したものではなく、拒否があるので、水島が批判するように、ここから日雇派遣が主流ではないとまではいえないだろう。

4——「住居喪失者」とは、オールナイト利用者のうち、現在「住居」がなく、寝泊まりするために利用と回答した者を指す。

齢分布、およびホームレス（野宿者）の年齢を重ね合わせてみたものである。まず、「住居喪失者」と「完全失業者（男）」の年齢分布は、ほぼ一致している。二〇代と五〇代に頂点を持つカーブである。「住居喪失非正規就労者」（グラフでは「ネットカフェ住居喪失非正規」）の年齢は、このカーブの頂点をもっと極端にした形で、一〇代、三〇代の比率は少ない。ホームレスはやはり五〇代、六〇代前半に集中しており、二〇代、三〇代は少なかった。路上のホームレス調査で見いだされなかった若年層、特に二〇代のホームレスが、ネットカフェ調査で「発見」されたといえる。他方で、ネットカフェを五〇代の人びとが利用している点も見逃せない。なお性別で見ると、「住居喪失者」の一七％、「住居喪失非正規労働者」の一〇％が女性である。

厚生労働省の調査によれば、「住居喪失」ネットカフェ利用者が、ネットカフェ以外に寝泊まりする場合、サウナ、ファーストフード店、路上がある。このうち、中高年者では路上が多い。つまり、中高年層の場合、同じ人物が、ある日は路上ホームレスとなり、別の日は「ネットカフェ難民」になるというパターンが多数を占めるのである。それに対して二〇代の場合、友人の家に泊めてもらうことも比較的多く、そうした社会的な関係がまだ保たれていることが見て取れる。それでは、ネットカフェからみた住居喪失理由は何か？

なぜ住居を失ったのか

図5－5は、厚生労働省調査（面接・東京分）と、ＴＯＫＹＯチャレンジネット（ＴＣＮ）の登

図 5-5　「ネットカフェ難民」の住居喪失理由

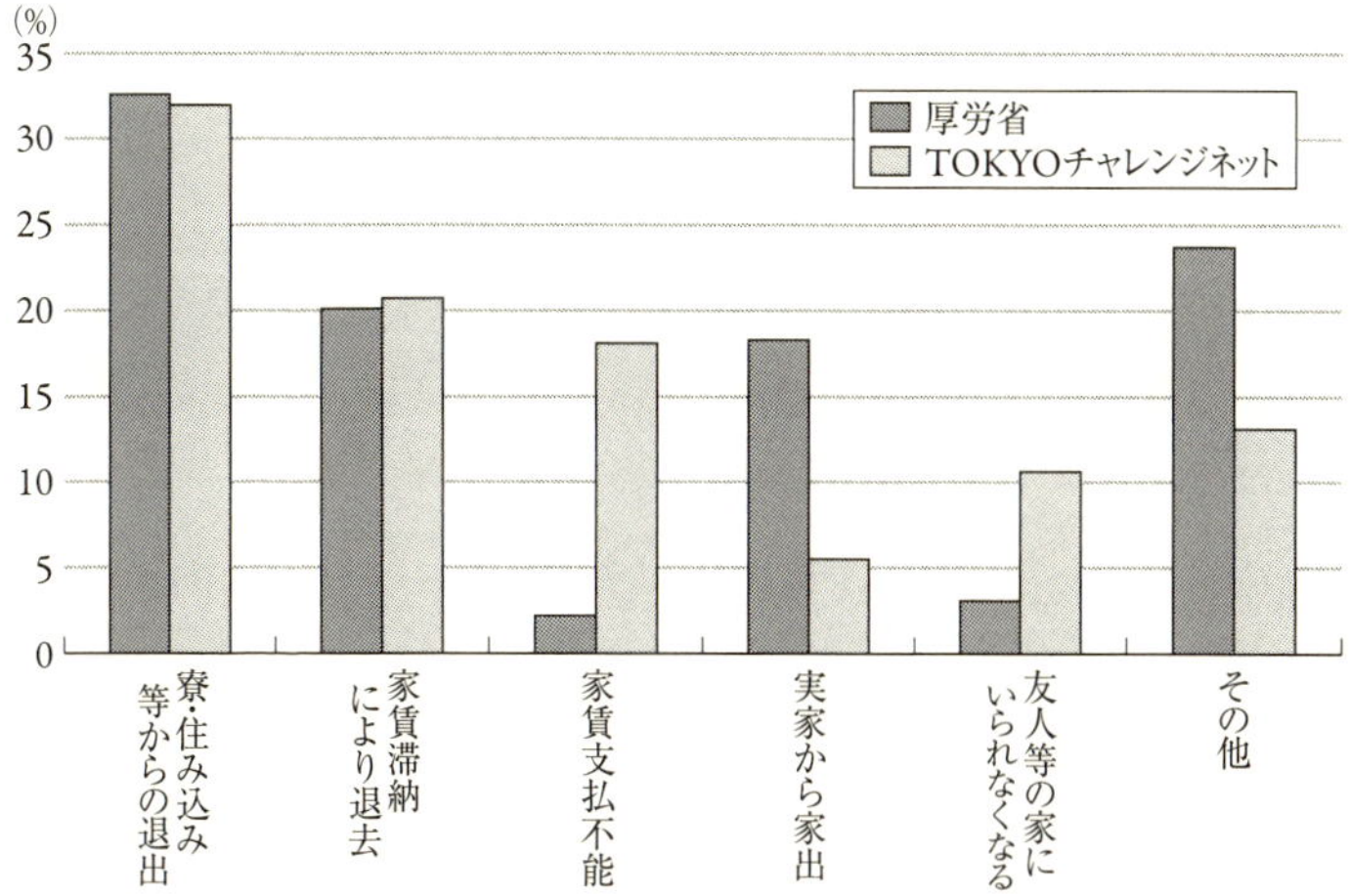

資料：日本女子大学・岩田正美（2010）『TOKYOチャレンジネット利用者の分析』，厚生労働省（2007）『住居喪失不安定就労者等の実態調査』．

録利用者（二〇〇八年六月から〇九年一〇月まで）六四八ケース（男性六〇三、女性四五）の分析結果をもとにグラフにしてみたものである。

ＴＣＮとは、厚生労働省が自治体と連携して、「ネットカフェ難民」に住居と就労機会の確保を支援する事業の一つである。この図の喪失理由の文言は両調査で異なっているが、なるべく揃えて示してみた。グラフを見ると、住居を失った理由として最も多いのが、「寮・住み込み先等からの退出」である。それまで労働住宅に身を寄せながら仕事をしていたのが、失職することでそこを追いだされたのである。こうした経路は、路上のホームレスとまったく変わらない。次いで多いのが、「家賃滞納」「家賃支払不能」でアパートを退出したケースである。二〇代で多いのは、「実家から家出」、「友人等の家にいられなくなる」であった。「その他」の内訳として、借金などのトラブル、求職のための上京、病院や刑務所からの退所などがある。地方都市で運輸業の契約社員をしていた三〇代前半の人の場合、求職のため上京したが、日雇派遣の仕事しかなくて、あっという間にネットカフェ生活になったという。こうした事例をはじめ、上京したものの住居を確保できず、ネットカフェやサウナ、レンタルルームを利用しながら仕事を探すというケースが少なくない。

日雇派遣のような不安定な仕事では収入も一定しないが、厚生労働省調査では「住居喪失非正規労働者」の収入は、東京で一一・三万円（若年層一三・二万円・中高年層一〇万円）、大阪で九・三万円、「住居喪失日雇派遣労働者」の収入は東京で一二・八万円であった。支出のほうは十分把握できていないが、食費として東京で二・五万円〜二・九万円、大阪で二・一万円〜三・二万円、寝泊まり費（ネットカフェなど）として東京で二・四万円〜二・八万円、大阪で二・三万円〜四万円であった。それ以外にも、コインランドリー、ロッカー、最低限の衣類、命の綱である携帯電話などの費用や、日雇派遣の集合場所までの交通費など、支払うべきものはいくつもある。

しかも、シュウジさんもそうであるように、借金の問題を抱えている人が少なくない。厚労省の調査のうち、東京で実施した分で言うと、借金が「ある」のは約三割で、借金額は平均で九二万円、それに対して大阪で実施した分では、「ある」が約半数（四八・八％）で、借金額の平均は一二四万円であった。ＴＣＮの生活歴から、借金経験のあるケースを取り出してみると、二〇代で四八・四％、三〇代で四八・五％と高い。仕事を失い、住居も失ったこれらの世代がまず頼りにするのが、高度消費社会の下で利用者が急増した消費者金融であることが、ここから推測される。実際、ＴＣＮの支援も、借金の整理から始められることが少なくなかった。

ＴＣＮ登録者の学歴を見ると、全体では大卒者が一割を占めるが、二〇代に限定すると、中卒・高校中退者の割合が高いのが目につく。中卒と高校中退では圧倒的に後者のほうが多い。厚労省調査（東京分）でも、三五歳未満の多くは高校中退者である。三五歳以上では中卒の割合が高くなる。二〇代に焦点を合わせると、学校卒業後就職がうまくいかなかったり、仕事に就いても長続きしなかったりということよりも、在学時のドロップアウトが、その後の進路に影響を与えていることが見て取れる。ＴＣＮ登録者の記録のうち、生活歴欄の記載のあったもののみで、実家との関係を見ると、最も多いのが一〇代で実家を離れたケースで、六五・四％であった。二〇代までで九五％近くとなる。いつまでも実家に留まる「大人になれない若者」が問題視される今日、それとは逆のことが生じているのである。また三〇代までの三五・四％がすでに親の死亡や失踪を経験しており、約二二パーセントが、親以外による養育を経験していた。こんにち社会的な関心を集めている「子どもの貧困」に通底する問題を抱えた若者が、ネットカフェに寝泊まりしながら、切れ切れの非正規労働で食いつないでいたのである。

水島がインタビューしたシュウジさんの場合、再婚離婚を繰り返す母親と義理の父親にひどい虐待を受けている。高校卒業後に上京し、いくつかの職業を経験した後、日雇派遣で暮らすようになる。親は仕事や住居の保証人になるどころか、お金を無心するので、敷金も礼金も必要とされないゼロゼロ物件のアパートしか入れなかったという。彼には、生活が苦しいときに利用した消費者金融からの借金がある。そしてゼロゼロ物件の家賃を滞納したため、アパートを追い出されて、ホームレスになった。ネットカフェで暮らすシュウジさんの目標は、ネットカフェ生活からの脱却と借金の整理であった。ある日、地方のパソコン工場で派遣工員として三カ月間、働くことになった。寮付きで日当もよい。シュウジさんは有頂天で、一〇〇万円貯めて借金整理をするとブログに書き込む。だが、一カ月後、新ラインがたちあがるという理由で、派遣工員の約三割が年内待機、四割がやることはないがとりあえず短期の現場配属、一割がクビか自主退職、一割が窓際族に振り分けられたという。シュウジさんは窓際族になり、意味不明の作業をさせられた挙げ句、自主退職に追い込まれた。再び彼は仕事と住居を一気に失ったわけである。

年越し派遣村

パソコン工場でシュウジさんが経験したようなことは、二〇〇八年のリーマンショック後に大量発生し、「派遣切り」として大きな社会問題となった。厚生労働白書（二〇〇九年度）によれば、〇八年一〇月から〇九年九月にかけて約二二万九〇〇〇人の非正規労働者が雇い止めに遭い、あるいはその対象となり、それによって住居を喪失した人は約三四〇〇人であった。また同白書は、帝国データバンク「雇用調整に関する企業の動向調査」（二〇〇八年一二月）を引いて、〇八年末までに八・四％の企業が正社員を削減し、一一・二％の企業が非正社員を削減、〇九年以降で一四・七％の企業が正社員の削減を検討し、一六・九％の企業が非正社員の削減を検討していると述べている。特にトヨタなど自動車産業を含む「輸送用機械・器具製造」では二一・五％の企業が正社員の削減を検討し、五一・六％の企業が非正社員の削減を検討しているという（厚生労働白書二〇〇九年度）。

「年越し派遣村」は、東京の日比谷公園に二〇〇八年一二月三一日から〇九年一月五日まで開かれた一種のシェルターであり、テントと食事を提供し、生活相談に乗った。この「村」の背景には、〇七年に結成された各種団体による「反貧困ネットワーク」の活動、〇八年一一月に発表された派遣労働法改正案への反対集会、「派遣切り労働者」への電話相談活動などがあったが、「村」自体は一二月半ばに急遽計画され、実施されたという（宇都宮・湯浅編 2009：4–6）。「年越し」という発想は、「寄せ場」の越年・越冬対策や路上ホームレスへの炊き出しと同様であるが、「派遣」というネーミング、連合、全労連、全労協といった労働組合ナショナルセンターの参加、厚生労働省のすぐ前にある日比谷公園というロケーションのよさなどから、年明けのテレビは一斉に派遣村を映し出した。村長を務めた湯浅誠によれば、五〇五人が〝入村〟し、内訳は派遣切り被害者、日雇派遣労働者、その他の生活困窮者、路上ホームレス、不明が、それぞれ約二割ずつで、女性は非常に少なかった（宇都宮・湯浅編 2009：9）。テントが足りず、一月二日からは厚生労働省に要請して、省内にある講堂を緊急開放する措置が講じられている。

名前は「派遣村」であるが、先に述べたように多様な生活困窮者がやってきた。テレビを見てやって来た人や、警官が連れてきた自殺未遂者、ハローワークや「あろうことか」福祉事務所から回されてきた人もいたと湯浅は述べている。生活相談に訪れたのは三六四名、生活保護希望者の申請は正月一日からファクスで行われたが、その数二三〇名であった。

ファクスによる申請は違法ではない。また住民票がなくても生活保護は申請できる。しかし、生活保護申請については批判も多く出た。湯浅は、「一月八日、九日あたりから世論の流れに変化を感じるようになったのですが、それは生活保護を受けたからです」と述べている（宇都宮・湯浅編 2009：73）。その背景には、「派遣切り」に遭って「派遣村」にやってきた人たちは失職中であるにせよ、働けないわけではないのだから、それで生活保護を受けるのはおかしいという、多くの人の受け止め方があった。当時の総務大臣政務官の、「派遣村には、本当にまじめに働こうとしている人たちが集まっているのかという気もした」という発言は、そうした人びとの理解の仕方と共通している。

だが、雇用保険の受給資格があっても、実際に給付を受け取るまでには時間がかかる。実際には離職票をもらわなかった人もおり、寮から退出した人びとの場合、住居喪失証明書がないと、緊急対策の貸付金は利用できない。こうした人びとの場合、制度的に頼れるものは何もなくなってしまうので、残るは生活保護しかないというのが、「村」の支援者たちの判断であった（宇都宮・湯浅編 2009：71）。また、生活保護の申請が認められても、住所設定の問題があり、アパート探しを含めた「本当の支援」は一月五日から始まったと指摘する支援者もいる（宇都宮・湯浅編 2009：69）。

他方で、日比谷公園のホームレスが食事に並んでいることへの批判もあった。「派遣村」は失業者を救済するためのものであって、ホームレスはその対象ではないというのである。そこには、ホームレスの人びとよりも働ける人びとのほうが、救済対象として優先順位が高いという価値観がある。「救済すべき貧困者」の序列として、これは戦後一貫している。

2　保護率の上昇と相対所得貧困率

保護率の上昇

バブル崩壊後のホームレス、ネットカフェ難民、派遣労働者の問題が拡大する中で、日本の最低限保障を担ってきた生活保護はどうなっていただろうか。まず図5-6で、一九五三年から二〇一三年にかけて、保護率（人口百人比）、世帯保護率、保護人員（月平均）がどう推移したかを確認してみたい。いずれの指標も高度経済成長期にゆるやかに低下し、特に八五年から九五年ごろにかけて、顕著に低下している。それが九六年以降に上昇を始め、二〇〇〇年代後半にはさら

図 5-6　保護人員、世帯保護率、保護率の推移

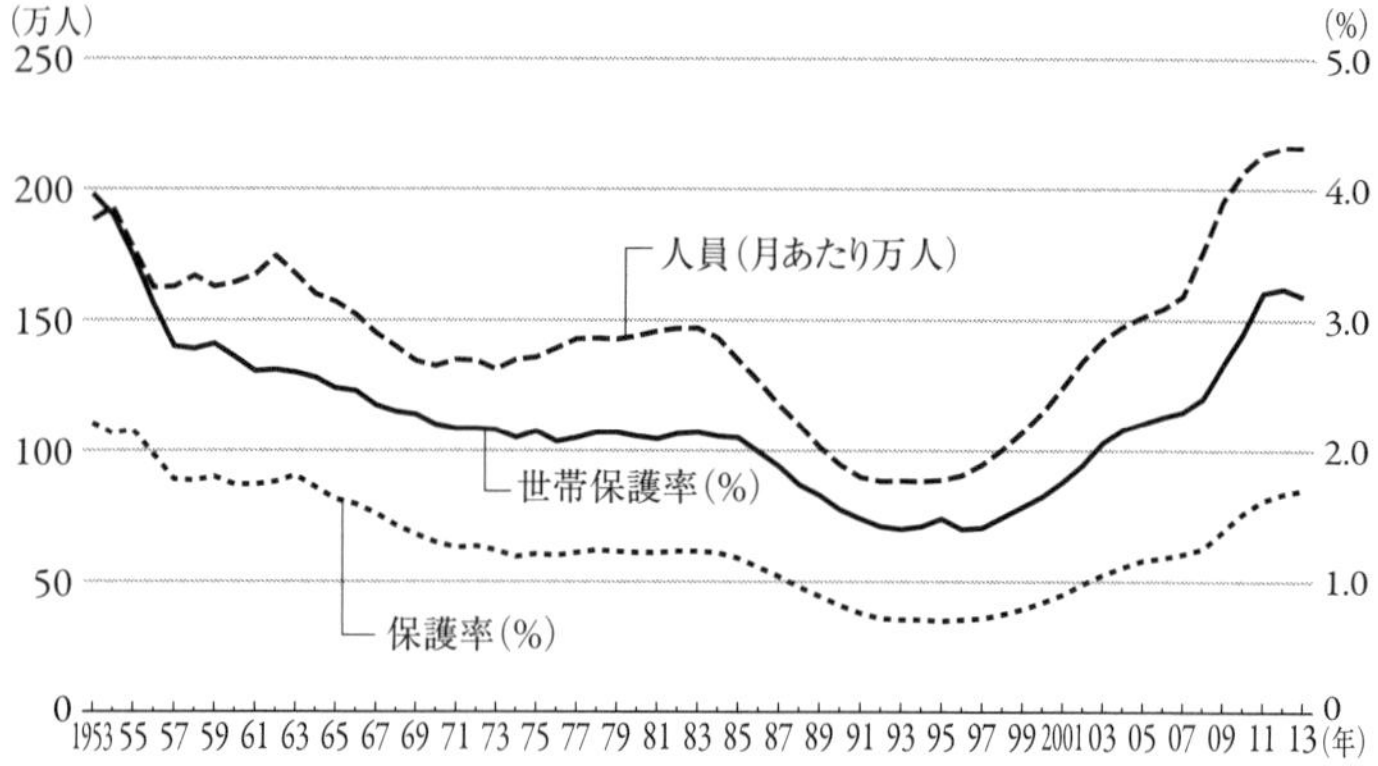

注：保護率（保護人員／総人口），世帯保護率（保護世帯／総世帯）は，通常千分比（パーミル）だが、ここでは百分比（パーセント）に直してある．
資料：厚生省・厚生労働省（1953－2013）『社会福祉行政業務報告』.

に増大している。受給者は九九年には一〇〇万人、二〇一二年には二〇〇万人を突破し、一九五一年段階での人数を超えている。世帯保護率もそれと似た動きを示しており、二〇一一年に三%を超えた。ただしこれは一九五〇年代よりは低い。人口比で見た保護率は九五年の〇・七%を底に上昇に転じ、二〇〇三年に一%、一〇年に一・五%となっている。一九五〇年代は二%を超えていた保護率は、今のところそこまで高くはなっていない。

このように、生活保護の受給者数および世帯保護率を見ていくと、バブル崩壊後の一九九〇年代前半はきわめて鈍い動きであるが、九五年以降、特に二〇〇八年のリーマン・ショック後には、失業・貧困対策として、それなりに機能していることが見て取れる。二〇〇九年に厚生労働省は「職や住まいを失った方々への支援の徹底について」（三月一八日）、「緊急雇用対策における貧困・困

窮者支援のための生活保護制度の運用改善について」（一〇月三〇日）、「失業等により生活に困窮する方々への支援の留意事項について」（一二月二五日）などの保護課長通知を連発し、「派遣村」のような住居を失った失業者に対しても生活保護を適用して適切に対応するよう福祉事務所に促した。

だが、この生活保護の適用拡大は、貧困問題の深刻化としてよりも、保護費の増大や不正受給の問題として受け止められるようになる。ＮＨＫが二〇一一年に放映した「生活保護　３兆円の衝撃」はその端的な例である。いわゆる「生活保護バッシング」がネットを介して激化していくのもその頃からで、この時期に、生活保護をめぐる今日までの論調が形作られたといっていい。

生活保護利用者の特徴

では、一九九〇年代半ば以降の生活保護利用者の数を押し上げたのは、実際のところ、どのような人びとだったのだろうか。それを確かめるために、どの年齢層の利用者が増えたのかを見てみよう。図５－７は、一九五五年から二〇一〇年までの被保護者数（各年七月一日現在数）の推移を年齢別に示したものである。九五年までは五年間隔で、九六年以降は毎年の数を示すようにした。より子細に確かめることで見えてくることがあるからである。ここからは、二つの特徴が読み取れる。

第一に、保護率、世帯保護率、保護人員数が最も低くなったのは一九九五年だが、六五歳以上

図 5-7　年齢別被保護者数の推移

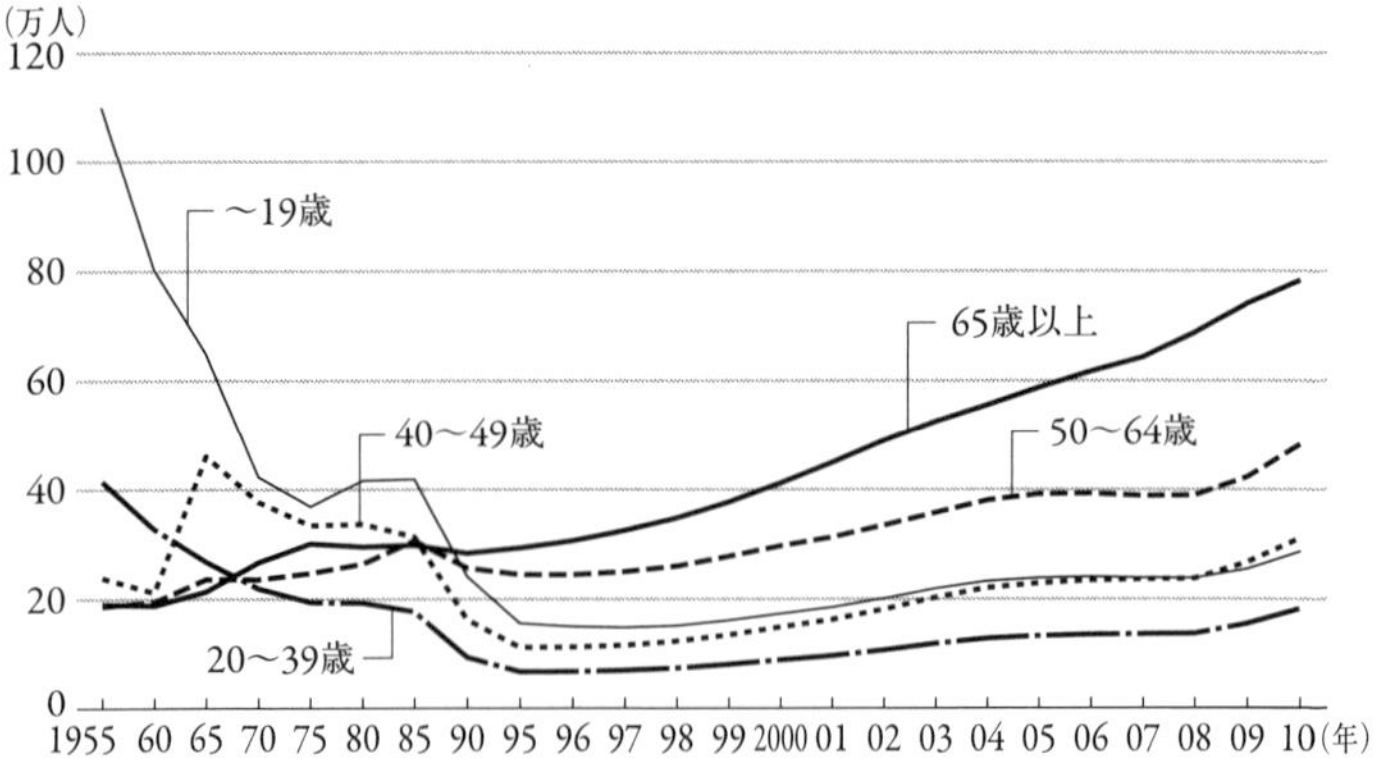

資料：厚生省・厚生労働省（1955－2010）「被保護者一斉調査」.

の高齢層はすでに七〇年代に増加傾向を見せており、その後、八〇年から九五年にかけて横ばいで推移し、九六年以後、増加の一途を辿っている。六五歳以上の被保護者の数は、九五年段階のそれを一とすると、二〇一〇年には二・六七で、その間、ずっと増加傾向にある。六五歳以上の被保護者の、全被保護者に占める割合は九五年で約三三％で、二〇一〇年には四〇％を超えている。六五歳以上の高齢者の人口比は、日本の場合、〇五年で一四％強、一〇年で二三％にすぎないことを考えると、四〇％という数値は、高齢化によっては説明できない。ちなみに、六五歳以上の被保護者の約七割は七〇歳以上で、この年齢層の生活保護基準は、〇四年の老齢加算の廃止によって引き下げられたのに、〇五年以降も増加していることに注意したい。

第二に、次いで増加しているのは五〇~六四歳の中高年層であるが、六五歳以上に比べると右肩上がりに一直線ではなく、一九九五年から二〇〇五年にかけてゆるやかに増大した後いったん平坦になり、リーマン・ショックがあった二〇〇八年を境に急増している。このパターンは、数の違いはあれ、二〇～三九歳、四〇代の稼働年齢層全体に共通しており、景気変動の影響が見て取れる。なお、一九歳までの未成年層の場合、一九五五年頃までは多かったのが、七五年までに著しく低下し、八〇年代には横ばい、九五年からは二〇～六四歳層と類似のパターンになっている。親世代の傾向と同じということであろう。

このように、被保護者数の推移を年齢別に見ていくと、近年になって保護率が上昇した背景には、まず高齢者の貧困への対応が増加したことがあり、次いで、派遣労働者やホームレスの問題として顕在化した不安定就労の中高年者へ対応したことがあると言えよう。生活保護の開始理由（保護開始世帯、毎年九月調査）をみても、この二つの特徴は確かめられる。九〇年の段階では「疾病」が八割を超えていたが、九〇年代半ば以降から変化が現れ、二〇〇〇年になると「疾病」は約四三％まで減っている。〇九年、一〇年には三割前後まで減少し、それに代わって、仕事から得る収入の減少、貯金や仕送りの減少が、それぞれ三割弱まで増加している。

注意すべきは、疾病を理由とする生活保護受給世帯の実数に変化はないということである。つまり、仕事の収入減と、貯金の減少などによる生活保護の利用が、以前よりも増加したのである。このうち、前者の場合、「失われた二〇年」における失業や倒産と、被保護者の高齢化が影響を与えている。後者のほうは、なんとか貯金を取り崩してしのいでいたのが、いよいよ限界に達したことを意味している。

被保護者の単身化・高齢化

　こうした中で、政府に警戒されたのは働ける可能性のある年齢層の貧困であった。むろん、生活保護制度は、全ての国民の生活困窮に対応する制度であり、高齢者や傷病・障害者でなくとも、収入が保護基準に達していなければ、その差額が扶助される。実際、一九六〇年代の半ばまでは、働く世帯員のいる被保護世帯が多かった。失対事業で働きながら生活保護を利用する被保護日雇世帯はその代表で、復興期日本の貧困の一つの「かたち」であった。だが、六〇年代後半になると、働いている世帯員のいる被保護世帯（稼働世帯）と、いない世帯（非稼働世帯）の比率が逆転し、次第に、傷病を理由に生活保護制度を利用する非稼働世帯が増加していったことは、第二章で述べたとおりである。このような生活保護の動向が、失業や収入の減少を理由とした、働ける可能性のある年齢層の増大によって、大きく変化するかもしれない、と危惧されたのである。

　このため、厚生労働省は被保護世帯の類型の中で、「その他世帯」が増加していることを強調した。この被保護世帯の類型はきわめて特殊なもので、「その他世帯」とは「高齢世帯」（六五歳以上と未成年からのみ構成される世帯）、「傷病・障害世帯」（高齢世帯以外）、「母子世帯」（高齢世帯、傷病・障害世帯以外）の三つ以外を総称しているにすぎない。実際、「その他」世帯に含まれる被保護人員の一割以上が六五歳以上の高齢者であり、五割以上が五〇歳以上であった。むろん五〇歳から六四歳までの年齢層も十分働けると考えれば、その労働能力を活用した自立の支援によって、なるべく早く保護廃止にもっていくことが急がれたのも、当然かもしれない。この観点から、雇用保険の加入や給付対象の拡大、非正規労働者へも社会保険を適用するなどの制度改正がなされた。また「第二のセーフティネット」と呼ばれる求職者自立支援、あるいは生活保護に至る前段階での自立支援を図る生活困窮者自立支援等の法整備があいついでなされていった。「第二のセーフティネット」とは、社会保険を「第一のセーフティネット」とし、生活保護を「最後のセーフティネット」と位置づけた場合の、中間にある安全網といった意味合いである。

だが、「失われた二〇年」における被保護者像の核心は、実は六五歳以上の高齢の被保護者にある。働くことが可能な年齢層の生活保護利用は図５－７に示したように、景気変動の影響で、その数は上下するだろうし、様々な自立支援の短期的効果も見込めるかもしれない。しかし高齢者の場合、こうした自立支援の効果は薄い。六五歳以上の被保護層の年齢を五歳刻みでみると、二〇〇五年頃までは六五～六九歳がやや多いが、一〇年になると、むしろ八〇歳以上を含めた後期高齢者層が多くなっている。この年、八〇歳以上で生活保護を利用している人は一九九五年の三・四倍である。この結果、生活保護が廃止される主な理由は「死亡」となる。また、ホームレス調査で明らかになった五〇～六四歳層の貧困への対策は、短期的には彼らの生活保護開始を遅らせたり、あるいはその一時的な廃止を促すかもしれないが、結局のところ、彼らも高齢化によって、生活保護へ流入する可能性が高いのである。

さらに高齢被保護者はその七割以上が単身世帯だという事実にも着目したい。すなわち、単身

図 5-8　被保護者世帯の単身世帯率の推移

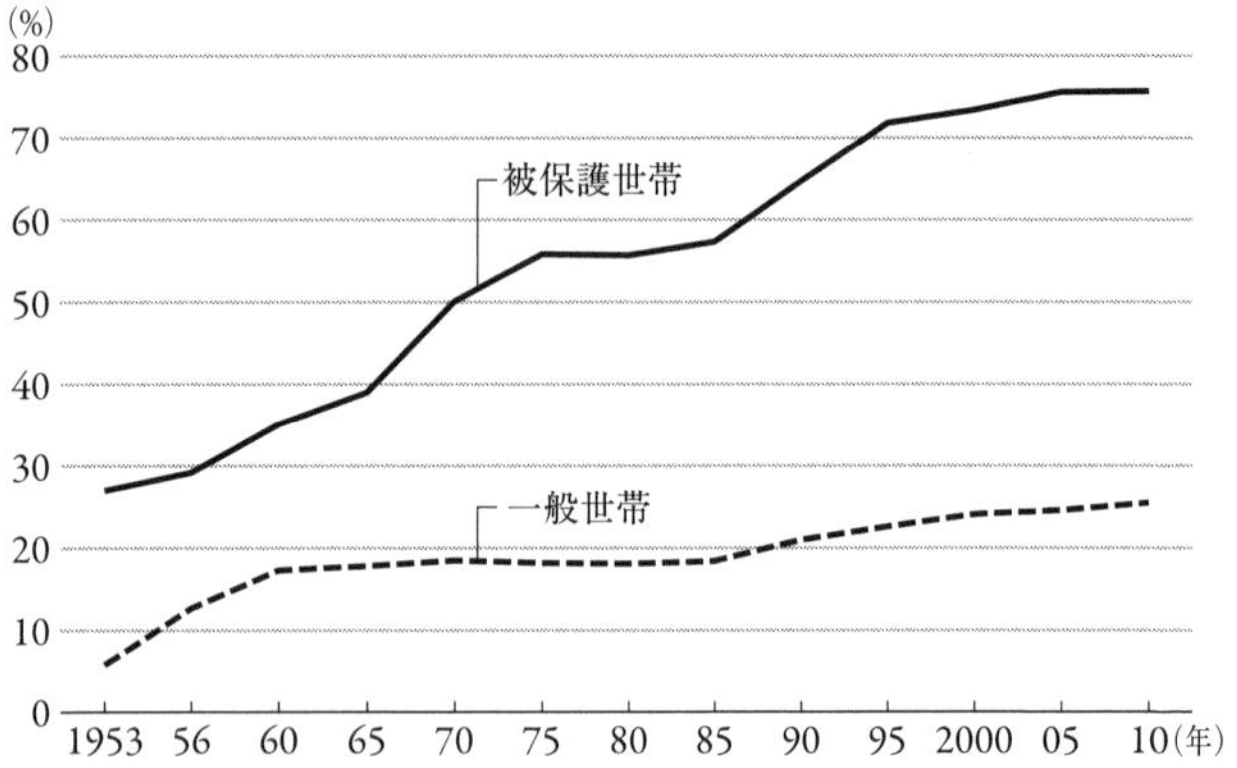

資料：厚生省・厚生労働省（1953－2010）「被保護者一斉調査」,「国民生活基礎調査」(「厚生行政基礎調査」).

高齢被保護者である。だが単身世帯の多さは、「失われた二〇年」だけの特徴ではない。被保護世帯は一九五〇年代より単身世帯の割合が高かったが、六五年から七五年の一〇年間で急激に増え、五〇％を超えた。その後八五年から九五年にかけてさらに上昇し、九五年以降は七割超を維持している。図５－８は生活保護の単身世帯の割合の推移を、「国民生活基礎調査」（厚生行政基礎調査）の一般世帯との比較でグラフ化したものである。これを見ると、生活保護では単身世帯が突出して多いことが分かる。つまり、日本社会における高齢化と単身世帯化の進展と、単身高齢被保護世帯の拡大は異なったものである。ではこの単身高齢被保護者の増加は何を意味するのか。

一つは、もともと高齢期が貧困リスクの高い時期であることよく知られており、その予防は戦後福祉国家の第一の課題であった。他方で、単身世帯は多子世帯とならんで、貧困リスクが高いことは、第二章のニコヨンのところでも述べたとおりである。前者の場合、代わりに働いてくれる人がおらず、後者の場合、子どもの養育費が家計を圧迫するからである。戦後日本では、子どもの数の自発的な抑制と皆年金体制によって、これらの貧困リスクは軽減されたようにみえたが、特に単身高齢者については成功していない、ということである。

そもそも福祉国家の政策は、正規労働者の夫とその妻、子どもで構成される家族をモデルにして設計されてきており、また老齢年金のように、保険料の長期拠出を前提とする社会保険を中軸にしてきた。このため、非正規で不安定な就労を長く続けてきた人びとや自営業者、さらには結婚しないか、離死別を経験した人びとの貧困リスクを予防しきれていない。公的年金は、「夫婦で一〇万円」といった設計図を国民にＰＲしてきたが、夫婦はいつか単身になるし、基礎年金だけの単身者は、それだけで生活するのは困難である。ちなみに、年金受給世帯は被保護世帯の四割弱ほど存在している。この場合、年金だけでは最低限の生活を維持できず、低い年金支給額を生活保護が補完していることになる。

もう一つは、単身高齢者になると、相対的に生活保護制度を利用しやすくなることである。生活保護の対象は、建前上は「すべての国民」にひらかれているが、実際には、資産・労働能力の活用、家族による扶養の努力が求められる。したがって生活保護を適用するかどうかの判定は、福祉事務所がその世帯全体の収入を合算し、資産を調査し、働けるかどうかや病気の有無などを調査することが前提になる。この点で、福祉事務所にとっては、高齢期の単身世帯がもっとも調査がシンプルで判断がしやすい対象ということになる。私は、先に述べたホームレス調査において、「六五歳になれば、生活保護が受けられる」と福祉事務所から聞いたという六〇代前半のホームレスに複数会ったことがある。むろん、年齢制限があるというのは、明らかに違法であるが、働けるかどうかの判断を避けるため、六〇代前半を敬遠したのかもしれない。ちなみに、「住所がないと保護は受けられない」というのも間違いであるが、路上ではよく聞いた話である。「住所不定」の場合、福祉事務所にとっては調査に手間がかかるので、歓迎されなかったということはいえる。

これに対して、まだ働ける年齢の家族がいる世帯の場合、夫婦あるいは親子ともども問題を抱えているケースが少なくない。こうした中で病院に入院したり、施設入所、進学・就職、看病のための同居などが生じると、保護を認定するのが難しくなる傾向がある。たとえば老親が働けないことを証明するために、病院で診てもらうよう促しても、他の家族が同意しない場合がある。そうした時は、その老親を保護する必要性があっても、生活保護制度は適用されないのである。

こうした中で、福祉事務所では、世帯分離という手法がさかんに用いられてきた。世帯分離とは、保護を要する家族をその世帯から切り離して、保護を認めるという便法である。第三章で海老《えび》津《つ》の元炭鉱夫の生活保護の例を引いたが、六人家族の一員である妻の妹は世帯分離扱いで、残り五人の生活保護が認められていた。ただし、住み込みで働いている娘の収入が認定されたため、支給額は低い。牧園清子は、被保護世帯を対象とする全国一斉調査から、世帯分離の実態を追っているが、世帯分離が適用された世帯は一九七〇年代に増大し、八〇年代以降は減少しているという。また、世帯分離が行われたのは八割以上が一人世帯であった。(牧園 1999：122–126)。七〇年代から進む被保護世帯の単身化の一因に、この世帯分離が挙げられるかもしれない。

だが、被保護世帯の単身化はそれだけでは説明がつかない。牧園は、一九八〇年代から世帯分離が少なくなった理由として、むしろ被保護者の単身化の進行を挙げている。被保護世帯の単身化・高齢化は、収入が最低生活費に達しないだけでなく、年齢的にも働けず、家族からの扶養も見込めないという、最も「文句のつかない」人びとを、もっぱら保護の対象にしてきた結果であるといえないだろうか。特に生活保護の引き締めが意識されるようになると、そうした対象へ向かっていきやすい。戦前の貧困救済は、「鰥寡《かんか》孤独救済」といって、寡夫、寡婦、単身者に対象を限ってきたが、戦後の生活保護法は、この対象制限を撤廃した。しかし実態は、疾病を理由とする働けない世帯がまず生活保護の対象となり、次いで、単身高齢者の生活保護受給が増加したのだから、生活保護政策は「鰥寡孤独救済」に回帰したとさえ言いうるのではないだろうか。

OECDの相対所得貧困率

こうして保護率が上昇するなか、OECD(経済開発協力機構)の相対所得基準による日本の貧困率の高さが話題となり、二〇〇九年以降、厚生労働省もこの基準を使った貧困率を公表するようになった。今日、これを相対的貧困基準として紹介するものが多いが、正確には所得データのみを使った貧困基準なので、相対所得貧困もしくは所得統計ベースの相対的貧困と呼ぶべきである。この相対所得貧困率は、等価可処分所得の中央値の五〇％（または四〇％、六〇％）を貧困基準とし、それを下回る世帯を貧困世帯と定義して計算されている。[5]

日本の相対所得貧困率は、ＯＥＣＤの平均よりも高く推移し、たとえば二〇〇〇年ではＯＥＣＤ平均で一〇・二％であるのに対して日本は一五・三％で、ワースト五となっている。〇六年のＯＥＣＤ「対日経済審査報告書」でも、このことが指摘され、新聞などでも報道された。[6]だが、この相対所得貧困率が広く知れ渡ったのは、〇九年に民主党連立政権が誕生し、ＯＥＣＤ基準と同じ手法で算定した貧困率を、政府が「正式に」公表したからである。その背景には、民主党のマニュフェストの中核でもあった「子ども手当」の導入と関わって、特に子どもの貧困対策の必要性を示す必要があった、ということがある。

だが、貧困を測る指標は相対所得貧困率だけではないし、この頃には生活保護基準を使った測定（生活保護の捕捉率）や、マーケットバスケット方式によるものなど、多様な方法が研究者によって試みられていた。[7]こうした中で民主党政権は、子どもの貧困という「かたち」を前提に、相対所得貧困率を採用したことになる。国際比較が可能なこと、ＥＵ諸国でもこの貧困率が使われていること、ＯＥＣＤの分析自体が子どもの貧困を重視していたこと、比較的算出しやすいことなどが考慮されたのかもしれない。「子ども手当」はわずか二年で終止符が打たれ、二〇一二年度からは、「児童手当」に戻ったが、子どもの貧困に対する関心は自公政権にも引き継がれ、

「子どもの貧困対策推進法」に結実したのは一三年のことである。そこには、少子化対策としても若者対策としても、まずは子どもの貧困が解消されなくてはならないという判断があったと考えられよう。

相対所得貧困率と子どもの貧困

では日本において相対所得貧困率は、どのように推移したのだろうか。図5－9は、厚生労働

5――等価可処分所得とは世帯規模の違いを調整して、異なった世帯の可処分所得（税、社会保険料などを差し引いた手取り額）を比較できるようにしたものであり、現在は世帯人員の〇・五乗が用いられている。OECDの報告でも、**relative income poverty** である。なお、このOECDの基準で絶対的所得貧困ということもあり、それは一時点を固定して変化をみたものである。日本では、世界銀行などの貧困規定を絶対的、OECD等の方法を相対的と解釈する向きもあり、貧困基準についての混乱がある。また、長期縦断調査のある国々では、一時点の調査の推移ではなく、同一世帯の貧困基準への出入りを捉えており、その報告もある。日本にはこのような国際比較が可能な長期縦断調査はないので、この報告には入っていない。

6――OECDの相対所得貧困基準は、国際比較のための所得分配プロジェクトの中で試行錯誤してきたもので、各国の専門家がそれぞれの所得データを同じ手法で整えたものを集計し、作成したものである。日本の数値は、当初は経済企画庁の研究者が総務省統計局「全国消費実態調査」のデータで、その後は国立社会保障・人口問題研究所の研究者が厚生労働省「国民生活基礎調査」のデータで、それぞれ算定したものを提供している。

7――保護基準を使っての貧困率（捕捉率）算定研究については、全国消費実態調査の個票を使った駒村康平（2003）の試算、所得再分配調査を利用した橘木俊詔・浦川邦夫（2006）の試算などがある。橘木・浦川に先行研究一覧がある（2006：125）。また、貧困基準設定についての新たな研究もこの時期に取り組まれている。

図 5-9　相対所得貧困率の推移

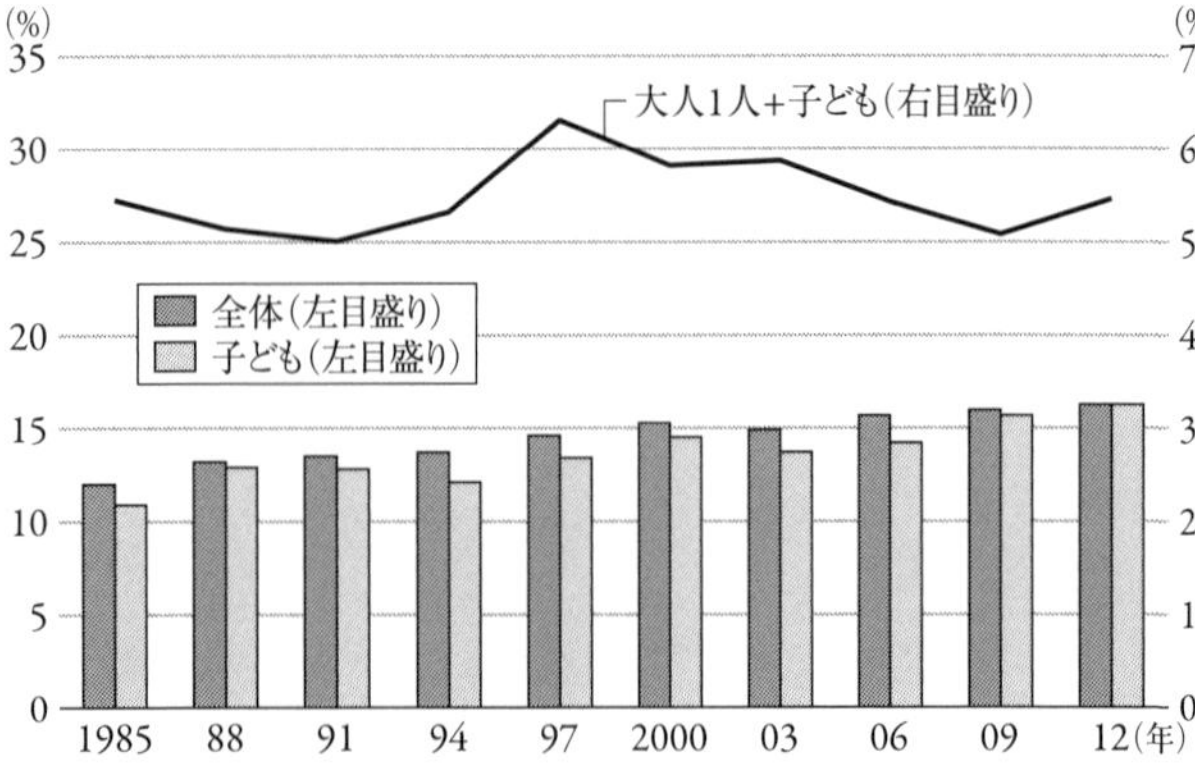

資料：厚生労働省（2013）「国民生活基礎調査」.

省が一九八五年から二〇一二年にかけて集計・公表した国民生活基礎調査をもとに作成したものである。このうち棒グラフは、国民全体でみた場合の貧困率の推移と、子どものいる世帯のそれを、それぞれ示したものである（左目盛り）。折れ線グラフは、ひとり親と子世帯の貧困率を示したもので、その多くが母子世帯である。

国民全体でみた場合、貧困率は一九九四年から二〇〇〇年にかけて微増し、〇三年に微減した後、〇六年から増加し始め、〇九年以降は一六％台となっている。それに対して、子どものいる世帯の場合は、国民全体でみた場合よりも、若干低い水準で推移しているが、一二年には国民全体と同水準になっているのは見逃せない。

図５－９のグラフの中で、もっとも深刻な事態を示しているのは、ひとり親と子世帯の貧困率を示す折れ線グラフである（右目盛り）。一九八五年から二〇一二年にかけて、五〇～六〇％の貧困率で推移している。つまり、母子世帯を中心とす

ることの世帯の半分が、貧困基準以下の生活をしているのである。このことから、「子どもの貧困」とは、母子世帯がおちいる貧困の問題であるということが分かるだろう。母子世帯のうち、被保護世帯が占める割合を見てみると、二〇〇〇年で約一二%、一〇年で約一五%なので、相対所得貧困率での測定によって明らかとなった、貧困基準以下のひとり親と子世帯のごく一部しか生活保護はカバーできていないと考えられる。つまり、生活保護による貧困の捕捉率[8]が低いのである。

このように、民主党政権時代に公表された相対所得貧困率は、子どもの貧困対策を前提としていたのであるが、この貧困率を公表するに際して、当時の厚生労働大臣は、子どものいる世帯だけでなく、多様な社会集団についてもその貧困率を明らかにすると述べていた。しかし実際には、母子家庭、および子どもの貧困以外は、あまり注目されていない。むろん、中長期的にみても、貧困問題を解決する上で、子どもをめぐる貧困対策が必要なのは論を俟《ま》たないが、「子どもの貧困」という言葉がやや独り歩きしている感はある。

8――捕捉率とは、生活保護の対象となりうる人のうち、実際に受給している人がどれくらいいるかを示す数値のことである。民主党政権は、この捕捉率も公表しようとした。しかし、厚生労働省が提示したのは捕捉率ではなく、生活保護基準未満の低所得世帯数を二通りの計算方法で出したものであった。生活保護の審査を行う際には、資産調査や労働能力テストを実施する上、本人の申請が必要なので捕捉率とは言わないという説明がついている。生活保護制度から漏れてしまっている人びとの数を明らかにしたくないという保護課の抵抗である。

表5-1　就業・被就業と相対所得貧困率

		日本	OECD　平均
世帯主が稼働年齢期	全世帯	12%	10%
	就業者無し	42%	36%
	1人就業	14%	14%
	2人以上就業	9%	3%
子どものいる世帯	大人1人		
	就業	58%	21%
	就業なし	60%	54%
	夫婦		
	1人就業	11%	16%
	2人就業	10%	4%
	就業なし	50%	48%

出所：OECD;Growing unequal? 2008　より作成.

相対所得貧困率それ自体は、所得データのみを用いた貧困基準であるため限界はあるが、多様な社会集団のどこに貧困が生じており、社会のあり方や政策とそれがどう関連しているかを見る上で有意義なものである。一九九〇年代半ばから二〇〇〇年代半ばまでのデータを使ったＯＥＣＤの分析では、高齢者の貧困リスクよりも若年層の貧困リスクのほうが高くなっている。このほか、男性よりも女性の、特に高齢女性の貧困率が高いこと、単身の場合、平均の二倍の貧困率になっていることなどが指摘されている（**OECD, 2008**）。子どもの貧困については、子どもをもつ世帯全体の貧困率が高いわけではなく、ひとり親世帯で約三倍の高さになっていることが強調されている。なお、日本の高齢者の貧困率は二二%とまだ高いが、それは公的年金に制約のある高齢の女性が抱える貧困に影響されているとの指摘がある。

世帯主がまだ働ける年齢である世帯の貧困率と就業状況についても、ＯＥＣＤは詳しく分析している。表5－1にあるように、ＯＥＣＤ平均でも日本でも、誰も働いていない世帯の貧困率は高い。ところが日本の場合、子どものいる世帯のうち、ひとり親世帯では、働いていても貧困率が極端に高い。ＯＥＣＤ平均では、誰も働いていないひとり親世帯の貧困率は五四％と、日本の場合とあまり変わらないが、働いているひとり親世帯の場合、その半分以下となっている。また、両親のいる世帯を見ると、どちらか一人が働いている場合と、二人とも働いている場合とで、貧困率にあまり違いがない。「全世帯」で見た場合、二人以上働いている世帯の貧困率は低くなるが、それでもＯＥＣＤの平均より高い。

このように、日本における相対所得貧困率の高さは、働かないこと・働けないことにあるだけでなく、働いているのに貧困である点に特徴がある。まさにワーキングプアであり、高度経済成長の入り口での低消費水準世帯としての日雇労働者や家内労働世帯の特徴が新たに蘇ったかのごとくである。非正規労働者の増大という労働市場の問題のほか、女性の短時間稼働をよしとするような税制度や社会保険制度の存在が、母子世帯の母親の収入を押し下げ、複数稼働世帯の収入上昇を阻止していることも関連しているかもしれない。先に述べたように、失業や生活保護の拡大に対して「自立支援」策が講じられているが、問題は働かないことにあるのではなく、働いても貧困から抜け出せない構造になっていることにあるのだから、その効果はあまり期待できない。

3 「かたち」にならない貧困

子どもの貧困という取り上げ方に習えば、女性の貧困、高齢者の貧困（下流老人などの）という「かたち」を強調することもむろん可能であるし、そのような論じ方は二〇〇〇年以降の一種の流行でもある。女性の貧困については、子どもとの関係だけでなく、男女平等の観点から取り上げられることもある。内閣府は、二〇一〇年に「生活困難を抱える男女に関する検討会報告」を発表しているが、その委員を務めた阿部彩《あや》は二〇〇七年の国民生活基礎調査データを用いて、性別や年齢別に相対所得貧困率を算定している。これによれば、もっとも貧困率が高いのは、母子世帯の母親、母子世帯の子どもで、以下、女性高齢単身世帯、男性高齢単身世帯、働ける年齢の女性単身世帯、男性単身世帯の順になっている。つまり、子どもだけでなく、女性、単身者に貧困が集中しやすいことが示された。

しかし、子どもの貧困、女性の貧困、老人の貧困……というような、年齢や性別によって貧困の「かたち」を整理するだけでは、貧困のビビッドな姿は見えにくい。たとえば、子どもという存在に先立って、妊娠の経過、子どもの誕生、そして親になる、という一連のプロセスがあるが、貧困はこの「〜になる」という移行プロセスの困難とも深く関わり合う。若者問題も、学校から職場への若者の移行プロセスに重点を置くことで、その実態が浮かび上がってきた。

以下では子どもの貧困、女性の貧困という「かたち」にさえなりきれず、ただ出産時あるいはその直後に一瞬現れた貧困をキャッチした、いくつかの調査を紹介しておきたい。

○歳○日虐待死と貧困

児童虐待という問題は、戦前から認識されていたが、一九九五年以降、「児童虐待時代」（山野2006a：16）と呼ばれるほど相談件数が増加し、二〇〇〇年には児童虐待防止法が施行されて、虐待防止策の強化が図られてきた。それにもかかわらず、相談件数は減るどころか増え続け、児童虐待による死亡事例も減ってはいない。こうした事態を受けて、厚労省社会保障審議会児童部会の下に専門委員会が〇四年に設置され、死亡事例の検証が行われてきた。

今、第一次（二〇〇三年）から第六次（二〇一〇年）までの虐待死ケースの検証結果を見ると、年齢は〇歳児が多く、第一次から第四次までの合計の約四割を占めていた。これが第五次検証では約五割となり、第六次検証では約六割に上昇している（心中ケースは除く）。〇歳児の月齢は〇カ月が最も多く、第一次から第四次では約四割であったが、第五次検証で約五割、第五次検証では六割を超え、これも増加している。つまり虐待死ケースでは〇歳〇カ月と呼ばれる出産直後の死亡例が多い。第六次報告では、日齢〇日での死亡ケースに着目し、これと日齢一日以上たってからの死亡ケースとの違いとして、〇日ケースでは、虐待死の原因として、未婚や非配偶者との間での妊娠であったため周囲に知られたくなかった、家族（夫や両親）、職場、学校に知られたくなかった、育児をする能力がなかった、育てられないと思った、どうしてよいか分からなかった、など、「子どもの存在の拒否」があったことを指摘している。一日以上ケースの場合、「しつけ」が主たる理由となっており、〇日ケースとは異なると指摘されている。また養育者は、日齢〇日では「一人親（未婚）」が半数を超えるのに対して、日齢一日以上では、半数以上が「実父母」であったと報告している。

検証委員会は、これらの点から、「若年（一〇代）の妊娠」「望まない妊娠／計画していない妊娠」のために「妊娠の届出がされていない」、「母子健康手帳が未発行」など、妊娠から出産後までの周産期を管理する医療・保健システムからドロップアウトしている母親に、〇歳〇日での虐待死のリスクが高いことを指摘している。周産期医療、母子保健政策は日本の福祉国家が誇るもので、乳児死亡率の低下、安全な産児制限（人工妊娠中絶を含む）等を実現してきたが、そのコントロールが効かないところで〇歳〇日虐待死が起きているというわけである。

養育者の状況を見ると、先に述べたひとり親・未婚ケースの他、地域から孤立しやすいなどの問題が指摘されている。また経済状況については、第四次報告から課税台帳上の細かい所得階層区分での数が示されている。この課税台帳区分は、社会福祉サービスなどを利用する際に、低所得層を識別するものとして、よく使われている。この区分で、低所得層とみなされている「生活保護世帯」、「市町村民税非課税世帯」、「市町村民税非課税世帯（所得割）」の合計を見ると、第四次で八四・二％、第五次で三四・七％、第六次で五〇％である。これは約半数が不明なので年次によるばらつきが大きいが、低所得層が多いことが分かる。ちなみに、児童相談所の一時保護所（緊急措置として児童を保護するため、短期間入所する施設）を利用したケースの分析（日本子ども家庭総合研究所二〇〇三年度五〇一ケース）でも、同じ課税区分に約半分が含まれるとした報告がある。うち母子のみの低所得割合は七割を超えている。ただし、一時保護所の利用であるから、〇歳児は少なく、死亡ケースではない。

日本の児童虐待研究は、母親の精神状態にウエイトが置かれ、貧困との関係を軽視する傾向が強かった。だが、「児童虐待時代」において次第にその経済基盤の不安定さや社会的孤立が注目され始め、このような所得階層を取り入れた分析が行われるようになってきた。山野良一は、児童相談所などの現場の実感から貧困が虐待の基盤にあることは分かっていたが、課税区分のような客観的指標で収入の多寡を見ることができれば、それがもっと明確になると述べている（山野2006b：65−67）。

〇歳〇日虐待死は、子どもの貧困でありながら、その「かたち」は定かでない。生まれても、すぐその生を閉じられて、生きることのできなかった子どもの貧困は、その死後に推測されるだけである。またこれは、中絶を含む周産期医療や母子保健のネットワークから脱落して、社会から孤立した親とその貧困を、事後的に示すばかりである。

こうのとりのゆりかご

こうした虐待死を予防しようとする試みの一つに、熊本市の医療法人聖粒《せいりゅう》会・慈恵病院の「こうのとりのゆりかご」がある。慈恵病院では、虐待や人工妊娠中絶から子どもの命を守るために、二〇〇二年から「赤ちゃんのための電話相談」を実施していたが、匿名で新生児を預かる施設を〇七年に設置し、運用を開始した（熊本市「こうのとりのゆりかご」検証報告書、二〇一二年）。これは、ドイツの「赤ちゃんポスト」の取り組みなどを参考としている。「こうのとりのゆりかご」の預け入れは、室内に設置されている保育器（ゆりかご）の扉を開け、保護者へのカードを受け取り、子どもを奥の保育器に寝かせると、子どもの安全確保のため、扉は自動的にロックされる。同時に、ナースステーションおよび新生児室のブザーが作動し、そこにいる職員が直ちに子どもを保護する、というシステムになっている。

この設置については、賛否両論が巻き起こった。匿名での預かりが、子どもの出自を知る権利と抵触すること、安易な子捨てを助長しかねないことが反対する側の主たる理由である。「赤ちゃんポスト」という言葉からも、安易な子捨てがイメージされたのか、多くの新聞やテレビがこれを取り上げた。実際、運営をはじめると、三歳児や障害児が預け入れられていたとか、不倫関係による出生児の預け入れもあったことなどがクローズアップされた。このため、病院では「赤ちゃんの幸せのために扉を開ける前にチャイムを鳴らしてご相談ください。」との表示板を設置するなどして、子どもを預け入れる前の相談につながるよう工夫を重ね、相談時の秘密保持の周知を図った。また、預かった子どもの身元判明にも力を注ぎ、二〇一一年九月三〇日時点までで、八割以上の親の身元が判明するに至っている。

預け入れにきたのは母親が七割以上で、出産の場所は医療機関が約五割、自宅が次いで多く、その他は、車中、不明などとなっている。親の居住場所は九州地方のほか、関東地方まで広がっている。検証報告では、子どもの預け入れ以前に公的相談機関に相談したかどうかに着目し、いくつかの事例を挙げている。これは、虐待死における生活保護世帯の存在とも関係があるので、挙げられた事例のうち、三例を転載してみたい（前掲報告書）。

◆事例A：妊娠中は育てられると思っていたが、収入がなくなったため、児童相談所に相談したところ生活保護を紹介され、生活保護相談も行なったが受けられないと言われたことから、ゆりかごに預けるしかないと思い、未入籍の両親が預け入れた。

◆事例B：未婚で妊娠し、中絶に一〇万円かかると言われできなかった。市の福祉課に相談したが、母子生活支援施設は空きがなく入れなかった。病院で出産後、市の保健師の訪問を受けたが相談ができなかった。「ゆりかご」をインターネットで知り、電話相談より直接行ったほうが保護してもらえると思い預け入れた。

◆事例C：母子家庭で生活保護を受けながら前夫との子を五人育てており、別の男性との間に六人目を妊娠。出産がわかったら生活保護を取り消されると思った。自宅出産し、経済的に育てられず、出生届も出せないとして預け入れた。

事例Cについては、「本人の妊娠期間中、生活保護のケースワーカーが本人の妊娠に気づいておらず、生活状況を十分に把握できていなかったことに加えて、生活保護に関しての本人の思い込みが、預け入れにつながっている。このほかにも、出産したら生活保護や児童扶養手当が廃止されるという自己判断で預け入れをした事例が複数みられる。生活保護等の福祉制度の運用のあり方にも課題がないのか検討する必要がある」とのコメントが付いている。

未婚での出産、離婚後の妊娠は、日本社会ではバッシングの対象となりやすく、特に生活保護を受けている母子世帯の場合、税金による扶助を得ていることから、激しい批判の対象とされがちである。そうしたことが、生活保護申請の審査に影響を与えていないとは言い切れまい。生活保護世帯での子ども虐待死も、こうした文脈と関連があるかもしれない。

「未受診や飛び込みによる出産」から見た貧困

最後に、大阪府が二〇〇九年度から一五年度まで大阪府産婦人科医会に委託して実施した、「未受診や飛び込みによる出産等実態調査報告書」[9]についても紹介しておきたい。妊娠期間中を通じて医療機関で受診しなかったり、分娩直前になって救急搬送を要請したりする「未受診や飛び込みによる出産」は、医学的な意味でも社会的な意味でもリスクが高いという認識の下、調査がなされたもので、事例紹介も豊富である。「失われた二〇年」も過ぎようとしているのに、相変わらず、母体にとっても危険な出産がなされているという事実が、そこからは浮かび上がってくる。

ここでは、二〇〇九年度から一三年度までの五年間の調査結果が掲載されている二〇一三年度調査報告に基づいて、いくつかの特徴と個別事例を示してみたい。

この調査報告で対象となったのは一一四六件で、年齢でいうと一三歳から四六歳までと幅広い。図5－10は、大阪府で出産した女性を年齢別で示したグラフ（大阪府全体とする）と、未受診のまま出産した女性を、同じく年齢別で示したグラフである。いずれも同時期に調査がなされている。これを見ると、大阪府全体と比べて、未受診の女性の場合、一〇代と二〇代前半に多く、また四〇代で若干多いという特徴がある。報告書は、〇歳〇カ月虐待死における母親の年齢の分布と類似していると指摘している。未婚は約六八％、初産は四割強、四回以上出産した経験がある

9――この調査は、大阪府内の全産婦人科（分娩）機関を対象に実施されたアンケート調査で、医師、医療ソーシャルワーカー（MSW）の記入に基づく。未受診を防ぐための実践を産科医会、MSW、助産師、保健師などが熱心に行っている。二〇一一～一三年度報告には詳細な事例研究報告が掲載されている。なお、この調査で未受診とは、①全妊娠経過を通じての産婦人科受診回数が三回以下、②最終受診日から三カ月以上の受診がない状態のいずれかに該当するもの。

図5-10　未受診等母年齢分布

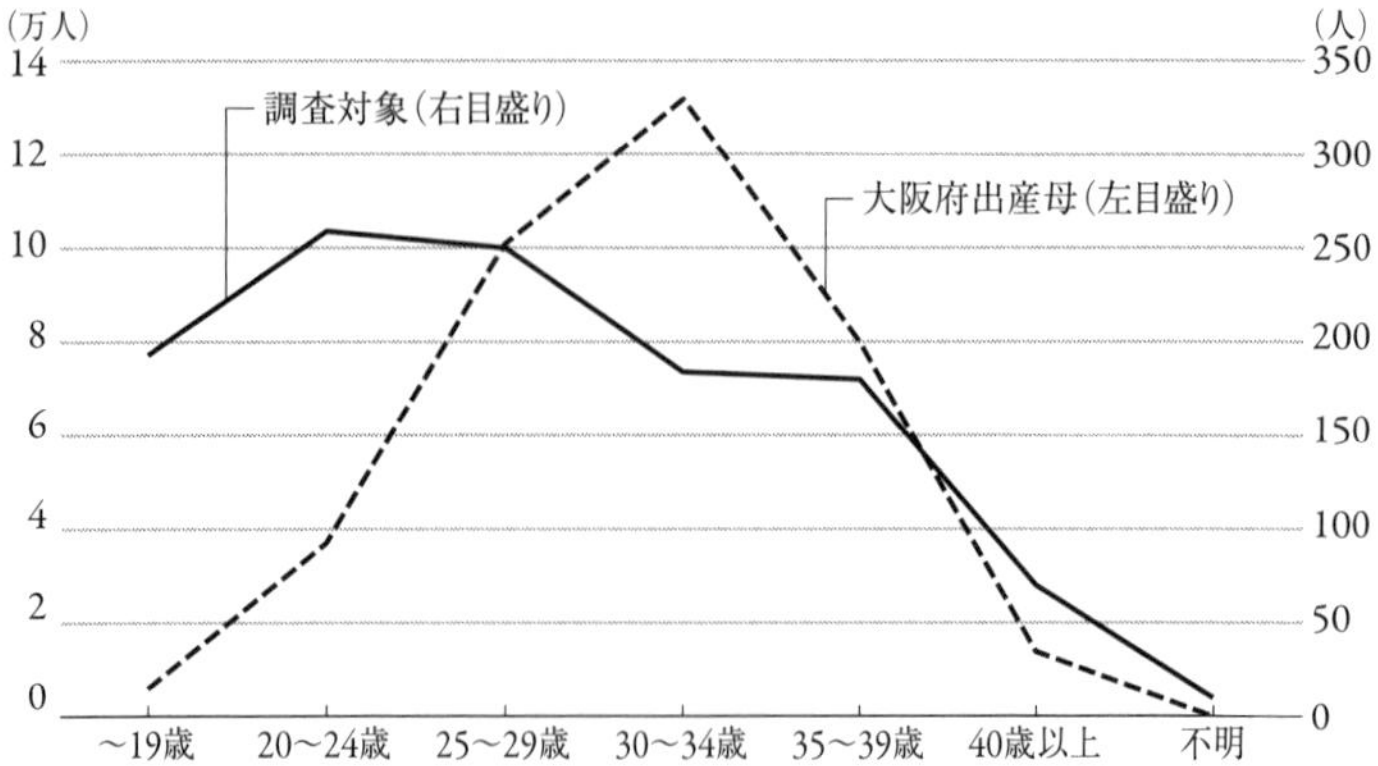

資料：大阪府産婦人科医会（2013）「未受診や飛び込みによる出産等実態調査」大阪府「人口動態統計」2009 ~ 2013.

のは約一二％で、総じて若い世代で未婚・初産の女性が多い。

本人職業ありは二〇・六％で、妊娠により無職となった人もいる。二八・四％が住所不明・不定であるが、七割以上が母子健康手帳を持っている。これは厚労省の検証委員会による虐待死の検証結果とはやや異なる。「母子健康手帳を取得していれば、妊婦健診公費負担が受けられ、産科補償制度があり、出産育児一時金直接支払制度を利用することも妊婦さんは知る事が出来る」（二〇一三年度報告書）にもかかわらず、未受診となってしまう状況を考えなくてはならない、と報告書は述べている。また、二八・四％の女性が生活保護を利用しているが、中には生活保護の利用を拒んだケースもあったことが紹介されている。

妊娠期間中に医療機関に診てもらわなかった理由として最も多いのが「経済的問題」で、全体の三割を占める。以下、「知識の欠如」が一七％、「妊娠に対する認識の甘さ」が一三％、「家庭の事情」が一二％、「社会的孤立」が九％、「妊娠を受け入れられなかった」が七％、「多忙」が六％、「受診する機会を逃した」が六％となっている。だが、医療ソーシャルワーカーの意見では、「未受診のまま出産に至る背景には様々な要因が絡みあっていることが多く、多くの要因は経済的な理由である、さらに妊娠に気づかない、迷っているうちに週数が過ぎる、若年、未婚、外国人、孤立、DV、知的・精神面での問題などが複合的に存在している」（二〇一一年度報告書）と、経済的な理由に加えて、複数の問題が絡み合っていることが指摘されている。以下、妊娠・出産を経験した女性の、三つの事例を紹介したい（報告書を基に筆者が要約加工）。

【事例A】三〇歳、四回経産婦

全く病院を受診しないうちに、陣痛が始まったため、病院へ救急車で搬送され、出産した。約三年前、前夫によって家を追い出されている。前夫との間には三人の子どもがいるが、前夫引き取りとなっている。以降現在のパートナー（未入籍）と、その間にできた子どもとの三人暮らしである。この子どもも病院での受診がないまま、この病院で出産している。前回の出産当時、前夫との連絡が全く取れず、また身分証もなく、本人の健康保険加入状況、住民票、戸籍がどうなっているのか不明であった。現在に至るまで状況は変わらず、前回出産した子どもの出生届も出せていない。前回の母子の医療費の支払いもない。医療ソーシャルワーカーが、保健所、子ども家庭センターへ連絡し、調査を依頼。子ども家庭センターの調査の結果、他市に住民票があったこと、前夫とは（本人不在のまま裁判所申し立てにより）離婚が成立していたことが判明した。退院に際して、前回の入院時の未収金は分割払いを誓約させ、今回については支払い不可能と判断し、無料低額診療事業を適用し、出産・入院費用を免除した。

退院後は接触する機会のない病院にとっては（おそらく一カ月健診も来ないと思われる）、支援にも限りがある。だがこのケースでは、退院後の生活の支援が期待できる子ども家庭センターにつなぐことができた点に、医療ソーシャルワーカーは安心する。しかし後日、子ども家庭センターより連絡があり、退院約一週間後に一家で夜逃げをし、消息不明になっているとのことである。（二〇一一年度報告書）

【事例B】一〇代、初産

妊娠三カ月頃に他の病院を一度受診したが、その後妊娠八カ月まで病院には行っていない。妊娠八カ月で腹痛があり、救急車で搬送され、切迫早産として入院となった。本人は風俗業の寮（借り上げアパート）で暮らしながら生計を立てていたが、友人の保証人になったことでかなりの借金があり、貯金はほとんどない状況であった。住所不定で、無保険であり、頼れる家族もなく、パートナーも分からない状況である。本人は、生まれてくる子どもを養育したいと思っており、母子生活支援施設（母子寮）への入所を希望している。生活保護相談を行い、母子ともに生活保護を適用してもらうことになった。出産後七日目に退院、母子寮へ入所となった。出産後二カ月で風俗の仕事に復帰し、子どもは託児所に預けた。その後、役所の子育て支援室より連絡があり、子どもの養育は難しいので、ひとまず乳児院へ強制保護したとのことであった。

医療ソーシャルワーカーは、本人の生育歴に、両親の離婚、実母からの虐待、自らも施設入所していた経緯があるため、子どもの養育には不安を感じていた。家族や親類とも疎遠で、全く支援が受けられない状況であることや、社会保険も住居もないことから、本人による養育と施設入所の判断が難しかったと感じている。しかし、本人が子どもを養育したいという希望をもっていたので、母子寮と生活保護の利用につなげたが、結局、子どもの養育はうまくいかなかったようである。（二〇一三年度報告書）

【事例C】二八歳、二回経産婦

二八歳の本人と夫、八歳と二歳の子どもの四人家族。夫からのＤＶがある。妊娠・出産の経験あり。今回、妊娠が判明した時、夫が失業中のため、本人は中絶を希望。しかし夫の反対があり、迷っているうちに妊娠六カ月を過ぎてしまう。

地域保健センターは、彼女が未受診であることを把握しており、病院への受診、助産制度の利用を促す。これにより受診するが、初診だけとなってしまい、病院から本人へ電話。結局、出産までの受診は、一回目と入院日の二回だけであった。帝王切開の経験があり、今回も帝王切開を希望。本人の同意の下、避妊のため、卵管結紮《けっさつ》を行う。退院後、二週間健診、一カ月健診とも連絡がなく、未受診。病院は、本人の携帯電話に連絡を入れるが出ず、メッセージを残して受診を促す。夫に連絡をするが、夫も所在を把握していない。地域保健センターに依頼し、保健師からも連絡を入れて、受診を促す。産後四九日目に、一カ月健診として受診。子どもの体重は順調に増えており、清潔にされていた。産科の診察後、本人から、経済的な不安があること、夫からのサポートは期待できないことが述べられ、卵管結紮をしたことで、妊娠の可能性はもうないのか質問が出る。上の子とともに自宅で過ごしているとのことで、今後は地域保健センターにサポートを依頼。

産後三カ月目に、夫から「母親が出て行ってしまって、困っている」との電話。一度、出て行ったあと、荷物を取りに戻ってきて、再びいなくなってしまったこと、一週間ほど前から、八歳、二歳、三カ月になる子どもを、夫一人で世話をしているが、母子健康手帳もなく、どこを頼ったらいいか分からず、とりあえず病院へ電話したと話す。現在、夫は仕事に就いており、頼れる人がいない中、無認可保育所を利用しながら、何とかやっているとのこと。地域の保健師に連絡を取り、サポートを依頼。なお、生後三カ月の子どもには水腎症（腎臓の尿が集まるところに尿がたまりやすくなる病気）があり、泌尿器科による対応が必要。（二〇

二〇一二年度報告書）

飛び込み出産のような場合、短期間の入院となるため、本人の生活歴はよく分からないが、医療ソーシャルワーカーは福祉事務所、子育て支援センター、保健センターなどの地域機関と連携して一週間のうちに、退院後の母子の暮らしを支えようと努力する。事例Bは、風俗業の「寮」に身を寄せ、風俗業で生計を立てている若い女性のケースである。こうした事例は少なくない。事例Bでは、切迫流産での入院であったため、援助できる期間が比較的長く、生育歴や虐待の経験などを把握することができ、生活保護の利用、母子寮の入所の手続きもできている。だが、事例Aも事例Bも、住所不定（住民票がない）、無保険で、子どもの出生届などの状況に関して、彼女らを助ける人もいない。医療ソーシャルワーカーの援助にもかかわらず、事例Aは退院後一週間で家族で夜逃げをし、事例Bでは本人による養育はうまくいかず、子どもは乳児院に入所している。

事例Cは未婚でもひとり親でもなく、夫婦と子の四人家族であったが、夫の失業、DV、経済的不安の中で、三人目の子の中絶を希望するが、やむなく出産。その後の妻の家出の理由は不明であるが、夫の収入が不安定であること、DVがあること、子どもの病気などから、展望が見いだせなかったのかもしれない。なお、帝王切開の経験のある妊婦が未受診であるケースはほかにもあり、医療ソーシャルワーカーにとってはショッキングな事例である。

これらの事例では、彼女たちが妊娠・出産期を迎えることで、それぞれが経済的な不安を抱えているだけでなく、社会的に孤立していることが、医療関係者や福祉関係者の眼前に浮かび上がってきた。だが、彼女らは、そうした援助の手からも、さほど時を置かずして、するりと抜け出してしまい、その貧困の「かたち」は見えなくなってしまうのである。

おわりに——戦後日本の貧困を考える

国道一七号線は、東京・神田駅のガード下あたりでは中央通りと呼ばれている。その道路脇で、ホームレスらしい男性が紙袋を下げてたたずんでいるのを見かけたのは、失業率が低下し始め、求人難のニュースが多くなった二〇一七年一月半ばの昼下がりであった。私の視線を感じたのか、男性はすぐ移動を始めた。厚労省の調査ではホームレスの数は少なくなっているが、むろん皆無というわけにはいかない。そんなことを思って道路に目を転ずると、信号待ちをしている多くの車両の真ん中に、空き缶を詰めた袋を大量に積んだリヤカーがあるのに気がついた。日焼けした年配の男性が、自転車ではなく徒歩でリヤカーを引いている。この辺りに問屋があるのだろうか。鈴なりになった空き缶はどのくらいの重量があるのか見当もつかないが、リヤカーの前を行く冷蔵庫を積んだ軽トラックの高さに負けていない。二一世紀の「バタ車」（バタヤの車、第三章参照）か、と唖然としているうちに、信号が変わった。

1 貧困の継続・「かたち」の交錯

本書は、戦後日本の貧困を、それぞれの時代が作りだした「かたち」に着目して追いかけてきた。ある時代で取り上げた貧困の「かたち」が、その時代だけで終わることもあれば、二一世紀の「バタ車」のように、残り続けることもある。また、個人の人生からみれば、社会から与えられた「かたち」は変わろうと、結局のところ、それらの多様な貧困の「かたち」の中を渡り歩いているにすぎないこともあろう。

戦争による「浮浪者・浮浪児」の一部は炭鉱に送られ、炭鉱で生まれ育った若者は集団就職で都市部へ出た後、「寄せ場」労働者となり、バブルの崩壊によって路上へと押し出され、ホームレスとなった。あるいは敗戦後に満州開拓民や軍人が引き揚げてきた後、国内開拓民となって「へき地」へと送られ、酪農家として借金に苦しむ。その打開策の一つが海外移民であった。大衆消費社会における多重債務問題は、同時代だけでなく、バブル崩壊後の「失われた二〇年」におけるあらゆる貧困に影を落とし、その「かたち」を複雑なものにしている。

だから、本書の時代区分で描いた貧困の「かたち」は交錯しあい、個人の人生の中では「かたち」自体の意味が薄れていく。この交錯と持続の中で、貧困は、はじめて貧困一般として把握可能になるのかもしれない。また、第五章の最後で述べたように、その「かたち」は一瞬捉えられるが、すぐまた隠れてしまい、時代の貧困の「かたち」にすらならないこともある。

本書がなぜ一貫した指標によって、貧困の増減を描かなかったのか、という疑問を持たれた読者は少なくなかろう。そうした試みはあってもいいし、たとえば橋本健二は『格差の戦後史』においてそれを試みている。だが、本書があえてそれをしなかったのは、敗戦直後の貧困のように、所得の多寡ではなく、「食べるものすらない」という、きわめて原初的な「かたち」で貧困が現れることもあれば、所得統計などに載らないような貧困者もいるからである。

さらに言えば、貧困線の指標やそれをあてはめる所得・消費の統計は戦後の歴史の中でその都度変わり、場合によってはそのような計測が拒否された時代もあった。言葉を換えれば、時々に現れる量的計測自体が、ある時代の貧困の「かたち」でしかない。つまり、ある個人の人生を通してなら把握できるかもしれない貧困一般は、その纏う貧困の「かたち」のなかに常に隠されており、その「かたち」は、社会と、社会がその中に位置づける貧困との関係を意味している。だから、戦後日本社会と貧困を語ろうとすれば、統計から得られるその増減の物語としてではなく、このような社会との関係を表す「かたち」がより重要だと考えたのである。むろん、時々の保護率、家計の水準と構造などのデータが存在する場合には、なるべくそれらも用いたが、その比較は、首尾一貫した貧困線による増減検討とは意味が異なる。

2 ポーガムの貧困論と戦後日本の貧困の「かたち」

首尾一貫した指標による貧困の増減ではなく、時代や社会によって異なる貧困の「かたち」を分析するための枠組みを提唱したのはフランスの社会学者セルジュ・ポーガムである（ポーガム＝川野・中條訳 2016）。その枠組みとは、「統合された貧困」「マージナルな貧困」「降格する貧困」（＝社会的排除）という三つの基本的な貧困の形態である。

「統合された貧困」は、経済発展があまり進んでおらず、大部分の人びとが貧しいが、家族や地域の強い紐帯《ちゅうたい》があるような貧困を指す。「マージナルな貧困」は、経済発展が進むとともに、雇用や最低所得保障の制度が用意された社会で、少数となった貧困者を「社会的不適応者」と見なしてコントロールするもので、貧困や貧困者への負のレッテル貼り（スティグマ）が強くなる。「降格する貧困」[1]とは、ポスト工業社会において、労働市場の不安定さが全般的に増大し、それまで属していた上位の層から、人びとが貧困層へ「転落」することによって、社会の集合的不安が増す状況を指す。「降格する貧困」は「安定した困窮状態」ではなく、私なりに言い換えれば、「不安定が深化するプロセス」であるとも考えられる。たとえば失業が所得の低下を生み、それが住宅や健康状態の悪化を招き、家族との援助関係も希薄になったりして、社会のあらゆる場面への参加が困難になる、また扶助制度を利用すれば、自分が社会に役立っていないような感情を抱くようになる、といった一連のプロセスを含んでいるとポーガムは述べている（ポーガム＝川野・中條訳 2016：123）。このプロセスは、個人の「社会的信用の失墜」が深まっていくプロセスであり、「降格」の意味もそこにある。しかも、このような「降格する貧困」のプロセスに巻き込まれるのではないか、という不安が社会全体に拡大しており、その中から社会的排除や孤立の増大が進むというわけである。「マージナルな貧困」に比べて、「転落」の可能性が拡大しており、

1――「降格する貧困」は分かりにくい概念であるが、ポーガム自身も修正しながら使用してきている。

これに対する制度対応が必ずしも十分でないところに、両者の違いがある。

これらの概念は理念的なものであるが、ポーガムはヨーロッパの調査で実証を試みてもいる。また、経済成長の各段階を踏まえたものでもある。そこで、これを戦後日本の貧困にあてはめてみよう。すると、「統合された貧困」＝高度経済成長以前、「マージナルな貧困」＝高度経済成長期からバブルまでの「豊かな社会」、「降格する貧困」＝バブル崩壊後の「失われた二〇年」と整理することが可能なように見える。だが、読者はすぐに気づかれたであろうが、戦後日本の貧困の起点である敗戦直後の貧困は、この三つの基本形態のいずれにもあてはまりにくい。家族の紐帯も、国家や地域社会の紐帯も戦争が破壊し、無秩序な状態の中で、圧倒的な貧困が生じていたのである。あえていえば、戦時中までの社会的地位から転げ落ち、多くが「不安定」な状態に投げ込まれたという意味で、「降格された貧困」に該当する部分はあっただろう。また皆が貧しい状況にありながら、貧困の序列が明確にあり、餓死への近さが強いものほど、不潔であるとか犯罪予備軍だといった理由で切り捨てられ、取り締まられてきた。

「統合的な貧困」に近いのは、その後の仮小屋集落やスラム、開拓村などの貧困かもしれない。すでにマージナルな位置に置かれながらも、緩い紐帯ではあれ、そこでしか生きていけない人びととの相互扶助が窺えた。また社会的紐帯がもっとも強かったのは、ニコヨンの家族や組合であろう。総じて、復興期においては、貧困のただ中にあった人びとの声も大きく、ニコヨンの生活文学やスラムの子どもたちの作文、小説等を介して、貧困状況が当事者から発信されている。だが、そのような発信は、その後「寄せ場」など一部を除いて次第に姿を消していく。貧困は当事者によってではなく、研究者、ジャーナリスト、政策当事者、実践家によって「発見」され、計測され、インタビューされる「対象」になっていった。

他方で、復興期から経済成長へと転ずる時点で、日本の貧困は、二重構造論に代表されるような構造問題として一時期その「かたち」を表す。その一般的・集合的「不安定」や貧困プール論を参照すると、「不安定が深化するプロセス」という意味で、これも「降格する貧困」に近似してみえる。だが、この貧困プールへの下降移動は、人びとの自発的な脱貧困への努力、それを内面化した生活上の諸選択によって、たえず上向移動への転換を促された。

経済成長が本格化すると、貧困の一般性は失われ、衰退産業や残されたスラムの貧困として、あるいは「寄せ場」や生活保護の集中地区として、周縁的な「かたち」が明確になっていく。こうした周縁への囲い込みによって、「マージナルな貧困」のコントロールが可能であるように思われた。が、そのかたわらで、多重債務などコントロールの効かない貧困が「個人的貧困」の様相で拡大し、その中に餓死や行方不明のような「かたち」の貧困さえ表出したのであった。「失われた二〇年」に出現した日本の多様な貧困の「かたち」は、「降格する貧困」で説明できる。非正規雇用の若者の増大、生活保護を利用する単身高齢者のとめどない拡大、相対所得貧困率の高さなどは、「不安定が深化するプロセス」の新たな始まりとして受け止められた。ホームレスもまた半分は「転落型」であった。この「降格する貧困」＝「不安定が深化するプロセス」

は、一九九五年からリーマンショックのあった二〇〇八年にかけて社会問題化し、不安定の中にある個々人に、個別に寄り添って支援するという、いわゆる「伴走型」のパーソナル・サービスの導入が図られた。

しかし、「失われた二〇年」の貧困の「かたち」は、「降格する貧困」だけでなく「マージナルな貧困」という概念でも説明できる。その意味は二つある。

第一に、経済成長が進み、福祉行政による対策が講じられても、「マージナルな貧困」は解消されず、「貧困の固定化」が進んだ。「失われた二〇年」における貧困は、以前からあった貧困に、新たな「不安定が深化するプロセス」が重なり合ったことで形作られたと捉えたほうが、理解しやすい。「寄せ場」の日雇労働者（＝「貧困の継続」）が仕事を失ったことで路上へと押し出され、この人たちがまず、ホームレスになっていった（＝「不安定が深化するプロセス」）。七〇年代から、非就労の単身者の生活保護利用が顕在化し始めたが（＝「貧困の継続」）、高齢の単身者の生活保護受給者の増加は、その延長線上で生じたものである（＝「不安定が深化するプロセス」）。

こうした中で、生活保護受給者へのバッシングに象徴されるように、貧困に対する社会のまなざしは、いっそう厳しいものになった。こうした態度は、貧困を社会の周縁へ追いやろうとする姿勢の表れであり、その意味でも「マージナルな貧困」として捉えることができる。ポーガムは近年のヨーロッパ調査を踏まえて、ポスト工業化段階のドイツ[2]を「マージナルな貧困」と「降格する貧困」の中間形態としている。貧困は克服されており存在していないとする考えが未だに強く、「社会的表象にしたがうとむしろマージナルな貧困に近く、社会的紐帯の脆弱性のさらなる高まりとハンディキャップの蓄積に脅かされた人びとを増加させるプロセスを踏まえると、むしろ降格する貧困に近いはずである」（ポーガム＝川野・中條訳 2016：253）と述べている。それで言えば日本も、ドイツと似た状況にあるといえるかもしれないが、それよりもむしろ、「貧困の継続」に、新たに「不安定が深化するプロセス」が重なり合ったと捉えるほうが、現状をよく理解できると思う。

3　貧困の「かたち」に影響を与えた諸要因

では、こうした戦後日本の貧困の「かたち」に影響を与えた要因には、どのようなものがあっただろうか。ポーガムによれば、貧困の多様性は次の三つの要因に影響されるという。第一は経済発展の水準と労働市場のあり方（経済秩序）であり、第二は社会的紐帯のあり方と強さ（社会秩序）であり、第三は社会福祉制度などによる貧困への関わり方（政治秩序）である。戦後日本の貧困の「かたち」を追ってみると、このポーガムの三つの要因に加えて次の五つの補足が必要

2――ドイツも日本も、ともに第二次世界大戦に敗れ、戦後に奇蹟の復興を遂げている。この類似性は興味深い。

であると思われる。

第一に、確かに経済発展と労働市場のあり方は、貧困の「かたち」に影響を与える最大の要因である。だが、高度経済成長期のような時代であっても、成長産業が生まれる一方で、衰退産業が生み出される。したがって、経済の好不況が貧困の「かたち」に与える影響は単純ではない。第三章で詳述したとおり、貧困の「かたち」は好不況というよりは、成長と衰退のダイナミクス、その中に現れる人びとの移動（上向・下降）、そこから生まれる地域格差などと強く関連している。

しかし、第二に、貧困の「かたち」は経済によってのみ規定されるのではない。貧困をめぐる議論に、戦争というファクターが取り上げられることは少ないが、貧困をもたらす最大の要因は戦争である。この書で私は戦後日本の貧困を論じているから、このような主張をしていると思われるかもしれないが、それは違う。戦争は、人間の暮らしを根底から破壊する。人びとは住居を失い、飢えに苦しむことになる。それだけでなく、その後の人生に長期的な負の影響を及ぼす。戦争孤児はその典型例である。地球上の難民問題をみれば、今日の貧困や格差に、依然として戦争が大きな影響を与えていることに気づくだろう。また、地震や原発事故などの災害対策も、戦争に類する影響を私たちに与える。

第三に、ポーガムのいう「社会福祉」は、貧困への政治的な介入を意味する。政策による貧困の軽減やコントロールである。こうした介入を行う際には、「貧困者」とはどんな人を指すのかという定義が重要となる。だが、戦後日本の貧困の「かたち」の変容を追跡していくと、それらは「社会福祉」のみならず、多様な政策との関連の中で形成されてきたことが分かる。その意味で貧困の「かたち」は、政策の「かたち」でもある。一例を挙げれば、敗戦直後の統制経済から、経済安定九原則に基づく「経済自立化」への転換など、ドラスティックな政策転換が、貧困の「かたち」を大きく変えてきた。

経済成長へ向かう過程では、諸産業のスクラップ・アンド・ビルドが、政策的に誘導された。たとえば石炭鉱業はその典型であり、合理化が進められる中で、多くの炭鉱労働者が仕事を失い、貧困に陥った。この時期に政府は、「低消費水準世帯」の推計を行ったが、その背景には、「近代化」を成し遂げなければ、さらなる経済成長は実現できないという政府の認識があった。戦争被害者への援護や被爆者対策、同和対策、不良住宅対策、復興計画やオリンピックを含む都市計画、国土計画なども、その一環として捉えることができよう。実際、それらは貧困の「かたち」に影響を与えてきたのである。

むろん、生活保護や失業対策、法外援護は、生活困窮者を直接対象とするものだから、貧困の「かたち」に与える影響は大きい。いずれも、これらの政策は「生活困窮者を保護の対象として、あらかじめ想定した範囲内にとどめておくこと」と「保護の対象から抜け出し、自立できるよう促すこと」という二つの目標の間で揺れ動き、その中で政策のあり方も変化していった。

第四に、これらの政策による影響の強さと一見矛盾するようであるが、市場の自由な活動や企業の労務管理の中に、貧困を覆い隠す装置が執拗に形成されてきた点にも注目すべきであろう。

たとえば、バタヤや炭坑などの古い労働関係、民間の血液銀行と売血、労働宿舎のシステム、寄せ場の人夫出し業やドヤ経営、被保護者にまでおよぶ消費者信用の過剰供与、ネットカフェなど、貧困者をターゲットにし、しかし貧困からの脱出を阻止するような装置によって、日本の貧困は市場や企業の中に隠され続けてきた。[3] なかでも、多様な産業（風俗産業も含めて）と結びついた労働宿舎（寮・借上げアパート等）の存在は、日本的な特徴であることを強調したい。

第五に、戦後日本の固有の要因として、人びとの自発的な貧困からの脱出志向の強さも指摘しておく必要がある。中川清のいう「貧困からの脱出」意欲と「生活革新」志向がそれであり、多くの人びとがそうした志向を内面化していったのである。人工妊娠中絶によるものも含めた家族の規模の縮小、出稼ぎを含めた賃労働者化、都市化、消費者信用の利用などによる「中流志向」は、戦後日本の「豊かさ」を支えていく。だが、この自発的な脱貧困の努力は、ポーガムの言う社会的紐帯を弱めただけでなく、貧困の社会的位置に強い影響を与え、貧困および貧困者への否定的なレッテル貼り（スティグマ）を強めたのである。

4　貧困者はもう十分「自立的」であり、それが問題なのだ

こうして、戦後日本の貧困の「かたち」は、戦後の日本社会を映す鏡のようなものであった。

特に、第四と第五に挙げた、自発的な脱貧困への努力（したがって、貧困への否定的なレッテル貼りの強さ）と、貧困を覆い隠す企業や市場の装置の強大さは、いわばペアになって、貧困をつねに個人が対処すべき領域に引き戻し、また市場の装置に吸い込んでいく日本的構図を形成してきたといってよい。不安定な就労から就労へと渡り歩き、あるいは売血や借金を繰り返す等、人びとにとっての貧困はつねに自らの個人的な努力で対処すべきものとされてきた。貧困に対する多様な政策があっても、親切そうに「救いの手」を差し伸べるのは消費者信用や貧困ビジネス等であって、人びともそれにしがみつこうとする。

「失われた二〇年」には、脱貧困への努力の勢いは弱まっており、そうした生活態度を共有して支え合う家族も縮小しきっているにもかかわらず、依然として人びとは貧困を個人で引き受け、また市場の甘言に乗せられてしまう。日雇い派遣から三カ月間のパソコン工場勤務となったシュウジさんの喜びと、借金返済計画の皮算用は簡単に裏切られた。再び彼はネットカフェを拠点として不安定な労働へと戻っていったに違いない。戸籍や住民票も不定のまま、日本が誇る母子保

3——ポーガムは、これらの装置の一部でもあるインフォーマル経済（近代部門には属さず、公式の経済活動として記録されにくい経済活動）を、経済発展の度合いが低い地域に典型的な「統合された貧困」の一部として説明しているが、そのような意味でのインフォーマル経済だけでなく、高度経済成長以降も多様な都市雑業や、貧困者をターゲットにした「貧困ビジネス」が存在してきた。これらのビジネスと貧困者の関係、あるいは不安定就労職域での人びとには、一般的に職業を介して育まれる連帯も希薄である。

健対策さえすり抜けて、飛び込み出産時にだけ立ち現れた貧困は、退院後すぐどこかへ潜ってしまって見えない。労働宿舎や安アパートの火災は今日まで幾度となく繰り返され、その時だけ住人の貧困と住環境の問題がクローズアップされるが、「住むところがないよりまし」とする住人や市場の前で、抜本的な解決の道は遠い。

「失われた二〇年」の中で「発見」された「降格する貧困」への処方箋は、自立支援や伴走型支援であった。いずれも、貧困のただ中にある人びとの「意欲」を喚起し、制度による支援によって、再び市場に参加して仕事ができるようになることが目論まれている。だが、貧困の責任をつねに個人に押し付け、市場や企業によって貧困が常に不可視化される中で、貧困者の「自立」を促すというのは奇妙な構図である。なぜなら、彼らの多くは、すでに何とかしようと努力してきたからである。しかもその果てに、旧産炭地区での被保護世帯について上野英信が述べたように、「およそ「意欲」だとか「欲望」だとかという名をもって呼ばれるものの一切が、それこそ粉微塵に破壊されつくしている」(上野 1960:184)とすれば、こうした施策が何の役に立つのか分からない。

「自立」支援という政策目標は、個人の怠惰が貧困を生むという、きわめて古典的な理解に基づいている。だが問題は、怠惰ではないのだ。貧困を個人が引き受けることをよしとする社会、そうした人びとをブラック企業も含めた市場が取り込もうとする構図の中では、意欲や希望も次第に空回りし始め、その結果意欲も希望も奪いさられていく。だから問題は、「自立」的であろうとしすぎることであり、それを促す社会の側にある。

奇妙といえば、子どもの貧困対策もそうである。この政治戦略の根底には「少子化」への不安があって、たとえば、子どもの貧困が注目されても、「児童手当」が家族の日常生活費に回されることへの強い警戒心があるなど、ちぐはぐさが目立つ。むろん、望まない妊娠に戸惑う貧困女性、風俗の寮を転々とする母子などの存在が視野に入っているとは思えない。つまり、「子どもの貧困」対策において、子どもの養育と親の貧困というトータルな見方が希薄であるだけでなく、今日のライフサイクル全体と貧困との関係を問い直す視点がないのが奇妙なのである。いいかえれば、「子どもの貧困」対策の大合唱があっても（具体的な施策は貧困ではあるが）、養育期の家族の貧困は、依然として個人的な対処と市場での一時的な解決という、日本的構図の中にあるということであろう。そこへ切り込む政策がなければ、子どもへの「投資」が貧困の循環を断つきっかけになるかどうかは定かでない。

確かに、「失われた二〇年」において次々と提唱された、「若者の貧困」、「子どもの貧困」、「下流老人」といった年代別の貧困の「かたち」は、それに対応する政策、特に若者と子どもを対象とする貧困対策を引き出しはした。だが、それらは実質的には、世代間の分断を引き起こす側面があり、一定の財源を、高齢者から若年層へと振り分ける結果にしかなっていない。

こうして、こんにちの貧困問題の核心は、個人的対処を賞賛し、貧困を覆い隠す市場の装置を放置しつつ、「自立」支援や「子どもの貧困」対策をふりかざす政治にあると言うべきであろう。

「マージナルな貧困」のコントロールに成功せず、そこに「降格する貧困」が重なり合っているのも、こうした状況をよしとしてきた政治秩序の責任といえる。もし、本気で貧困問題を解決したいとするなら、日本的構図に追い込まない積極的な貧困対策が、自立支援の前に必要である。「積極的」という意味は、個人の対処や市場による吸引を制限し、それらの構図に対抗する「強い」社会政策を打ち出すということである。

特に日本の場合、重要なのは、職と切り離され、単身者でも利用できる住居の確保と、そのための住宅手当の支給を、社会福祉政策の中に取り込むこと、子どもの養育費用と子育て支援サービスを充実させること、消費者金融に頼らずとも済む福祉貸付の拡充と、負債整理のための強力な援助をすること——である。就労支援や伴走型支援は、その上ではじめて意味をもってくる。

さらに重要なのは、貧困救済のために存在する生活保護制度の機能を向上させることである。戦後日本の貧困の「かたち」を追いかけてみると、その役割を十分には果たせていないにせよ、生活保護制度がなければ、戦後社会は成り立ちえなかったであろうことは間違いない。根拠希薄な被保護世帯バッシングを許さない社会はどうやったら実現できるだろうか。マスメディアが作り出す、歪んだ貧困者像・生活保護利用者像への対抗はどうしたらいいだろうか。生活保護を受け持つ行政の担当者が、「最低限保障」を担っているという誇りを取り戻し、必要な改革を行うためには、どのような環境作りが必要だろうか。

貧困の責任を個人が引き受け、貧困を不可視化する市場や企業の日本的な仕組みを変えていくのは困難な道程であろうが、そのような転換なしには、重なり合った貧困はますます社会から遠ざかろうとして、その「かたち」すら明確には見出せなくなるかもしれない。「かたち」が曖昧な貧困の放置は、この社会の不安と分断を不気味に拡大させていくことになるだろう。

あとがき

戦後日本の貧困について、いつかまとめて書いてみたいと思っていた。その理由は主に二つある。

一つは、これまでの私の貧困研究に対する一種の「不全感」のためである。研究を進める上で、戦後史をより理解する必要を感じるようになったのは、一九八九年以降に取り組んだ、生活保護法による更生施設A荘の退所者記録の分析の時であった。A荘は、第二章で述べた東京の仮小屋撤去の受け皿として五二年に開設されたが、その時から八五年までの全退所者についての記録が利用可能であった。これは居住の不安定な貧困状態の分析にとって、願ってもない素材であったが、この記録の解読には、その史的背景の理解が不可欠である。そこで、施設関係者や福祉事務所、東京都の担当者へのヒヤリングを重ね、併せて利用可能な文献資料を集めた。主眼は利用者分析にあったが、やってみると敗戦直後からの歴史分析がことのほか面白かった。『東京都十年史』を読み込んだのもこの時である。ただし、これは東京の保護施設という、生活保護の中でも傍系の制度を中心に据えたもので、戦後日本の貧困全体を扱ったものではない。

その後、ＩＬＯアジア・太平洋総局の企画によるアジア五都市のスラムと雇用に関する比較研究の東京チームに参加する機会があった。ここでは、戦前から戦後までのスラムの形成と消滅を追うという課題があったが、戦前のスラム調査に比べて戦後は資料の収集自体が困難であり、なぜ消滅したのか分からないものが少なくなかった。それでもこのプロジェクトへの参加で、東京の戦後のスラムについての資料はかなり集めたが、それを使う機会もないまま時が過ぎていく。高度経済成長期の貧困について原稿を依頼されたこともある。書きたいことは沢山あり、貧困の「かたち」を示すエピソードをその原稿にも盛り込みたかったが、分量の制約で、ほとんど削除されてしまった。これが「不全感」をより大きくしたかもしれない。

二つ目には、戦後についてのこだわりである。私は一九四七年の早生まれなので、戦後日本はほぼ自分の生きてきた時代と重なる。むろん、貧困調査の手伝いのようなことを始めたのは大学生の頃だから、研究的な視点で見てきたのは、せいぜい六〇年代半ば以降のことにすぎない。が、それ以前の時代についても、子どもなりの見聞や体験がある。だから、復興期の調査資料や記録を読んでいくと、子どもの頃の見聞と重なり合うところがあって、それがあって初めて納得したことも少なくない。高度経済成長によって貧困が解消したといった言説に与《くみ》しないのは、高度経済成長の最終段階の時期に、一部は不法占拠地区を含むバタヤ集落や山谷に通って、その生活を目の当たりにしたからである。こう書くと、想像力や研究力に欠けた直感派のようで情けないが、しかし資料を読み込む際も、これは結構大きな要素であるように思う。

本書に着手する少し前に、白書を素材として戦後の社会福祉事業の異なる位相について論じた『社会福祉のトポス』（有斐閣）を刊行した。その書評会で気づかされたのは、一九八〇年代あるいはそれ以降に生まれた若い研究者の関心はもっぱら九〇年代以降にあり、「戦後」という括りへの関心は薄いということであった。戦後全体を俯瞰して議論をしたいと考えていた私は、肩透かしにあったような気がしたものである。しかしよく考えてみると、かれらにとって九〇年代以前の戦後は、私にとっての戦前と同じくリアリティがないので、とりあえず他人の解釈に従っても違和感が少ない。だが自分たちの生活体験と重なる九〇年代以降は、そうはいかないのであった。そうだとすると、戦後日本の貧困について整理することは、私たちの世代の課題であり、ますます背中を押される気がした。

戦後については、「戦後とは何か」を含め、いろいろな議論がある。敗戦直後の貧困は、戦時中の貧困と一続きのもので、一九四五年八月で区切る理由はないかもしれない。だが、本書での戦後は、戦争に負けた後の時代という、単純なそれである。また戦後の時代区分も特段の工夫はない。あえていえば、高度経済成長の終焉から、バブル期を含む八〇年代までを「一億総中流社会」と画したことぐらいである。ただし、時代にはさまざまな要素が含まれるので、こうした区分設定による過度の単純化は避けるよう心がけた。なお戦後七〇年を過ぎて、様々な「戦後もの」の書籍や映像作品が相次いで発表されているが、なかでも「戦争孤児」や引揚者についての記録は大変参考になった。他方で、敗戦直後や復興期の貧困については、貧しくとも皆で助け合った時代として安直に描かれることが増えているような気がする。それらが描く貧困には臭いや汚れがなく、貧困を生きていかねばならない人びとの葛藤や絶望もない。本書はできるだけ、その時代の資料を使って、貧困のただ中にある人びとのリアリティの一端を示したいと考えた。

本書を書いた動機は以上のようなものだが、「戦後日本」と風呂敷を広げ、「まとめ」としたわりに、結果として東京中心で、限られたエピソードのパッチワークとなってしまったかもしれない。記述が東京中心になってしまったのは、私の貧困研究の限界であるが、貧困にとって地域は固定的なものではない、という気持ちもある。東京、大阪などの大都市は、地方からの人の流出入の中で形作られるもので、社会階層が上昇する移動もあれば、その逆もある。東京の仮小屋やスラム、また広島のいわゆる原爆スラムでさえ、地方からの移動者によって膨張した。逆に「秋田県能代東京都」のように、東京都が戦前に斡旋して満州へ渡った人びとの、戦後の入植地区もあった。海外移民も含めて考えれば、貧困と地域の流動的な関係も了解されよう。

本書で利用した資料はすでに公表されているものがほとんどで、特段新たな発見があったわけではない。基礎となったのは、各地域での貧困の「かたち」に寄り添った多分野の調査研究の集積であって、私はそれらを貼り合わせたにすぎない。それらの調査研究の中には、大阪のグループによる釜ヶ崎研究のように、今日まで若手を含めた研究者に引き継がれているものもある。だが、継承されていないものも少なくない。東京都の驚異的ともいえる詳細なスラム調査やバタヤ調査がその例である。復興期における失対事業も、忘れられたものの一つかもしれない。この失対事業について、労働組合がまとめた冊子はかねてより読んでいたが、本書に取り組む過程で、東京都労働局の部内誌「失業対策時報」のほとんどを、東京都公文書館と市政専門図書館で閲覧できたことは大きな収穫だった。今日のワークフェアを考える上でも第一級の資料だと思う。「岩手県奥中山開拓者の集団南米農業移住」を、国会図書館で偶然見つけたこと、たまたま目にした東京都「都市公園」所収の小林正彦の記録によって葵部落の消滅を確かめられたなど、資料発掘の面白さも味わった。

私が参加してきたホームレス調査や多重債務者調査、御坊市の改良住宅プロジェクトなども、この書の中に場を与えることができた。これらの調査研究だけでなく、貧困の現場に身を置いて記述した個人の著作も配したが、それは現場でのみ描写できる貧困生活のあれこれがよく示されていると思ったからである。上野英信の著名な『追われゆく坑夫たち』だけでなく、山本俊一の『浮浪者収容所記』、平井正治の『無縁声声』は何度読んでも興味深く、その記述に教えられた。大田洋子の著作には批判もあるかもしれないが、被爆と「敗残者」という二重の視点から、そのよるべなさがよく描かれていて、本書にとって貴重な資料の一つであった。蟻の街については、よく引用される『蟻の街の奇蹟』よりも、『蟻の街の子供たち』に収められた作文の素直な叙述に注目した。源ちゃんの作文は秀逸である。むろんこれら資料への言及は十分なものでなく、私の「好み」で切り取られている。

やや気になる点は、戦後日本の貧困学説史のようになるのは避けようと考えたために、貧困研究そのものについては、ごく一部しか取り上げなかったことである。とくに一九九五年以降は多くの研究者の参入があり、貧困研究の多様な成果があるのに取り上げないのは、ともに研究を進めてきた者として申し訳ない気持ちがある。だが、それらはいずれ正統な研究者による学説史としてまとめられるに違いない。その代わり、ポーガムの貧困論を下敷きに、戦後日本の貧困の特徴を総括する考察を付け加えてみた。ご批判を乞うとともに、貧困の「増減」とは異なった貧困の「意味」を考察する今後の研究の一助となれば幸いである。

本書は二〇〇七年に出版した『現代の貧困――ワーキングプア／ホームレス／生活保護』（ちくま新書）でお世話になった石島裕之さんとの、ちょうど一〇年ぶりの共同作業となった。私の「戦後日本の貧困をまとめたい」という希望を十分に受け止めていただき、暖かなご配慮を頂いたことに、御礼を申し上げたい。多様な調査資料に引っ張られて、とかく生硬な表現になりがちであったが、石島さんには一般読者の立場から、読みやすさについて、たえず注意していただいた。それにもかかわらず、小難しいところが残ったのは、戦後日本の貧困についての構図をきちんと描きたいという思いが強すぎたからかもしれない。

二〇一七年秋

岩田正美

文献一覧（アルファベット順）

Abel-Smith, B. & Townsend, P（1965）The Poor and the Poorest ,G. Bell & Sons
秋山健二郎・森英人・山下竹史編著（1960）『現代日本の底辺　第1巻　最下層の人びと』三一書房
阿佐田哲也（1979）『麻雀放浪記（一）青春編』角川文庫
阿佐田哲也（1999）「焼け跡ギャンブル時代」猪野健治編『東京闇市興亡史』ふたばらいふ新書
朝日新聞社社会部編（1979）『サラ金』朝日新聞社
有澤廣巳（1989）『有澤廣巳戦後経済を語る――昭和史への証言』東京大学出版会
茶園敏美（2013）「「闇の女」と名づけられること―占領初期神戸市における一斉検挙と強制検診――」同志社アメリカ研究 No. 49
江口英一（1969）「日本の窮乏層」堀江正規編『日本の貧困地帯 上』新日本新書
江口英一（1972）「貧困層と生活構造」『社会福祉と生活構造』光生館
江口英一（1980）『現代の「低所得層」下』未来社
文沢隆一（1965）「相生通り」山代巴編『この世界の片隅で』岩波新書
御坊市（1991）「公営・改良住宅のスラム化とその再生計画の展望」
御坊市（1997）「御坊市民の生活実態と自立支援の可能性に関する研究」
橋本健二（2009）『「格差」の戦後史』河出ブックス
初田香成（2011）『都市の戦後――雑踏のなかの都市計画と建築』東京大学出版会
原　純輔（2000）「近代産業社会日本の階層システム」原純輔編『日本の階層システム1　近代化と社会階層』東京大学出版会
平井正治（1997）『無縁声声――日本資本主義残酷史』藤原書店
逸見勝亮（2007）「敗戦直後の日本における浮浪児・戦災孤児の歴史」北海道大学大学院教育学研究院紀要103

堀　有喜衣編（2007）『フリーターに滞留する若者たち』勁草書房
猪木武徳（2009）『戦後世界経済史』中公新書
石井光太（2014）『浮浪児1945-』新潮社
石丸紀興・千葉桂司・矢野正和・山下和也「基町／相生通り（通称「原爆スラム」）調査を回想する（前編）」（2018）広島市公文書館紀要第29号
磯崎史郎（1978）「不況下に急成長したサラ金業界の内幕」朝日ジャーナル　1978年6月30日号
磯村英一（1958）『スラム―家なき町の生態と運命―』講談社ミリオンブックス
磯村英一（1956）「あるスラムの形成と解体―東京葵部落の場合―」全国社会福祉協議会　社会事業　第39巻第6号
岩永理恵（2011）『生活保護は最低生活をどう構想したか』ミネルヴァ書房
岩田正美・室住真麻子（1983）「サラ金窓口から見た多額債務者の生活実態」
岩田正美・室住真麻子（1984）「社会福祉現場から見たサラ金被害の実態」『サラ金被害の実態と経営分析―サラ金白書』
岩田正美（1995）『戦後社会福祉の展開と大都市最底辺』ミネルヴァ書房
岩田正美（2000）『ホームレス／現代社会／福祉国家――「生きていく場所」をめぐって』明石書店
岩田正美（2008）『社会的排除――参加の欠如・不確かな帰属』有斐閣
ガルブレイス、J・K（鈴木哲太郎訳2006）『ゆたかな社会　決定版』岩波現代文庫
カトーナ、G（南博監修、社会行動研究所訳1966）『大衆消費社会』ダイヤモンド社
加藤俊彦（1976）「改革期の日本経済」東京大学社会科学研究所編『戦後改革7経済改革』東京大学出版会
篭山京・江口英一・田中寿（1968）『公的扶助制度比較研究』光生館
篭山京（1981）『ボランタリー・アクション――バタヤの解放』（篭山京著作集第一巻）ドメス出版
ゲイン、マーク（1963＝井本威夫訳）『ニッポン日記』筑摩叢書
金子隆一（2008）「人口統計の示す日本社会の歴史的転換」日本統計学会『21世紀の統計科学』ホームページ版
金田茉莉（2002）『東京大空襲と戦争孤児――隠蔽された真実を追って』影書房
鎌田慧（1976）『逃げる民――出稼ぎ労働者』日本評論社

河野稠果（2007）『人口学への招待』中公新書
神奈川県匡済会（1976）「寿ドヤ街」
河北新報盛岡支社編集部編（1973）『北上山地に生きる――日本の底辺からの報告』勁草書房
経済企画庁（1956,1957,1970,1992,1993）『経済白書』
建設省住宅局（1952）「昭和26年　不良住宅地区調査」
建設省住宅局（1954）「不良住宅地区とその改良―その沿革―現状―今後の課題」
北原怜子（1989）『蟻の街の子供たち』聖母文庫
北九州市社会福祉協議会（1996）『軌跡　北九州市・生活保護の三十年』
子どもの虹情報研修センター（2013）「児童相談所のあり方に関する研究―児童相談所に関する歴史年表―」
国際平和拠点ひろしま構想推進連携事業実行委員会（広島県・広島市）（2015）『広島の復興の歩み』
小杉礼子（2003）『フリーターという生き方』勁草書房
小林正彦（1997）「公園不適正財産の処理記録―上野公園・竹の台会館と千早公園予定地の処理―」都市公園 No. 137、東京都公園協会
小山進次郎（1951, 1975）『改訂・増補　生活保護法の解釈と運用』（復刻版）中央社会福祉協議会、全国社会福祉協議会
国民生活センター（1986）『クレジット・サラ金債務に関する調査研究』
国民生活センター（1987）『サラ金・クレジット問題の構造』中央法規出版
厚生省（1948）「第1回被保護者生活状況調査集計表」
厚生省（1954, 1960）「被保護者生活実態調査報告書」
厚生省（1956―）『厚生白書』
厚生労働省（2009）『厚生労働白書』
厚生省（1953―1985）『厚生行政基礎調査』
厚生省・厚生労働省（1986―2013）『国民生活基礎調査』
厚生省・厚生労働省（1953―2010）『被保護者一斉調査』

厚生省大臣官房（1953）「生活実態の分析―社会保障調査の解析」
厚生省社会局（1969）「六大都市における生活保護の現況と諸問題―昭和43年度監査結果報告」
厚生省社会局保護課編集（1981）『生活保護三十年史』社会福祉調査会
厚生省援護局（1978）『引揚げと援護三十年の歩み』
厚生省・厚生労働省（1958―2010）「社会福祉行政業務報告」
厚生労働省（2003,2007,2011）「ホームレスの実態に関する全国調査（生活実態調査）」
厚生労働省（2003,2007,2008―2010）「ホームレスの実態に関する全国調査（概数調査）」
厚生労働省職業安定局（2007）「住居喪失不安定就労者等の実態に関する調査報告書」
駒村康平（2003）「低所得世帯の推計と生活保護制度」三田商学研究 Vol. 46, No. 3
今法律事務所（1987）『クレジットの虚像と実像Ⅱ』
李明・石丸紀興（2008）「戦後広島駅前ヤミ市の出現とその変遷過程」日本建築学会計画系論文集第73巻第628号
松平誠（1995）『ヤミ市幻のガイドブック』ちくま新書
牧園清子（1999）『家族政策としての生活保護―生活保護制度における世帯分離の研究―』法律文化社
松居桃楼（1953）『蟻の街の奇蹟』国土社
松居桃楼（1958）『蟻の街のマリア』知性社
百瀬孝（2006）『緊急生活援護事業の研究』私家版
宮地克典（2014）「日本における失業対策事業史再考」大阪市立大学経済学雑誌第115巻第2号
水内俊雄（2004）「スラムの形成とクリアランスからみた大阪市の戦前・戦後」立命館大学人文科学研究所紀要（第83号）
水島宏明（1994）『母さんが死んだ』現代教養文庫
水島宏明（2007）『ネットカフェ難民と貧困ニッポン』日本テレビ
宮崎義一（1992）『複合不況――ポストバブルの処方箋を求めて』中公新書
村上茂利（1955）『日本の失業―その傾向と対策―』河出書房
森田洋司編（2001）『落層――野宿に生きる』日経大阪PR企画出版部

本岡拓哉（2007）「戦後神戸市における不法占拠バラック街の消滅過程とその背景」人文地理59―2
本岡拓哉（2015）「１９５０年代後半の東京における「不法占拠」地区の社会・空間的特性とその後の変容」地理学評論Vol. 88-1
内閣府『国民生活に関する世論調査』各年
永江雅和（2011）「戦後食糧供給出問題と農民運動―いわゆる「ジープ供出」を巡って―」専修経済学論集Vol.45, No.3
永江雅和（2012）「戦後開拓政策と社会関係資本―兵庫県草加野開拓地の事例―」社会関係資本研究論集第3号
中野雅至（2001）「戦後日本の失業対策の意義」現代社会文化研究No.2
中村隆英（1974）『日本の経済統制』日経新書
中村隆英（2012）『昭和史（合本）』東洋経済新報社
中川清（2000）『日本都市の生活変動』勁草書房
中川清（2007）『現代の生活問題』放送大学教育振興会
日本戦災遺族会（1982）「全国戦災史実調査報告書　昭和57年度」
日本子ども家庭総合研究所（2003）『児童相談所が対応する虐待家族の特性分析――被虐待児及び家族背景に関する考察』（平成15年度厚生労働科学研究費補助金）
日本割賦協会『日本の消費者信用統計』'80年版
日本クレジット産業協会『日本の消費者信用統計』'91年版
日本女子大学・岩田正美（2010）「ＴＯＫＹＯチャレンジネット利用者の分析」
農業拓殖協会（1965）『岩手県奥中山開拓者の集団南米農業移住―農業協同組合における推進事例―』
野田正彰（1984）『日本カネ意識』情報センター
野村俊夫（1949）『生計費の研究』労働文化社
西村滋（1975）「戦争孤児―その思考」『ドキュメント太平洋戦争　第6巻　焼土から甦えるもの』所収、汐文社
西岡幸泰（1974）「山谷日雇労働者実態調査結果の概要」『日雇労働者―山谷の生活と労働―』専修大学社会科学年報第8号

西岡幸泰（1974）「社会的形成過程」『日雇労働者――山谷の生活と労働』専修大学社会科学年報第8号
大蔵省財政史室編（1980）『昭和財政史―終戦から講和まで―第10巻』東洋経済新報社
大河内一男（1952）「二つの下層社会―序にかえて―」大河内一男編『戦後社会の実態分析』日本評論社
大橋薫（1968）「原爆スラムの実態（上）」社会学研究会ソシオロジ第14巻第3号
大橋薫（1969）「原爆スラムの実態（下）」社会学研究会ソシオロジ第15巻第1号
大塚斌・高橋洸・浜誠（1950）「戦後における露店市場」大河内一男編『戦後社会の実態分析』日本評論社
大原社会問題研究所編（1949）『日本労働年鑑第22集―戦後特集』第一出版
小野浩（2010）「第二次世界大戦直後の応急住宅対策」立教大学・立教経済学研究第63巻第4号
大田洋子（1982）『夕凪の街と人と』（大田洋子集第三巻）三一書房
奥中山開拓四〇周年記念誌編集委員会編（1988）『夢・人・大地：奥中山開拓四〇周年記念誌』
大石太『句集　おらホームレス』創造書房
大阪市（1946）「浮浪児調査報告」社会部報告第3号
大阪・焼跡闇市を記録する会（1975）『大阪・焼跡闇市』夏の書房
大阪市立大学都市環境問題研究会（2001）「野宿生活者（ホームレス）に関する総合的調査研究報告書」
大阪府立大学社会福祉学部都市福祉研究会（2002）「大阪府野宿生活者実態調査報告書」
労働省職業安定局（1954,1960）「日雇労働者生活実態調査結果報告書」
ＯＥＣＤ（2008）"Growing Unequal ?: Income Distribution And Poverty in OECD Countries"
ポーガム、セルジュ（川野英二・中條健志訳 2016）『貧困の基本形態―社会的紐帯の社会学』新泉社
労働省職業安定局編著（1961）『失業対策事業十年史』労務行政研究所
労働省職業安定局失業対策課編『失業対策年鑑』各年度版
サントス、マリア・セシーリア・ロスキアボ・ドス・（1999）「包み込まれた〝家〟と〝生命〟東京都内の略式住宅」季刊Shelter-less No. 2　野宿者・人権資料センター
嵯峨嘉子（1998）「戦後大阪市における「住所不定者」対策について」大阪府立大学　社會問題研究48（1）
〈笹島〉の現状を明らかにする会（1995）『名古屋〈笹島〉野宿者聞き取り報告書――生活・労働・健康・福祉』

失業対策審議会編（1955）『日本における雇用と失業』
スラム研究グループ（1966）「スラム特集―住宅の底辺」 住宅Vol. 15, No. 7
新海悟郎（1962）「日本のスラム」（住宅問題研究資料66―1）建設省建築研究所
島村恭則編（2013）『引揚者の戦後』新曜社
薄 信一（1952a）「壕舎生活者」大河内一男編『戦後社会の実態分析』日本評論社
薄 信一（1952b）「浮浪者」大河内一男編『戦後社会の実態分析』日本評論社
須田寅夫（1956）『ニコヨン物語 笑と涙で綴った日雇の手記』第二書房
隅谷三喜男（1965）「Y閉山炭住調査報告（1）―筑豊炭坑離職者の存在構造―」東京大学経済学会経済学論集第30巻第3号
隅谷三喜男（1965）「Y閉山炭住調査報告（2・完）――筑豊炭坑離職者の存在構造」東京大学経済学会経済学論集第30巻第4号
竹前栄治（2002）『占領戦後史』岩波現代文庫
谷沢弘毅（2004）『近代日本の所得分布と家族経済』日本図書センター
台東福祉事務所（1953）「上野「葵部落」に関する調査」
橘木俊詔・浦川邦夫（2006）『日本の貧困研究』東京大学出版会
土屋敦（2014）『はじき出された子どもたち：社会的養護児童と「家庭」概念の歴史社会学』勁草書房
寺久保光良（1988）『「福祉」が人を殺すとき』あけび書房
東京都（1954）『都政十年史』
東京都（1974）『養育院百年史』
東京都足立福祉事務所・足立区社会福祉協議会（1958）「バタヤ部落――本木町スラム」
東京都荒川区福祉事務所（1968）「山谷地域における生活保護の実態調査」
東京都労働局（1950~1959）「失業対策時報」Vol.1~9
東京都労働局（1952）「にこよん―日雇労働者の生活文学応募作品集」（失業対策時報特集号）
東京都労働局（1969）「山谷地区の労働事情」

東京都社会福祉会館（1965）「東京都における戦後社会福祉事業の展開」
東京都資源回収事業協同組合（1970）『東資協二十年史』
東京市政調査会（1946）「社会事業の整備充実に関する調査」
東京都福祉事業協会（1995）「東京都福祉事業協会七十五年史」
東京都城北福祉センター（1962―1992）「事業概要」
東京都城北福祉センター（1972）「山谷「現況と歴史」」
東京都山谷福祉センター（1964）「山谷地域における簡易宿泊所宿世帯の住生活事情」
東京都山谷労働センター（1962―1992）「事業概要」
東京都民生局山谷対策室（1970）「山谷地域―宿泊者とその生活―」
東京都民生局（1956）「要保護層の解剖」
東京都民生局（1959）「東京都地区環境調査―都内不良環境地区の現況―」
東京都立大学／岩田正美研究室（1996）「多重債務世帯の生活水準と生活構造」
東京都立大学・岩田正美（御坊市委託調査）（1997）「御坊市における生活保護と生活援助―生活援助の必要性とその方向―」
冬期臨時宿泊事業検討会（1998）「路上生活者実態調査報告」
都市生活研究会（2000）「平成11年度路上生活者実態調査」
氏原正治郎・江口英一（1956）「都市における貧困層の分布と形成に関する一資料（一）」東京大学、社會科学研究第8巻第1号
氏原正治郎・江口英一・高梨昌・関谷耕一（1959）「「都市における貧困層の分布と形成に関する一資料（二）」東京大学、社會科学研究第11巻第2号
宇都宮健児・湯浅誠編（2009）『派遣村――何が問われているのか』岩波書店
上野英信（1960）『追われゆく坑夫たち』岩波新書
ウィリス、ポール＝熊沢誠・山田潤訳（1985, 1996）『ハマータウンの野郎ども』筑摩書房、ちくま学芸文庫
渡辺正治（1955=2010）「上野・葵町―バタヤ部落素描」（全国社会福祉協議会　社会事業第38巻第2号）岩田正美編

『リーディングス日本の社会福祉2　貧困と社会福祉』
渡辺正治（1956=2010）「上野・葵町―バタヤ部落素描」（全国社会福祉協議会　社会事業第39巻第6号）岩田正美編『リーディングス日本の社会福祉2　貧困と社会福祉』
渡辺栄（1953）「家族構成からみた仮小屋部落の生活」（全国社会福祉協議会　社会事業第36巻第1号）岩田正美編『リーディングス日本の社会福祉2　貧困と社会福祉』
矢野桂司・石丸紀興・富岡慶文（1980）「基町再開発の追跡研究　その4」日本建築学会大会学術講演梗概集（近畿）
山野良一（2006a）「児童相談所のディレンマ」上野加代子編著『児童虐待のポリティクス』明石書店
山野良一2006b）「児童虐待は「こころ」の問題か」上野加代子編著『児童虐待のポリティクス』明石書店
山本俊一（1982）『浮浪者収容所記――ある医学徒の昭和二十一年』中公新書
山村柊午（1996）『冬の街―山谷の窓口日記』近代文芸社
吉川洋・宮川修子（2009）「産業構造の変化と戦後日本の経済成長」独立行政法人経済産業研究所ディスカッションペーパー
全日自労建設一般労働組合・早船ちよ編（1980）『じかたびの詩』労働旬報社

岩田正美（いわた・まさみ）

一九四七年生まれ。日本女子大学名誉教授。社会福祉学、貧困論を専攻。中央大学大学院経済学研究科修士課程修了、日本女子大学博士（社会福祉学）。東京都立大学人文学部助教授、教授を経て、日本女子大学人間社会学部教授。二〇一五年、定年退職。主な著書に『戦後社会福祉の展開と大都市最底辺』（ミネルヴァ書房、第二回社会政策学会学術賞、第四回福武直賞受賞）『ホームレス／現代社会／福祉国家』（明石書店）、『現代の貧困――ワーキングプア／ホームレス／生活保護』（ちくま新書）、『社会的排除――参加の欠如・不確かな帰属』（有斐閣）、『社会福祉のトポス』（有斐閣、二〇一七年度日本社会福祉学会学術賞受賞）などがある。

筑摩選書 0153

貧困《ひんこん》の戦後《せんご》史《し》 貧困《ひんこん》の「かたち」はどう変《か》わったのか

二〇一七年一二月一五日 初版第一刷発行

著者 岩田《いわた》正美《まさみ》

発行者 山野浩一

発行所 株式会社筑摩書房
東京都台東区蔵前二-五-三 郵便番号 一一一-八七五五
振替 〇〇一六〇-八-四一二三

装幀者 神田昇和

印刷 製本 中央精版印刷株式会社

乱丁・落丁本の場合は左記宛にご送付ください。

送料小社負担でお取り替えいたします。

ご注文、お問い合わせも左記へお願いいたします。

筑摩書房サービスセンター
さいたま市北区櫛引町二-六〇四 〒三三一-八五〇七 電話 〇四八-六五一-〇〇五三

 ISBN978-4-480-01659-1 C0321

筑摩選書
0040

100のモノが語る世界の歴史1
文明の誕生

N・マクレガー
東郷えりか 訳

大英博物館が所蔵する古今東西の名品を精選。遺されたモノに刻まれた人類の記憶を読み解き、今日までの文明の歩みを辿る。新たな世界史へ挑む壮大なプロジェクト。

筑摩選書
0041

100のモノが語る世界の歴史2
帝国の興亡

N・マクレガー
東郷えりか 訳

紀元前後、人類は帝国の時代を迎える。多くの文明が姿を消し、遺された物だけが声なき者らの声を伝える――。大英博物館とBBCによる世界史プロジェクト第2巻。

筑摩選書
0042

100のモノが語る世界の歴史3
近代への道

N・マクレガー
東郷えりか 訳

すべての大陸が出会い、発展と数々の悲劇の末にわれわれ人類がたどりついた「近代」とは何だったのか――。大英博物館とBBCによる世界史プロジェクト完結篇。

筑摩選書
0043

悪の哲学
中国哲学の想像力

中島隆博

孔子や孟子、荘子など中国の思想家たちは「悪」について、どのように考えてきたのか。現代にも通じるこの問題と格闘した先人の思考を、斬新な視座から読み解く。

筑摩選書
0046

寅さんとイエス

米田彰男

イエスの風貌とユーモアは寅さんに類似している。聖書学の成果に「男はつらいよ」の精緻な読みこみを重ね合わせ、現代に求められている聖なる無用性の根源に迫る。

筑摩選書
0054

世界正義論

井上達夫

超大国による「正義」の濫用、世界的な規模で広がりゆく貧富の格差……。こうした中にあって「グローバルな正義」の可能性を原理的に追究する政治哲学の書。

筑摩選書 0056

哲学で何をするのか
文化と私の「現実」から

貫 成人

哲学は、現実をとらえるための最高の道具である。私たちが一見自明に思っている「文化」のあり方、「私」の存在を徹底して問い直す。新しいタイプの哲学入門。

筑摩選書 0059

放射能問題に立ち向かう哲学

一ノ瀬正樹

放射能問題は人間本性を照らし出す。本書では、理性を脅かし信念対立に陥りがちな問題を哲学的思考法で問い詰め、混沌とした事態を収拾するための糸口を模索する。

筑摩選書 0060

近代という教養
文学が背負った課題

石原千秋

日本の文学にとって近代とは何だったのか？ 文学が背負わされた重い課題を捉えなおし、現在にも生きる「教養」の源泉を、時代との格闘の跡にたどる。

筑摩選書 0069

数学の想像力
正しさの深層に何があるのか

加藤文元

緻密で美しい論理を求めた哲学者、数学者たちは、真理の深淵を覗き見てしまった。彼らを戦慄させた正しさのパラドクスとは。数学の人間らしさとその可能性に迫る。

筑摩選書 0070

社会心理学講義
〈閉ざされた社会〉と〈開かれた社会〉

小坂井敏晶

社会心理学とはどのような学問なのか。本書では、社会を支える「同一性と変化」の原理を軸にこの学の発想と意義を伝える。人間理解への示唆に満ちた渾身の講義。

筑摩選書 0071

一神教の起源
旧約聖書の「神」はどこから来たのか

山我哲雄

ヤハウェのみを神とし、他の神を否定する唯一神観。この観念が、古代イスラエルにおいていかにして生じたのかを、信仰上の「革命」として鮮やかに描き出す。

筑摩選書 0088

傍らにあること

老いと介護の倫理学

池上哲司

老いを生きるとはどういうことか。きわめて理不尽であり、また現代的である老いの問題を、「ひとのあり方」という根本的なテーマに立ち返って考える思索の書。

筑摩選書 0092

医療につける薬

内田樹・鷲田清一に聞く

岩田健太郎

医療の進歩が生み出す様々な難問に、私たちはどう向き合えばいいのか。イワタ先生が二人の哲人を訪ね、身体との向き合い方から理想的な死まで、縦横に語り合う。

筑摩選書 0099

明治の「性典」を作った男

謎の医学者・千葉繁を追う

赤川 学

『解体新書』の生殖器版とも言い得る『造化機論』四部作。明治期の一大ベストセラーとなったこの訳書を手掛けた謎の医学者・千葉繁の生涯とその時代を描く。

筑摩選書 0104

映画とは何か

フランス映画思想史

三浦哲哉

映画を見て感動するわれわれのまなざしとは何なのか。本書はフランス映画における〈自動性の美学〉にその答えを求める。映画の力を再発見させる画期的思想史。

筑摩選書 0106

現象学という思考

〈自明なもの〉の知へ

田口茂

日常における〈自明なもの〉を精査し、我々の経験の構造を浮き彫りにする営為——現象学。その尽きせぬ魅力と射程を粘り強い思考とともに伝える新しい入門書。

筑摩選書 0107

日本語の科学が世界を変える

松尾義之

日本の科学・技術が卓抜した成果を上げている背景には「日本語での科学的思考」が寄与している。科学史の側面と数多の科学者の証言を手がかりに、この命題に迫る。

筑摩選書 0108
希望の思想 プラグマティズム入門
大賀祐樹
暫定的で可謬的な「正しさ」を肯定し、誰もが共生できる社会構想を切り拓くプラグマティズム。デューイ、ローティらの軌跡を辿り直し、現代的意義を明らかにする。

筑摩選書 0109
法哲学講義
森村 進
法哲学とは、法と法学の諸問題を根本的・原理的レベルから考察する学問である。多領域と交錯するこの学を、第一人者が法概念論を中心に解説。全法学徒必読の書。

筑摩選書 0110
「共倒れ」社会を超えて
生の無条件の肯定へ！
野崎泰伸
労働力として有用か否かで人を選別する現代社会。障害者とその支援をする人々は「犠牲」を強いられ、「共倒れ」の連鎖が生じている。その超克を図る思想の書！

筑摩選書 0119
民を殺す国・日本
足尾鉱毒事件からフクシマへ
大庭 健
フクシマも足尾鉱毒事件も、この国の「構造的な無責任」体制＝国家教によってもたらされた――。その乗り越えには何が必要なのか。倫理学者による迫真の書！

筑摩選書 0127
分断社会を終わらせる
「だれもが受益者」という財政戦略
井手英策 古市将人
宮崎雅人
所得・世代・性別・地域間の対立が激化し、分断化が進む現代日本。なぜか？ どうすればいいのか？ 「救済」から「必要」へと政治理念の変革を訴える希望の書。

筑摩選書 0130
これからのマルクス経済学入門
松尾 匡
橋本貴彦
マルクスは資本主義経済をどう捉えていたのか？ マルクス経済学の基礎的概念を検討し、「投下労働価値」がその可能性の中心にあることを明確にした画期的な書！

筑摩選書 0133

憲法9条とわれらが日本
未来世代へ手渡す

大澤真幸 編

憲法九条を徹底して考え、戦後日本を鋭く問う。社会学者の編著者が、強靭な思索者たる井上達夫、加藤典洋、中島岳志の諸氏とともに、「これから」を提言する！

筑摩選書 0135

ドキュメント　北方領土問題の内幕
クレムリン・東京・ワシントン

若宮啓文

外交は武器なき戦いである。米ソの暗闘と国内での権力闘争を背景に、日本の国連加盟と抑留者の帰国を実現した日ソ交渉の全貌を、新資料を駆使して描く。

筑摩選書 0138

ローティ
連帯と自己超克の思想

冨田恭彦

プラグマティズムの最重要な哲学者リチャード・ローティ。彼の思想を哲学史の中で明快に一から読み解き、後半生の政治的発言にまで繋げて見せる決定版。

筑摩選書 0141

「働く青年」と教養の戦後史
「人生雑誌」と読者のゆくえ

福間良明

経済的な理由で進学を断念し、仕事に就いた若者たち。知的世界への憧れと反発。孤独な彼ら彼女らを支え、結びつけた昭和の「人生雑誌」。その盛衰を描き出す！

筑摩選書 0142

徹底検証　日本の右傾化

塚田穂高 編著

日本会議、ヘイトスピーチ、改憲、草の根保守、「慰安婦報道」……。現代日本の「右傾化」を、ジャーナリストから研究者まで第一級の著者が多角的に検証！

筑摩選書 0143

アナキスト民俗学
尊皇の官僚・柳田国男

絓秀実
木藤亮太

国民的知識人、柳田国男。その思想の底流にはクロポトキンのアナーキズムが流れ込んでいた！　尊皇の官僚にして民俗学の創始者・柳田国男の思想を徹底検証する！